Managing the President's Message

ホワイトハウスの広報戦略

大統領のメッセージを国民に伝えるために

マーサ・J・クマー（Martha Joynt Kumar）　吉牟田 剛 訳

東信堂

Managing the President's Message:
The White House Communications Operation
by Martha Joynt Kumar

Published by arrangement with The Johns Hopkins University Press,
Baltimore, Maryland
Japanese translation rights arranged through
Tuttle-Mori Agency, Inc., Tokyo

Published by **TOSHINDO PUBLISHING CO., LTD.**
1-20-6, Mukougaoka, Bunkyo-ku, Tokyo, 113-0023, Japan

アン・マリー・デヴロイ（一九四八〜九七年）に捧げる。彼女は、ワシントン・ポスト紙の記者で、現代の大統領制とホワイトハウスを的確に報道する基準を確立した記者であった。

訳者はしがき

本書は、Martha Joynt Kumarの著作である「Managing the President's Message」を抄訳したものである。原書は、米国において一九世紀後半以降、大統領の存在が大きくなるにつれて、あるいは報道を取り巻く技術環境の変化に対応するため、大統領の報道・広報に関する体制が次第に整えられていく様子を分析している。特に、近年のクリントン、ブッシュ、オバマ大統領を題材として、ホワイトハウスのコミュニケーション活動やそれを支える体制を具体的に記述している。原書の問題意識の中心は、大統領にとっては自分の政策や目標についてのメッセージを一般国民に伝え、それについての力強い支持を得ることが重要であるが、このためには、政権に対して批判的な態度を採るように思われる報道機関をうまく通り抜ける必要があり、この難題に大統領はどう取り組んでいるかということである。

著者のマーサ・J・クマーは米国の大統領制に関する研究者であり、米国政治に関する我が国の論文・書籍にも彼女の論文を引用しているものが多く見られる。そして、彼女の研究の最大の特徴は、学者でありながらホワイトハウスの記者室に長期間滞在を許され、その経験を基に分析を続けているところにある。この大変ユニークな経験を背景として執筆された原書は、政権中枢及び報道機関の関係者への豊富なインタビューに裏付けられる一方で、どちらのサイドにも偏ることなく中立的、客観的に分析がなされており、米国政治学会（American Political Science Association）の大統領制部門でリチャード・E・ニュースタット賞を受賞している。

その内容には、非常に興味深いことに、政権と報道機関の関係は必ずしも対立構造にあるとは限らず、互いに相手を必要とするパートナー関係にもあり、国民に対して正確な情報を知らせることについて共有のコミットメントがあることがうかがえる。また、計画やマネジメントを重視するブッシュ大統領と、変化への対応を訴えて当選したクリントン大統領とで、ホワイトハウスにおけるコミュニケーション活動の体制、運営はどこが異なり、どこが共通するか、などの考察が行われている。このような分析は、政権交代をはさみ、長い間、ホワイトハウスのまさに内部から政権の広報戦略を観察している者ならではのものである。

本書は米国の政治・行政という分野における広報・報道というテーマに関するものであり、こうした分野やテーマに関する書物は多いが、本書では著者のユニークな経験から深く掘り下げた分析がなされている。ホワイトハウスは大統領の意向で柔軟な組織編成が可能であるが、現代では一貫してコミュニケーション室が設置されており、同室を統括するコミュニケーションディレクター（通常、大統領補佐官の一人を充てる）、あるいは、別の官職にありながらもホワイトハウスのコミュニケーションに関する事項全般を統括する者が置かれ、それらの者がコミュニケーション・アドバイザーとして、大統領を強力にサポートする仕組みとなっているのだが、原書ではこれらが大統領のコミュニケーション活動をどう支えるのか、日々の記者対応に追われる報道官との分担はどうなっているのか、などが実際の事例に沿って具体的に記述されている。このようなコミュニケーション活動の体制整備に熱心でなかった二人の大統領が再選を果たせなかったという記述は、米国の政治を考える上で非常に示唆に富む。また、特に二〇〇一年九月一一日の同時多発テロを受けた米国の対応に関し、ブッシュ大統領は、テロとの闘いに関してコミュニケーション活動の在り方が決定的に重要であると考えたため、当初、もっとも信頼されていたカレン・ヒューズの対応に大統領が不満をもつこともあったなど、コミュニケーションについての大統領本人の果たす役割がいかに重要であるかがうかがえる。

このほか、本書は、政治・行政という分野に限らず、企業などの組織のガバナンス、危機管理という観点からも多くの人々にとって有意義であると思われる。例えば、クリントン政権では大統領選の最中からスキャンダルや疑惑が相次いだため、スキャンダルに対応したコミュニケーション対応が次第に整備されていく様子が記述されている。こうした、いわば危機管理としてのコミュニケーション対応は、政治・行政に限らず、企業トップにとってもますます重要な課題となっており、本書からは、メディアの厳しい追求にどう対応するかの手がかりが得られるであろう。あるいは、ブッシュ政権では、発足直後から統率のとれた運営が行われており、ブッシュ大統領の考えを国民に伝えるためにホワイトハウスだけでなく、多くの政府機関と連携して政権のメッセージを伝える努力を行っていたことや、一方、あらかじめ入念に立案した計画を着実に実行するマネジメント・スタイルは、想定外の被害をもたらしたハリケーン・カトリーナへの対応について後れをとった一因であることなど、大きな組織の運営に関わる者にとっては考えさせられる内容となっている。

謝辞

ホワイトハウスの多数のスタッフと報道陣が協力してくれたおかげで、私は長期間にわたりホワイトハウスで調査を行うことができた。歴代の大統領報道官であるマイク・マカリー、ジョー・ロックハート、ジェイク・シーベルト、アリ・フライシャー、スコット・マクレラン、そしてトニー・スノーは寛大にもインタビューに応じてくれるとともに、記者室に私が駐在することを許してくれた。歴代のホワイトハウスのコミュニケーションディレクター（communications directors）は、忙しいスケジュールを割いて彼らの仕事について論じてくれた。インタビューに応じてくれたのは、ジョージ・W・ブッシュ政権のダン・バートレット、カレン・ヒューズ、ニコル・デヴィニッシュ・ワラス、ケヴィン・サリヴァン、クリントン政権のロレッタ・ウッチェリ、アン・ルイス、ドン・ベーア、ジョージ・ステファノプロス、レーガン政権のトム・グリスコムであった。同様に、フォード、レーガン、クリントン政権で勤務したデーヴィッド・ガーゲンも私に話をしてくれた。また、首席補佐官を務めたジョン・ポデスタ、アンドルー・カード、ジョシュア・ボルテンも、大統領のコミュニケーションとホワイトハウスの活動に関し、インタビューに応じてくれた。

報道陣も同様に協力的であり、地下にある記者室で私を歓迎してくれた。当初、私は記者室でさまざまな報道機関の机を使っていたが、その後、ナショナル・ジャーナル誌の机に落ち着いた。ナショナル・ジャーナル誌でホワイトハウスを担当するアレクシス・シメンディンジャーとカール・キャノンは、私がこのプロジェクトのためにホワイトハウスを定期的に訪問することを始めたクリントン政権初期の頃から、私の研究を支援してくれた。彼らは寛大にも、私たち三人がホワイトハウスの日々の出来事を観察し、書くことができるように、いつでもいられる場所を作ってくれた。特に、アレクシスが私にホワイトハウスのスタッフとコミュニケーションのパターンについて説明してくれたのは有意義であった。

地下にある記者室に所属する人たちは、彼らの仕事や業務について喜んで語ってくれた。そのおかげで私は報道のパターンとそのプレッシャーを理解できた。いちばん熱心に教えてくれたのは、ラジオ局のレポーターである、AP通信のマーク・スミス、ブルームバーグ・ラジオのティナ・ステージ、アメリカン・アーバン・ラジオ・ネットワークスのエイプリル・ライアン、アメリカン・スタンダード・ラジオのグレッグ・クラグソン、UPI通信社のドン・フルソム、CBSのマーク・ノラー、ナショナル・パブリック・ラジオのドン・ゴニャとデーヴィッド・グリーン、コックス・ニュースペーパーのボブ・ディーンズとケン・ハーマン、そして、コングレス・デーリーのキース・コフラーであった。テレビ局のレポーターとプロデューサーも、私が彼らの職業生活のリズムを理解できるように親切に助けてくれた。まず最初に、CBSのホワイトハウス担当であるビル・プランテは、本書のすべての章、そしてこれらのもととなった学会の論文、論文の初期草稿に目を通し、感想をくれた。他に、特に有益だったテレビ局の担当者にはFOXニュースのジム・アングル、ウェンデル・ゴラーがいる。また、私が研究を行っていた地下室には、週刊ニュース誌のためにホワイトハウスを担当している素晴らしいカメラマンたちがいた。当然のことながら、タイム誌のブルックス・クラフト、クリストファー・モリス、ニューズウィーク誌のチャールズ・オマニー、デーヴィッド・ヒューム・ケナリー、USニュース＆ワールド・レポートのチック・ヘリティ、そしてニューヨーク・タイムズ紙のスティーヴン・クローリーに私は感謝したい。

新聞と雑誌の記者たちも、時間をとって彼らの仕事について話をしてくれた。ワシントン・ポスト紙のホワイトハウス担当記者であるアン・デヴロイは、徹底した報道活動、ホワイトハウスの広報というカーテンを開けて多くの政策、行動、出来事と関連する事実を発見してきた実績の面で際立っていた。この本が彼女に捧げられている理由は、彼女が高い水準を目指していたことによる。

大統領研究を専門とする学者たちは、私の研究について論評したり、励ましてくれたりした。その筆頭は、私と一緒に「Portraying the President: The White House and the News Media」を著したマイケル・グロスマンであった。この初期の研究が基礎となって本書が生まれている。二五年が経過した今でも我々が発見したパターンの多くは有効である。Presidential Studies Quarterly の編集長を務めるジョージ・C・エドワーズ教授(テキサスA&M大学)は私の研究に目を通し、激励するとともに、第3章から第5章及び第7章(訳者注:訳出に当たり、原書の第4章から第7章は略している)のもととなった私の論文を掲載してくれた。ルイジアナ州立大学のティモシー・クック教授は原稿のほとんどの部分を読み、ことあるごとに激励してくれた。オハイオ州立大学のジョン・ケッセル教授、ノース・カロライナ大学のテリー・サリヴァン教授も同様であった。ケネス・シメンディンジャーもこのプロジェクトには貴重な存在であった。彼は、ウッドロー・ウィルソンからジョージ・W・ブッシュまでの大統領記者会見に関する情報を収集してくれた。また、コミュニケーション活動に関連する問題について、良い相談相手となってくれた。

本書の執筆に当たり、いくつかの支援を受けた。ホワイトハウスの広報についての私のクラスと研究活動について、二〇〇三年、二〇〇五年にメリーランド州大学システムからウィルキンソン・H・エルキンス助成金をいただいたことについて特に感謝する。大統領の記者会見についての研究はこのエルキンス助成金から資金を得た。

Pew Charitable Trustsからは、ホワイトハウス・インタビュー・プログラムに対する資金援助により、ホワイトハウスの広報部局に関する研究の支援をいただいた。ホワイトハウスの情報のやりとりについて論文を書いていたとき、ハーバード大学ケネディ・スクールのジョウン・ショレンスタイン報道・政治センターは滞在場所を提供してくれた。タウソン大学は、課外研究の機会を通じて、また、タウソン大学基金からの育成助成金を通じて、私の研究に対して支援を続けてくれている。同大学の歴代の学長であるロバート・キャレット、ダン・ジョーンズ、そしてホーク・スミスはいずれも私の研究を支援してくれた。歴代の学務部長であるジム・ブレナン、ダン・ジョーンズ、そしてロバート・ヘイガーも同様であった。政治学部の学部長であったジェームズ・ロバーツとエリック・ベルグラドにも感謝している。長年の間、彼らは大学内のさまざまな局面において私のことを擁護してくれた。政治学部の他の同僚も同様であった。

草稿を準備しているときには編集者であるトビー・マロッタから強力な支援を得た。ジョンズ・ホプキンス大学出版の編集長であるヘンリー・Y・K・トムは、彼が望んでいたであろうよりも長期間にわたるプロジェクトを支援し、信じ続けてくれた。私の夫であるヴィジェイ・クマーと息子であるザル、キャメロンも同様であった。本書を執筆しているとき、いつも彼らは私を励ましてくれた。

ホワイトハウスの広報戦略――大統領のメッセージを国民に伝えるために／目次

凡例——訳出の趣旨

紙面の制約があるため、本書は原書のうち、大統領の報道・広報に関する体制が次第に整備された様子や、クリントン、ブッシュ、オバマ大統領の広報戦略を中心に訳出している。報道官の役割、大統領会見の様子など実務的な要素に関する部分は略しているが、後述のように図表は資料編としてまとめた。すなわち、原書より全文を訳出したのは、以下の章である。南北戦争後、大統領という職が米国の政治活動において果たす役割が増大していく頃からのホワイトハウスのコミュニケーション組織の発達を述べている序章。現在の米国政治において、大統領にとってコミュニケーション活動がいかに重要であるか、また、どのような活動を行っているかを紹介した第1章。クリントン大統領、ブッシュ大統領のコミュニケーション戦略について詳述した第2章、第3章の後に、原書では追記(p.s.)として収められているオバマ大統領のコミュニケーション戦略を本書の第4章とした。そして最後に、歴代大統領のメディア戦略をまとめた原書第8章を、本書の結びとして第5章とした。

原書の第4章から第7章までは、ホワイトハウスのコミュニケーション関係を担う重要スタッフや記者会見の模様などを紹介している。本文の翻訳は割愛したが、図表は参照資料として価値があるため、資料編としてまとめた。割愛した章の概要を紹介しておこう。

第4章では、ニクソン以降の大統領は、ホワイトハウスでコミュニケーションを統括する大統領補佐官級の政府高官を置いており、通常はコミュニケーション室を統括すること、ブッシュ政権のカレン・ヒューズのように報道官室をも含めて広報関係すべてを統括する場合もあれば、フォード政権のデーヴィッド・ガーゲンのように報道室は所管しない場合もあるが、基本的に、演説草稿作成、イベント管理を含めて長期的な広報の企画活動を担当することから法案の成立や判事指名の承認まで幅広いコミュニケーション活動の要素が含まれること、コミュニケーション活動の統轄に係る重圧は大変なものであるため、ホワイトハウスのスタッフで最も交替頻度が高いこと、大統領任期の第一期目は再選のためにコミュニケーション活動が重要であるが、第二期目においても大統領のレガシー（後世に遺す名声）作りのためにコミュニケーション活動が重要であることなどが書かれている。

第5章では、報道関係を扱わせるためにフーバー大統領がエーカーソンを指名して以降、大統領報道官が重要な役割を果たしており、大統領の再選戦略にも関わってくること、大統領支持率が低下すると報道官が交代する場合があること、ホワイトハウスの情報提供にはオン・ザ・レコード（記録あり、この場合でも、公表時期などに制限がある場合（embargoed）や、あるいは大統領独占インタビューのときは報道機関が公表時期を決定するなどの仕組みがある）、バックグラウンド（提供された情報は記事にしてよいが、情報源については特定しない）、ディープ・バックグラウンド（情報源をさらに曖昧にする）、オフ・ザ・レコード（記録なし、情報を記事にしない。ただし、多くの情報提供はオン・ザ・レコードになっており、また、オフ・ザ・レコードであっても記者から報道機関のデスクに報告され、やがて表面化することとなる）、などのルールが存在すること、報道官になる者のそれまでの経験は、記者経験だけでなく、選挙チームや政府機関・ホワイトハウスにおける報道担当などが多いこと、などが書かれている。

第6章では、報道官は、大統領がワシントンＤＣにいるときは毎日、ガグル（gaggle）（訳者注：ガチョウの群れのように騒々しい様子の意味）と言われる午前中のメディアとのやりとりと、テレビカメラが入る午後のブリーフィングを行っていること、ブリーフィングの模様の紹介がされている。

第7章では、大統領が記者会見を行う理由、記者会見以外にも短時間の質疑応答などの方法があることが記述されている。

原書と本書の関係を表で示すと次のようになる。

原　書		本　書	
Acknowledgements	→	謝　辞	
Introduction	→	序　章	
1 Creating an Effective Communications Operation (Table 1-4)	→	第1章	効果的なコミュニケーション活動の仕組づくり（表1－1～1－4）
2 The Communications Operation of President Bill Clinton	→	第2章	ビル・クリントン大統領のコミュニケーション活動
3 The Communications Operation of President George W. Bush（Table 5-7）	→	第3章	ブッシュ大統領のコミュニケーション活動（表3－1～3－3）
4 White House Communications Advisers（Table 8, Chart 1-4）	→	略	（参考資料編　表1、図1～4）
5 The Press Secretary to the President（Table 9）	→	略	（参考資料編　表2）
6 The Gaggle and the Daily Briefing（Table 10）	→	略	（参考資料編　表3）
7 Presidential Press Conferences（Table 11-14, Chart 5）	→	略	（参考資料編　表4～7、図5）
8 Managing the Message	→	第5章	大統領のメッセージを伝えるために
Postscript（Table 15, 16）	→	第4章	オバマ大統領のコミュニケーション活動（表4－1、4－2）

ホワイトハウスの広報戦略

——大統領のメッセージを国民に伝えるために——

序章

現代の大統領は、自分たちの政策プログラム、政党や政治環境にかかわらず、国内外の出来事に関して自分の計画、決定、見解を国民に伝えたり、また、必要に応じて国民に行動や我慢を促すことを求めたりするため、常に国民とコミュニケーションを行う。一般大衆は、国内政策、外交政策、国家安全保障問題について大統領の声を聞くことを期待する。政府高官や利害関係者、政府には属さないが大統領の取組にとって重要な関わりを持つ者も同様に、大統領の声を聞くことを期待する。

大統領がコミュニケーションを行う必要性は、米国の代表制政治システムの性質と、自分が行うすべてのことについて大統領は絶えず支持を求めなければならないという現実とに由来する。大統領の決定と発議について国民に知らせることは、民主的な政治システムの重要な要素である。危機や政策論議に関係するかどうかにかかわらず、国民は大統領に対し、選択や決定について明らかにするよう求める。一九二六年九月一四日、カルヴィン・クーリッジ大統領はジャーナリストに対し、週に二度の記者会見を行う理由として、国民が知らされていることが必要であることを強調した。「米国の共和制を維持する上で、私は、大統領が行おうとしていることについて国民がかなり正確な情報を得ることが必要であると考える。そしてそのために詳細な記者会見が開かれるのである[1]」。

大統領選に勝利しても、行政府の長としての勝利までも保証されているわけではないという現実から、大統領のコミュニケーションが重要視されることとなる。選挙により、大統領は、大統領が支援を必要とする人々を説得する機会を得られる。しかし、大統領は、自分たちが使うことのできる人員と機会とをうまく利用できなければならない。状況を見きわめてそれを利用するために、これまで大統領は二つのことを行ってきた。一つは、成功の機会を増やすために、政策や政治的取組の面でコミュニケーションを重要な要素と考えてきた。もう一つは、コミュニケーションに係る人員や機会を認識し、大統領のテーマを立案・調整し、そのテーマを推進するためのPR計画や戦略を展開し、イベントや演説の手筈を整え、自分以外の政府関係者と調整することを役割とするスタッフを整備してきた。

多くの大統領は国民との強力な関係を追求してきた。大統領自身が国民を教育し、説得し、励ますこともあった。第四三代大統領までの間に大統領の取組も変化を見せた。ホワイトハウスのスタッフが少数で構成されていた時代には、歴代大統領は自分で国民との関係を演出した。しかし、現代では、大統領は、国民の前に姿を現す機会や、自分が関わる政策の数や取組の程度を増加させ、国民とのコミュニケーションに取り組むスタッフ編成を発展させた。

現代の大統領制を理解するには、大統領が行うすべてのことについてコミュニケーションが重要であることを認識しなければならない。また、大統領やスタッフが国民に映る大統領像を大きくみせるために行うべきことについて精通することが必要である。今日の大統領は、就任時、ひとかどの難問を与えられる。多くの大統領にとって報道は批判的な態度を採っているように映るが、そのような報道を使って政策や目標に対する支持を得続けるにはどうすればよいのかというものである。報道機関が政権から独立しているのなら、大統領は報道機関をどのように活用して、自分のメッセージを一般国民や特別な人々に届けることができるのか。

本書は、大統領やそのスタッフが、いかにしてこの難問を解き、そして、大統領の政策、政治、大統領本人のニーズにふさわしい方法で彼のメッセージを国民に伝えるため、報道機関を活用するのか、ということを扱うものである。また、大統領とそのホワイトハウスのスタッフは、どの程度、報道機関を通じて国民とコミュニケートするかを決定する必要がある。メディアは称賛と同じだけ批判するようにできているが、そのような構造の中で、大統領はいかにして自分の政策を適切な表現で説明するのか。国民こそが、大統領の政治力が存在するところである。だが、大統領の考えが国民に到達するための主な手段は主要報道機関である。メディアの注目を集めるということは、報道の手順に合致し、報道機関のニーズに応えた戦略を設計することである。

今日のメディア環境において首尾一貫したメッセージを国民に伝えることは、大統領が利用できる人員や機会にもかかわらず、一般に思われているほど容易ではない。今日、国民は膨大な量の情報にアクセスする手段を有している。ケーブルテレビ、夜のテレビの報道番組、朝の新聞、報道機関のウェブサイト、雑誌、ラジオのトーク番組、そしてインターネットのブログ。国民にとって、この膨大な量の情報や意見を選別して政治の世界や大統領の職に何が起きているかを理解することは難しい。ジョージ・W・ブッシュ大統領はプレスのことを「フィルター」に例えた[2]が、大統領はいかにして、そのフィルターを通して自分が創り上げたメッセージを国民に伝えるのか。そして、国民が知りたいと思っていることは、大統領の関心事項と、どこで一致するのか。

首尾一貫したメッセージを育てるために、大統領とそのスタッフはコミュニケーション手段を統合して政権運営を計画する。コミュニケーションは政権運営の中心にある。もしも、大統領が政策プロセスにコミュニケーションを組み入れず、多面的なコミュニケーション活動をもたないとするならば、彼は、失敗を承知の上で政治、選挙、政策の目標を掲げることとなる。大統領が推進する政策や再選キャンペーンに関することであっても、大統領はコミュニケーションを、彼とスタッフが行うことすべてに含めていなければならない。その理由は、説得こそが大統領の能力の中心に位置するからである。大統領は支持者を必要とする。効果的なコミュニケーションがあって初めて諸課題についての勝利の連合を構築することができる。大統領が目標を達成するには、利害団体や官僚を説得し、その目標を支持するよう説得する必要がある。

大統領のコミュニケーションは政策の結果を形作る。コミュニケーションの重要性を過少評価することは、大統領の取組を埋没させることにつながる。二〇〇六年二月、ブッシュ政権は、米国の六つの主要港においてコンテナ・ターミナルの管理業務を行う英国の会社(P&O社)の売却について署名した。このP&O社の売却は、ドバイの国有企業であるドバイ・ポーツ・ワールド(Dubai Ports World)に対するものであり、国家安全保障分野での外国企業の商業的活動に関するものであったため、財務省の、米国における外国投資に関する委員会の報告にもとづく大統領の承認を必要とした。その過程において、議会による調査が求められた[3]。議会の共和党も民主党も売却に反対することを明らかにした。このため、最終的にドバイ・ポーツ・ワールドは、同社の港湾業務事業を一〇月までに米国資本の企業に売却することを発表することとなった。二〇〇六年二月一三日、チャールズ・シューマー上院議員(民主党、NY州選出)は記者会見を開き、議会がP&O社の売却を許可する必要性についてブッシュが何らかの公的な声明を出す前にそのような決定がなされたことを批判した[4]。同じ日、ラジオのトーク番組で司会を務めるマイケル・サヴァージは、三七〇局のおよそ九〇〇万人のリスナーとともに、この港湾業務問題について継続的な議論を始めた[5]。あっという間に、充分に認識する時間もなく、ホワイトハウスのスタッフは、大統領が側近に対して「燎原の火」と表現するような事態に直面した[6]。二月二一日、ブッシュ大統領は、この問題について報道陣に対し、二回言及した。しかしこの時までに、上下院の共和党執行部までもがこの売却問題から距離を置いていた[7]。議会がこの決定を検討する過程において、ブッシュ大統領がこの問題を公的に表明するのがとても遅かったため、米国に友好的なアラブの政権を支援するという彼の政策目標を達成できる見込はほとんどなかった。ドバイはアラブの国家であるため、反対派は、ブッシュ政権の決定を国家安全保障上の潜在的な脅威であるという構図にした。二つの出来事（訳者注：後に生じる二つ目のドバイ関係の出来事を含む）の差異を説明するに当たり、ブッシュ大統領のコミュニケーション・アドバイザーであったダン・バートレットは次のように述べた。「最大の相違は連邦議会への通告であった。――つまり、人々を驚かせないことだ」。ドバイ・ポーツ・ワールド問題は議会の閉会中に発生したが、第二幕は議会の開会中であった。「風が強く吹いているときはいつも、メッセージを伝える際には障害となる」とバートレットは言った。「議員が地元にいるときに彼らと調整するのは相当難しい。また、港湾問題は、港湾の安全保障上の問題と港湾の資金についての討議を行うのにちょうど機が熟していた。しかし、とても重要なことだが、人々は意識していなかった。議会に対する良い通告プロセスがなかった」。二つ目のドバイ問題が生じたとき、「最初のドバイ問題のために、我々は大変神経質になっていた。我々はこの問題をよく練っていた。主要メンバーに対して事前説明を何度も行ったため、彼らは『本件について何も知らない』とは言えない状態になっていた」。「誰かをひとたび過程の中に取り込めば、少しはうまくコントロールできる」とバートレットは述べた8。

ドバイ・ポーツ・ワールドの買収が失敗に終わって二か月も経たないうちに、ブッシュ大統領は議員からの批判なしに、ドバイ政府が所有するドバイ・インターナショナル・キャピタルに対する英国会社の売却を許可した9。この売却には九つの製造工場が含まれており、その一部は米軍に部品を供給していた。部品には戦車や航空機の部品も含まれていた。二つ目の事例において、ブッシュ大統領とそのスタッフはこの問題に関してコミュニケーションがうまくいかないと政権のダメージとなりうることを十分認識しており、反対派ではなく政権がこの売却における利害を明確に見定めていることをはっきりとさせるため、議会のメンバーと早くから協働していた。最初の公的声明は政権から発出されたものであり、反対派からのものではなかった。コミュニケーションを政策決定に組み入れておかないと高くつくことを政権は学習していた。

大統領は、リベラルであろうと保守的であろうと、共和党であろうと民主党であろうと、コミュニケーションを政権運営の戦略の一部に組み入れなければならない。また、多面的なコミュニケーションの戦略スタッフを創らなければならない。その中には中・上級レベルのスタッフだけでなく、イベントを開催し、戦略を実行するための広範な支援スタッフを含む。その組織構造には、コミュニケーションを仕事の重要な一面とするすべての上級スタッフとともに、大統領のPRに専担するホワイトハウスの特定部門、特に、コミュニケーション室（the Office of Communications）、報道官室（the Press Office）、そしてこれらを支援する部門とスタッフが含まれる。

ホワイトハウスのコミュニケーションの研究について

本書は、ホワイトハウスで働く人々の視点を含めることにより、ホワイトハウスの活動に関する文献についての理解を補うものである。本書は、このテーマに関して外部から観察するというのではなく、ホワイトハウスの内側から、大統領とそのスタッフが行うすべてに対してコミュニケーション活動がいかに重要であるかの理解を深めることを目的とする。ホワイトハウスの上級スタッフによる日常の議論、コミュニケーション担当官（communication officials）の会議、そしてコミュニケーション部門の活動を描くことにより、我々は、現代の大統領制を理解する上で不可欠な分野において、大統領とホワイトハウスのスタッフとがどのように活動しているかを知ることができる。大統領とそのスタッフは、コミュニケーションの問題について相当の時間を費やしている。その理由は、彼らはPRを大統領のリーダーシップに不可欠のものと考えているからである。本書が焦点を当てているのはホワイトハウスで働く人々であり、外部からホワイトハウスを研究する者ではない。

歴代の大統領とそのスタッフがコミュニケーション戦略をいかにして発展させているかを説明するため、私は直近の四政権の政府高官にインタビューを行った。また、それ以前に勤務したスタッフと話し合った。記憶が薄れていないうちに見解を得るため、ホワイトハウスでの勤務からなるべく時間が経たないうちにインタビューを行った。私は、二五年間にわたり、一〇〇人以上の人々にインタビューを行った。鍵を握るスタッフや記者とは複数回のインタビューを行った。私は、ホワイトハウスのコミュニケーション活動がどのように行われているかを深く理解する唯一の方法は、ホワイトハウスに滞在し、スタッフと記者の相互作用を観察することだとよくわかったため、一九九七年にワシントンに移った。そして、コミュニケーション・スタッフにより準備された行事に同席し、スタッフや記者に対し彼らの仕事についてインタビューを行った。

私は、スタッフとのインタビューだけでなく、ホワイトハウスの記者説明(ブリーフィング)や行事に立ち会った。一九七五年一二月、同僚のマイケル・グロスマンと私は、ホワイトハウスに来て、「Portraying the President: The White House and the News Media」のための実地調査を始めた[10]。我々はホワイトハウスのPR活動を五年間にわたり定期的に観察し、スタッフや記者と彼らの仕事について話をした。レーガン政権の最初の一年間を通して、我々は大統領報道官(press secretary)の毎日の記者発表と時折の行事を観察した。

その時以来、私は本当に多くの時間を費やし、ホワイトハウスの広報活動が発展する様子に立ち会い、また、スタッフや記者と彼らの仕事について談話した。レーガン政権とジョージ・H・W・ブッシュ政権の時代には、コミュニケーション担当官と話してはいたが、広報活動を遠目に見ていた。一九九五年になると、長く滞在するために記者室に入り、ラジオ局、ケーブルテレビ局、雑誌、新聞の記者の間に場所を得ることができた。一一年間にわたりその場所から記者がどのように仕事をするかを間近に見て、報道の世界の変化やホワイトハウスの広報組織の変化を観察した。

間近で観察することは二つの理由で有益であった。まず第一に、ホワイトハウスの広報のリズムを理解することができた。互いにパートナーであるホワイトハウスとメディアとの関係について、あるいは両者を駆り立てる動機について、もしも断片的な事例に頼り、これらを一般化するなら、数週間、数か月、あるいは数年にわたり現れる、両者の関係のリズムを容易に見逃したであろう。例えば、私は定期的にブリーフィングや行事に通うことにより、スタッフと記者の間の公的なやりとりは基本的に協力関係(cooperation)にあることを理解できた。特に、カメラが入っていないときのやりとりにおいて。激しく対立しているときでさえも基本的には協力関係にあった。

第二に、様々なイベントや広報の状況を眺めることにより、スタッフや記者にインタビューを行うための知識の土台ができた。大統領－記者関係について、どちらのサイドの人々も親切に彼らの仕事を語ってくれた。彼らの日常には慣れていたので、生産的なインタビューができた。

しかしながら、私は観察者の立場であって参加者ではなかった。私は、イベントがどのように繰り広げられるか、また、記者やワシントンのコミュニティの他の関係者に対するコミュニケーションの在り方が政権によって何が同じで何が異なるのかを眺めた。本書において、政権はどのようにコミュニケーションを組み立てるべきであったかということについて一定の立場をとるのではなく、何人かの大統領と彼らのスタッフが、広報活動の在り方をどのように選択したか、その選択の背景にある理由は何か、その結果、どういう効果がもたらされたかを説明するものである。私は観察者に過ぎなかったけれども、何代かの政権におけるスタッフが広報活動をどのように指揮したかということについて情報を提供することにより、将来のホワイトハウスのスタッフがこれまでに行われていることを理解するために本書は役立つであろうことを望んでいる。

私が焦点を当てているのはホワイトハウスのスタッフとその行動であるが、本書にとってはホワイトハウスの組織に関する政治科学の研究も重要である。特に重要なのは、説得というものを大統領職の行為と関連付けた、リチャード・ニュースタットによる大統領制の研究である。ニュースタットはハリー・トルーマン大統領に政治スタッフとして仕えた。そのときの観察に影響を受けて「Presidential Power」を著し、大統領が自分の命令に他者を従わせることは容易ではないことを、大統領制に関心をもつ人々に知らしめた[11]。彼以外で、ホワイトハウスで勤務したことがあり、かつ、学界で活躍している人は多くない。ニュースタットはコロンビア大学とハーバード大学で教壇に立ったが、トルーマン政権のホワイトハウスと予算局で勤務した後に、大統領制を研究し、指導したのだった。

一九九六年、「Presidential Power」が出版されて三六年が経過していた。ニュースタットは彼の研究と大統領制研究の状況とを議題とするコロンビア大学の学会において、ホワイトハウスの活動を研究するよう出席者に求めた。彼は、現存するホワイトハウスの活動記録が「実際の目的、関係する人々のやりとり、闘争、対応、そして当時の世界観を偽る、あるいはゆがめる」ことを懸念していた。学者である我々は、ホワイトハウスで意思決定に参加している人々と話をして、記録と現実の差異を埋めるよう、また、スタッフが意思決定をしてからなるべく時間の経たないうちに話をするように努力するべきであると彼は考えていた。「記録と現実の差を少なからず埋める唯一の方法はインタビューです。インタビューでは、質問する人は記録を知っており、雰囲気を再現できます。一方、質問される人はまだ十分に記憶があります。完全でないのはやむを得ません。そして両者は純粋に、復元を切に願っています[12]」。私はそうあるように努めてきた。私はホワイトハウスに滞在していたため、スタッフや記者に対し、行事が展開され、彼らの記憶がまだ新鮮なうちに話をすることができた[13]。

本書は、レーガン政権初期にグロスマンと私が書いた「Portraying the President」を発展させたものである。

我々は同書においてホワイトハウスと記者との関係に焦点を当てた。また、目標に近づくために、片方が他方を利用する手段に焦点を当てた。我々は、両者の関係が継続的で協力的なものであることを発見した。ある政権から次の政権に移っても、両者はお互いを必要とするため、互いに協力する傾向にある。同書が一九八一年に出版されて以来、両者の関係は基本的に同じであるけれども、新しい動きも存在する[14]。

現在、両者の緊張関係はかつてよりも大きくなっている。実際のところ、第二次世界大戦以降の初期の時代と比較し、今日の方がホワイトハウス担当の記者の不満はより顕著になっている。年々、国民に対して大統領やその代理人が公表する情報の量についての期待が増大している。報道分野で大きな変化が生じている。メディアの種類の急増、インターネットとブログの発達、新聞・三大テレビネットワークの財政問題、そしてケーブルテレビの発達。これらの変化のすべてにより、ニュースが報道される速度が加速している。一方、同様に、ホワイトハウスのスタッフもほとんど休みなしに情報を配布することが必要となっている。我々が「Portraying the President」で追求した当時の伝統的な情報配布手段は、報道官による日々の記者発表、大統領記者会見などであったが、技術的進歩を利用したり、それに対応するよう変化している。だがそうであっても、ホワイトハウスが情報発信地であるという伝統は続いている。

この二五年間ほどの間に大統領が公の場に姿を見せる機会が増加している。このため、説得のための大統領の活動が拡大する結果となっている。前著を出版した頃と比べると、活動が長期的に計画されるようになり、活動の範囲と職員の数が増加している。さらに、民主党も共和党もコミュニケーションを計画する部局を発展させている。ケネディ大統領、ジョンソン大統領、カーター大統領の時代にはそれほど必要でもなかったが、クリントン大統領の時代には必要になったし、今後の民主党の大統領もおそらく同様であろう[15]。

本書の対象

それぞれの章では、まず効果的なコミュニケーションを探求するため、コミュニケーション活動が果たしている基本的役割を確認する。近年の政権において、広報活動は大統領の主張を支持し、批判から擁護し、政権の行動・政策を説明し、政府全体の広報を調整している。大統領の主張を支持することには、大統領の政策・目標がいろいろな現場で実施に移されていくことも含む。説明することとは、補足的な情報を提供したり、大統領の政策を具体化するとともに、質問に対応することである。大統領を擁護するためには、大統領やその政策についての批判に対応し、大統領の誤りを完全に修正するためのさまざまな戦略・人々を必要とする。調整に当たっては、大統領の行動を広報していくため、ホワイトハウスの部局と政府機関、外部グループとを統合することを含む。誰が大統領であろうともこれらの基本的なニーズが生じる。だが、これらの基本的なコミュニケーションの必要性への対処については、共通点だけでなく、大統領による差異が存在する。

大統領のコミュニケーションの課題としてこれらの四カテゴリーを用いて、クリントン政権、ブッシュ政権がどのようにコミュニケーション活動を組み立て、広報戦略を練り上げ、実行したかということを分析したい。コミュニケーションのさまざまな局面は、両政権による政権運営の全般計画とどこで合致していたのか。両政権はどのようにしてコミュニケーション戦略を形成したのか。大統領の違いは、政権の組み立て、コミュニケーションの違いに、どの程度影響を与えたのか。コミュニケーションの判断に誰が関与し、意思決定の場で広報がどう扱われたかということを見ることにより、民主党のクリントン政権と共和党のブッシュ政権の双方においてコミュニケーションがいかに重要であったかということを私は理解できた。私は、彼らのホワイトハウスの活動全般にコミュニケーションがどのような方法で組み込まれていたか検討する。クリントン大統領とブッシュ大統領のコミュニケーション活動により、どのように広報部門が整えられたか、広報部門に何をさせるか、ということが大統領によりどの程度違うのかということが実証される。

ある政権においてコミュニケーションが占める位置を理解するために重要なことは、大統領の広報担当として確立しているホワイトハウスの二つの部局、コミュニケーション室（Office of Communications）と報道官室（Press Office）の役割を研究することである。常に広報活動に関わっているこの二つの部局を研究することにより、コミュニケーション戦略がどのように展開され、実行されているかということについて良く理解することができる。

近年の政権はすべて、政権が説明に取り組む際の中心となるコミュニケーション室を担当するコミュニケーション・アドバイザーを置いている。同室は、大統領とその取組に対する支持を得ることを目的として、報道機関に対して行われるコミュニケーション戦略を立案することを任務としている。また、同室は、大統領のイベントのために政府の機関と人員とを調整する部局でもある。大統領の広報活動について重要な二つ目の部局は報道官室である。ハーバート・フーバー大統領以降、すべての政権において、報道関係を担当する上級の補佐官が置かれている。大統領に関する日々の情報提供を行う戦略を形成し、また、公式の大統領記録を作成する際、伝統的に、報道官が重要な役割を担っている。報道官が行う一日二回の記者発表がそのまま、大統領の考えや行動の公的記録となる。

本書は、コミュニケーション戦略を練り上げ、進行させる際に二つの広報部局が果たす役割を探求するだけでなく、ホワイトハウスのコミュニケーション戦略が働く基本的な情報提供のための会合についても詳しく見る。近年の政権はいずれも、情報を提供するために、自分たちが選択した環境だけでなく、伝統的な情報手段を活用している。記者発表と記者会見のいずれも、大統領のニーズに応えるだけでなく、報道陣の要求と関心とに対応するような選択がかかわっている。報道官による一日二回の記者発表と大統領による記者会見とが主要な手段であり、その際、コミュニケーション戦略が、会合と、大統領やその代理人のために準備される草稿の大枠を決める。ガグル(gaggle)として知られる報道官による午前中の記者発表と、テレビ中継される午後の記者発表に、政権の広報戦略が示されている。回数は減っているものの重要性は増しているのが、大統領が報道陣の質問に答える会合である。近年では、二つの例として、大統領記者会見と、ジャーナリストとの短い質疑応答がある。大統領やその代理人が定期的に話をする基本的な会合の力学を考察することは重要である。本書の最後に、大統領のコミュニケーション活動についてのまとめの章を置いている。そこでは、大統領のコミュニケーション活動について繰り返し出てくる要素、コミュニケーション活動が大統領にもたらす利益、コミュニケーション活動の限界、現代の大統領制に関してコミュニケーション活動が与える教訓について探求する。

ホワイトハウスのコミュニケーション活動の発展

ホワイトハウスのコミュニケーションのための組織は、必要性、機会、そして大統領の意向に応じて発展してきた。歴代の大統領や上級スタッフたちはホワイトハウス担当記者との日常的な接触が増えるにつれ、このような新しいコミュニケーションと目標にかなうような組織を整備する必要性を徐々に感じるようになった。記者たちがホワイトハウスを訪問したのは、内政、後に外交の最前線における大統領の政策形成に関する関与、大統領やスタッフが政策や理念について話したいという意向、ホワイトハウスに対する国民の関心、についての高まりを記者が感じたからであった。

一八八〇年から現在までの一三〇年は、歴代大統領とそのスタッフが、記者の数や報道機関の種類の拡大に対処してきた時期である。また、人口と領土が増加する中、大統領が公衆の前に姿を現す機会が増加した[16]。ホワイトハウスの組織構造は、一九世紀末に具体的な姿となり、次第に成長し、報道陣に公式情報を与えることに焦点を置きつつ、現在の姿となった。現在の中心は、公式情報を発表するだけでなく、大統領の主張を支えることにある。部局に関して言うと、一九世紀後半、大統領のスタッフはまだ少数しかおらず、報道陣に対応する責任は大統領の秘書官(secretary)に任されることが多かった。一九二九年に上級スタッフが増員され、報道官(press secretary)として知られる、報道陣からの質問に回答することを職務とする官職が置かれることとなった。四〇年後、大統領の支持拡大に専念するためのコミュニケーション室が創設された。報道官室とコミュニケーション室の二部局、そしてこれらの出先の部局により、ホワイトハウスのコミュニケーションの取組の核心が形成されている。これらが創り出されるまでに一世紀以上を要した。この期間は、ホワイトハウスのコミュニケーション組織の発達を追跡するために、四つの段階に分解できる。

初期の組織の時代――一八八〇年〜一九三二年

一八八〇年から一九三二年にかけて、平和の時代も戦争の時代も、いろいろな問題が大統領の机まで上がるようになり、大統領職は米国の政治ニュースの中心となった。まさにこの時期に大統領は世界の指導者の一人となり、また、内政問題について以前よりも重要な役割を果たすこととなった。このために大統領に対する関心が高まり、増大するスタッフも大統領と報道機関との関係に注意を集中させることが必要となった。

南北戦争の後、大統領の移動は距離も頻度も増加し、報道機関や通信社は彼らの行動範囲を拡大した。大統領やそのスタッフは報道陣と対応し、情報を提供する時間がますます増えた。この時期に、彼らは後の大統領が採用し、土台とするコミュニケーションの先例を創り上げた。

大統領の訪問旅行も距離が増大し、特派員が同行するようになった。ラザフォード・B・ヘイズは、西海岸を公式訪問した最初の大統領であった。彼は新しい領土・州の人々に大統領というものを紹介したかった。このことが、「一周遊説」(swing around the circle)として知られた大統領の伝統を発展させていく。一周遊説とは、ワシントンDCから開始される周遊であり、ジョージ・ワシントンが大統領であった頃に遡る。一八八〇年、ヘイズは初めての大陸横断訪問を行った。八月二六日にワシントンを出発し、一一月六日に戻ってきた。七一日間で、ヘイズ大統領と婦人は特にカリフォルニア州とオレゴン州の数都市を訪問した。駅馬車しか使えないところを除いては列車で移動した。ニューメキシコのインディアン領土を通過する際は、ウィリアム・テクムセ・シャーマン将軍が警護した。その後も同様な旅行が続いた。一八九一年、ベンジャミン・ハリソン大統領は、完成したばかりの大陸横断鉄道を用い、大統領一行には二人の通信社記者が含まれていた17。

大統領は、彼らの訪問を米国中の人々にとって現実であることを示すためには記者たちが必要であることを認識していた。ウィリアム・マッキンリー大統領とセオドア・ルーズベルト大統領も大陸横断訪問を行った。一九〇六年、セオドア・ルーズベルト大統領はパナマとコスタリカを訪問し、米国外に公式訪問を行った初の大統領となった。外国訪問は、合衆国は世界的な力をもち、その大統領は世界の指導者であることを実証するという彼の考えに合致していた。このような訪問に同行する記者の数は着実に増えていった。

大統領は、訪問が増えるにつれて、報道の段取りに詳しく、新しい技術を理解しているスタッフを同行させるようにした。また、ホワイトハウスのスタッフも、大統領に関する情報を国民に提供する必要があること、また、多くの場合、記者がその手段であることを理解していた。この頃は、議会に対する大統領年次報告は、大統領本人が行うものではなく、議会に印刷物を配布することで済まされていた。同報告は議員に配布されるだけでなく、発表時間の制限を付けて米国中の新聞社に届けられた。このことは、早期に報告を入手するためには解禁日前にそれを公表しないことに同意せざるを得ないことを意味した。ホワイトハウスのスタッフは配布プロセスを開発し、指揮した。

大統領やホワイトハウスの周囲に配置された記者が増加した理由の一つには悲劇もあった。一八八一年、ジェームズ・ガーフィールド大統領が撃たれ、彼は死去する前の二か月をホワイトハウスで過ごした。このとき、少なくともAP通信の記者一人が、夜間、大統領の容態を伝えるために現場にいた[18]。報道陣が存在することは、大統領に関する国民の知る権利が認識されていたということであった。一九〇一年、ニューヨーク州バッファローでマッキンリー大統領が撃たれたとき、彼の秘書官であったジョージ・B・コーテルユーは、大統領の容態の最新情報を伝えるために報道陣と何度か話をした[19]。

大統領は、訪問や公的活動が増えるにつれ、熟練スタッフの必要性を認識した。グロヴァー・クリーヴランドの第一次政権時代、大統領の最側近であったダニエル・ラモント秘書官は記者の経歴をもっていた。次の大統領のベンジャミン・ハリソンも、イライジャ・ハルフォードという記者経歴を有するスタッフを有していた。第二次クリーヴランド政権の後のウィリアム・マッキンリーも同様であった。マッキンリーの上級スタッフであったジョン・アディソン・ポーターはハートフォード・ポスト紙を所有していた。記者の経歴がある者を最上位のスタッフに入れることにより、大統領は、ジャーナリストと公の場でやりとりをしないでも報道陣に対して回答を述べることができた。

セオドア・ルーズベルトが大統領になったとき、知事時代の経験から、報道陣の質問に回答するという伝統を導入した。ルーズベルトは大統領として知事時代と同じことをした。ただし、その会合はオフレコであったため、記者が記事に用いることはできなかった。また、彼は、聞き手を選んだ。会合は記者であれば誰でも参加できるわけではなかった。彼のスタッフたち、最初は、クリーヴランド政権時にホワイトハウスで勤務を始めたジョージ・コーテルユー、そして次のウィリアム・ローブは、記者たちがどのような情報を必要としているかということに大変な注意を払い、大統領のニーズに合わせるために報道機関を活用することの可能性を追求した。記者団の質問に対応するとともに大統領の広報を企画するという仕事は、その後、報道官やコミュニケーションディレクターが行うことの予兆であった。

ウィリアム・ハワード・タフト大統領は、記者たちがホワイトハウスに場所をもつことを許したが、ルーズベルト大統領と記者たちが交わしたような率直な議論をジャーナリストと行うことはなかった。ルーズベルト大統領は定期的ではないが、時々、記者たちと会うことがあった。記者たちが継続的に存在したので、彼らが常駐すべき場所としてホワイトハウスの重要性がしっかりと確立された。

ウッドロー・ウィルソン大統領は、議会のメンバーに対し、国の現状に関する見解を大統領本人が説明するジョージ・ワシントン大統領、ジョン・クインシー・アダムズ大統領の頃の習わしに回帰した。このため、大統領が公衆の面前に姿を現す機会が増加した。また、ウィルソン大統領は、あらゆる記者が平等に大統領記者会見に参加できるようした。ただし、ルーズベルト大統領と同様、そのやりとりはオフレコであった。ルーズベルト大統領の在職初期は多数の記者会見が開かれたが、戦争が始まると中止となった。第一次世界大戦が始まり、ウィルソンが広報委員会(Committee on Public Information)を設置するまでは、彼の秘書官であったジョセフ・タマルティが報道関係を彼の主要な任務として扱った。

記者出身のジョージ・クリールを委員長とした広報委員会は、ホワイトハウスのコミュニケーション室の先駆けとなるものであった。委員会の初期の活動は、米国が第一次世界大戦に参戦することの重要性を宣伝するための戦略を企画し、実施することであった。委員会は、戦時中の検閲という役割に加え、映画館など情報が国民に流れる場所を特定し、それに沿って宣伝戦略を開発した。第一次世界大戦が終わると同委員会も廃止された[20]。

一九二〇年代には、記者や彼らが所属する報道機関は大統領やホワイトハウスをニュースの中心と見ていたので、大統領に対する公的な要望が増加した。記者たちは定期的にハーディング、クーリッジ、そして回数は減少したがフーバーと会話をし、このことが、後の定期的な記者会見の開催へとつながった。実際のところ、クーリッジは後の大統領の誰よりも大統領記者会見を行った21。ニュースがほとんどないときは、記者たちは、大統領が何を考えているか、どう行動しているかということを重要なこととみなした。大統領とスタッフはラジオのような技術の発達を利用したいと努力していたので、声明のどの部分を流すか記者たちに決められることなく、報道機関の技術を利用してメッセージを国民に直接伝えることができた。ラジオにより大統領演説の全文が流されるようになった。一九二三年、クーリッジ大統領は一般教書演説がラジオ放送された最初の大統領となった。そしてフーバー大統領も同様に、時々、国民に対するラジオ演説を行った。

大統領スタッフを増員する際に、報道関係に対応するための上級官職が置かれた。フーバー政権時に創設された官職名は大統領補佐官であったけれども、報道関係への対応に責任を持ち、報道官として広く知られるようになった。最初にこのポストに就いたジョージ・エイカーソンは、フーバーがクーリッジ政権の商務長官であったとき、彼のためにコミュニケーション問題を扱っていた。フーバーは、それ以前には記者たちと定期的に率直にやりとりをしていたが、商務長官のときにはそのようなことをしなかった。大統領時代、記者との会合において彼はほとんど情報を提供しなかった。

一九二〇年代にはスピーチライターも現れた。ハーディング政権において、最初の大統領のスピーチライターとなるジュドソン・ウェリヴァーがホワイトハウスのスタッフとして採用された。ウェリヴァーは、演説の草稿を作成するだけでなく、クーリッジの記者会見で質問をする記者たちに提供できる情報を追い求めた。

ニュースの中心に位置する大統領――一九三三年～一九五二年

フランクリン・ルーズベルトの時代には、大恐慌と第二次世界大戦という二つの危機が発生したため、コミュニケーションが大統領職の中心となった。ルーズベルト大統領は、重要な時期には、時折の炉辺談話(fireside chats)を通じて国民に直接語りかけ、また、報道陣とは週二回の記者会見で話をした。国内外の現場で政府の活動が相当あるため、ホワイトハウスは全国ニュースの中心となっていた。記者たちは、政権のいろいろな活動について情報を享受することができ、また、彼らとの交わりを大統領が楽しんでいたため、大統領を担当することを好ましく思っていた。

報道官という官職が設置されたのはフーバー政権からであったが、このポストが重要になったのはルーズベルトの時代であった。ルーズベルトが任命したスティーヴン・アーリーは、大統領の信頼と同じくらいに記者たちの信頼を得た最初の報道官であった。彼は日々の記者説明で大統領に代わって話をし、信頼できる、情報が確かな発信元としてみなされた最初の報道官であった。記者たちと同様、大統領も彼に頼った。彼は、政権の始まりから最後の月まで、報道官として務めた。

ルーズベルト政権におけるホワイトハウスのコミュニケーション活動のスタッフ構成は、一人の報道官と数人のスピーチライターというものであった。加えて、ルーズベルト大統領は、数名の側近が広報案件に加わるという、その場しのぎのシステムを用いた。予算など個々の案件については、スタッフを記者会見に同席させ、記者に情報を提供させることもあった。ルーズベルト大統領は、予算関係のスタッフを側に並べて、毎年、記者たちに大統領の予算案を説明した。彼は、政権の重要事項を説明する最初の人物となるようにした。

政権の他の人々も広報に巻き込まれた。ハロルド・イッキーズ商務長官など閣僚も、重要な政策課題に関する広報に関与した。米国愛国婦人会(Daughters of the American Revolution)は、同会が所有するコンスティテューション・ホールでオペラ歌手のマリアン・アンダーソンが聴衆を前に歌うことを認めなかったが、イッキーズはリンカーン・メモリアルで彼女が歌うことを許可した。ハリー・ホプキンスやマーヴィン・マッキンタイヤなどの大統領側近も同様に記者たちに対応した。政治に従事する人々は演説原稿の作成に関与した。

ルーズベルト家で記者たちと積極的に関係をもったのは大統領だけではなかった。初めてのこととして、ルーズベルト大統領が記者会見を定期的に開催しただけではなく、エレノア大統領夫人もそうしたのであった。大統領夫人は、女性に関する政策や重要な内政上の課題について議論した。記者団に対する彼女の影響は長く続いた。彼女は報道機関に対し、彼女が記者たちとやりとりをするときは女性が担当するよう求めた。記者との交流だけでなく、彼女はMy Dayという随筆を書き、全米に配信されて新聞に掲載された。

ルーズベルト大統領が亡くなった後、ハリー・トルーマンは、週に一回となったものの記者たちと会うというルーズベルトの慣行を続けた。しかしながら、記者たちとの会合は、ルーズベルト時代のように記者たちが大統領の机の周囲に集まるという非公式なものではなかった。記者団の規模が大きくなっていたので、トルーマンは、より広い、より公式な場所に記者たちを移した。彼の在任中の報道官たちは、毎日、大統領に代り話をした。ルーズベルト同様、トルーマンは、ケン・ヘフラーやリチャード・ニュースタットが行ったような演説草稿作成など、コミュニケーションのさまざまな課題のために政治スタッフを活用した。

テレビのために大統領職を編成する――一九五三〜一九七四年

一九五〇年代に、技術や大統領記者会見の変化、ホワイトハウスのスタッフ階層構造の整備などがあり、今日、我々が知るホワイトハウスのコミュニケーション活動の基本構造が出来上がった。ドワイト・アイゼンハワーが大統領であったとき、テレビが大統領の広報の一要素となり、大統領記者会見はオフレコのイベントから、すべてのメディアにより放送され、報道されるオープンなものへと変化した。また、アイゼンハワー大統領は、民主党のルーズベルト、トルーマン時代の比較的自由なスタッフ・システムを、責任を特定の職に帰属させる系統的な運営に置き換えた。系統的な運営はジョン・F・ケネディ、リンドン・ジョンソンの時代に姿を消したが、リチャード・ニクソン時代に復活した。

長期のコミュニケーション計画の考えが根付いたのはこの時期であった。ただし、それを支援する特別な組織構造は存在しなかった。長期のコミュニケーション計画はニクソン政権で姿を現した。アイゼンハワー政権時代、ジェームズ・ハガーティ報道官は、コミュニケーション戦略を立案し、行政府全体の広報を調整することにより、報道官と彼の部屋の情報共有を拡大した。さらに、PRやテレビに関する助言者が無料奉仕の社会貢献として(pro bono)、大統領の広報に関する人々の一部としてコミュニケーション・チームに加わった。アイゼンハワーは、ハリウッドのプロデューサーであるロバート・モンゴメリーのような何人かの非常勤スタッフ、ニューヨークの広告代理店ヤング・アンド・ルビカムの広告担当役員であるシガード・ラーマンなどの無料奉仕の人々を頼りにしていた。ラーマンは、いかにテレビを活用するかということや、PR戦略と政権運営プロセスとをいかに融合させるかということについて、アイゼンハワーに助言を行った[22]。

一九五九年にハガーティが一人で行っていた業務は、今日、報道官室とコミュニケーション室という二つの重要な部局で扱っている。これらの部局は大統領に対する一流の助言者、特別な担当を持つ付随部局、数層のホワイトハウスのスタッフにより構成されている。

ハガーティの仕事は特に重要だった。というのは、一九五〇年代の終わりには政権と記者たちとの友好的な関係がほころびを見せ始めていたからであった。一九六〇年、ソビエト上空で撃墜された米政府の航空機に関して政権が嘘をついたことが発覚した。このため、記者たちはホワイトハウスから流される情報に対して、より批判的な態度を採った。記者たちは戦時中起きたことについて政府の説明を受け入れていたが、この事件によりそのようなことは終わってしまった。この事件では、米国の軍用機がソビエトにより、ソビエト領空で撃墜されていた。国務省は、撃墜されたのは気象観測機であると発表していた。彼らは知らなかったが、飛行機は墜落したにもかかわらずパイロットが生存し、捕まえられ、彼が操縦していたのはU－2型スパイ飛行機であることを自白していた。嘘がばれたので政権は記者からのプレッシャーを感じており、ハガーディ報道官も例外ではなかった。これ以降、大統領とホワイトハウス・スタッフは、自分たちの情報を記者たちに受け入れてもらうように説得するため、より一層の努力を必要とするようになった。自分たちのメッセージを国民に伝えるため、さらなる戦略が必要となった。

ケネディ大統領とジョンソン大統領は、コミュニケーション計画のための作業を継続的に行うことはなかったが、両大統領とも、定期的に報道陣と記者会見を行っていた。ケネディの場合、アイゼンハワー時代のような録画放送でなく生中継であったので、記者会見は多くの関心を集めた。ケネディは機知に富んでいたので、記者会見のやりとりは大統領にとっても記者にとっても利益となる出来事であった。ケネディ政権にとってテレビは重要な存在であり、ジョンソン政権でも同様であった。両政権時代、記者たちは彼らが受け取る情報の正確さについて公の場で質問した。特に、ベトナム戦争に関連した政府の行動についてはそうであった。ジョンソン政権時代、政権と記者たちとの関係は、常時、辛辣なものになり、ニクソン政権時代には一層敵対的な関係にまでなった。ニクソンはベトナム戦争に関連した情報だけでなく、最後の二年間はウォーターゲート事件があった。すべての新聞がウォーターゲート事件に直ちに関心を持ったわけではなかったが、一九七三年初めにはすべてのメディアがウォーターゲート事件に焦点を当て、一九七四年八月九日、ニクソンが辞任するまでそれは続いた。

ニクソン大統領はアイゼンハワー政権で副大統領であったため、ハガーティが取り組んだことの意味がわかっていた。このためコミュニケーション室を創設し、報道官に必要な毎日のルーティン業務の他に、計画の策定を行わせることとした。コミュニケーション室が設置されたので、大統領とその事業を推進するためのスタッフに有給のスタッフからなる新しいグループが加わった。また、コミュニケーション室はワシントン外の報道機関との関係構築にも従事した。政権にとって、地方の報道機関は敵対的なホワイトハウスの記者団よりも友好的に思われた。これまでにコミュニケーション室はいろいろな方法で編成され、利用されてきているが、もっとも利用されているのは地方の報道機関との関係の構築・維持の面においてである。ニクソンは、報道に対して毎日、情報提供を行う報道官をおき、大統領記者会見を開催することなどの確立していた先例は受け入れたが、記者とのやりとりの場は大幅に削減した。

ホワイトハウスのコミュニケーション活動の現在の組織構成はニクソン政権末期までに定まり、充分機能しているが、レーガン大統領、クリントン大統領はこれに微調整を加え、ケーブルテレビやインターネットを始めとする新しいメディアの急増に対処した。

確立したホワイトハウスのコミュニケーション活動——一九八一年〜二〇〇七年

レーガン政権時代、大統領のコミュニケーションを企画するチームは、大統領のテレビ映りの良いことと、多くの国民は毎日、三大テレビネットワークの夕刻のいくつかの番組でニュースを知るということを利用した。彼らは、いかに大統領がテレビに取り上げられるかということのために計画を策定し、日々の報道活動を行った。

また、夜のニュースで流される映像をつくるために、一日一つのイベントを公開した。ホワイトハウスは二〇〇七年までに、五大ネットワークが存在し、そのいずれもが一日中ニュースを流す環境に直面するようになった。朝のニュース番組から始まり、伝統的な夜のニュース番組、深夜の地域のテレビニュースにいたるまで。さらに、新聞の数が徐々に減少し、夕刊紙にいたってはほとんど発行されなくなり、特に若年層の有権者にとって次第に重要な情報源となっているインターネットの隆盛という状況に彼らは直面した。ニュースを届けるためのレーガン時代の集中的なシステムは、時間や情報の内容のニーズがそれぞれ異なる断片的なメディア・システムに対して情報を提供するために大統領の報道スタッフが一日中働くシステムへと変化していた。レーガン時代に見られた、政権のニュースを統一的な方法で送り届けるための国の勢いは、メディア業界がまだ変化している最中の二〇〇七年、幾分カオス的なシステムに取って代わられていた。

レーガン時代、ケーブルテレビという新しいメディアがホワイトハウスに現れ、CNNが地位を獲得した。ホワイトハウスにとってはケーブルテレビのおかげで、入念に練られた大統領の姿が夜のニュース番組だけでなく一日中放映されるためのドラマチックな環境を創ることが可能となった。レーガン大統領のチームは、ニクソン大統領の時期に構築された組織構造を微調整し、政権を代表する人々がケーブルテレビやキー局の番組に登場するよう手配するスタッフを整備するとともに、自分たちのテレビスタジオを設置した。レーガンは、ホワイトハウスのイースト・ルーム(訳者注：重要な記者会見、条約・法案の署名式典、晩さん会などが行われる部屋)からテレビ中継されるプライムタイム(訳者注：視聴率が高い二〇〜二三時(東海岸時刻))の記者会見などニクソン大統領が発見した大統領の舞台に立つようになった。

ビル・クリントンやジョージ・W・ブッシュがホワイトハウスに入る頃には、彼らの意向に応じて使ったり、使わなかったり、あるいは望み通りに変更できる広報の部局があった。両大統領とも、多少異なりはするが、室

(office)という組織を用いた。両大統領とも、ケーブルテレビネットワークの成長やインターネットの発達によりもたらされたいろいろな機会や分きざみの情報に対するニーズに応じる組織を調整しなければならなかった。

クリントン政権の最後数年間までに、三大ネットワークに加えて二つのケーブルテレビネットワークが大統領の演説や発言を追っており、大統領が率直に話をするもっともなインセンティブがあった。報道機関において、現像が必要なフィルム撮影から必要のないビデオ撮影に移行すると、離れた位置から生中継する技術が使えるようになり、大統領が人前で行うスピーチは容易に中継されるようになった。この変化が生じたのはレーガン時代であった。

一九五三年から二〇〇一年という比較的短い間に大統領が人前に現れることが急に増えたので、大統領が白分たちの姿を選択、設計、演出することを助けるための一流のコミュニケーション活動を必要とした。この時期は、ドワイト・アイゼンハワーが二期大統領を務めたことから始まり、ビル・クリントンの八年間の政権の最後で終わる。アイゼンハワーは一九三回の記者会見を行い、その多くはテレビやラジオで放送可能であり、アイゼンハワーは準備のために報道チームを必要とした。

二五年後、ホワイトハウスのコミュニケーションは、その場しのぎの活動から、しっかりと構築された職業的な活動に変わってきたことが、数字だけみても明らかである。クリントン大統領も八年間の任期中に一九三回の記者会見を行った。しかし、これに加えてインタビューや短時間の質疑応答セッションのために一五〇〇回、記者と会っている。同様に、大統領の演説回数は同期間に約七倍に達している。アイゼンハワーが演説を述べたり見解を表明したのはおよそ七〇〇回であったが、クリントンは四五〇〇回であった。両政権の間に、公の場での説明が増大したため、これに対応しようと大統領は組織を整えざるを得なかった。本書は、大統領の広報の必要性の増大に対応するために整備されたホワイトハウスのコミュニケーション組織について書いている。

注

1 Press conferences, Calvin Coolidge Papers, Forbes Library, Northampton, Massachusetts.

2 George W. Bush, "Remarks to the Chamber of Commerce in Portland," March 23, 2001, Portland, Maine, *Weekly Compilation of Presidential Documents*. 以下のサイトで入手可能。www.gpo.gov/nara/nara003.html.

3 Jonathan Weisman and Bradley Graham, "Dubai Firm to Sell U.S. Port Operations," *Washington Post*, March 10, 2006, p. A1.

4 Michael McAuliff, "Chuck's Port-Deal Terror, Urges Prez to Nix 'Risky' Sale to Arab Biz," *New York Daily News*, February 14, 2006.

5 Sheryl Gay Stolberg, "How a Business Deal Became a Big Liability for Republicans in Congress," *New York Times*, February 26, 2006, p. 14.

6 Dan Bartlett, 著者インタビュー, Washington, D.C., October 27, 2006.

7 "Interview with Reporters Aboard Air Force One" and "Remarks on Arrival from Golden, Colorado," February 21, 2006.

8 Dan Bartlett, 著者インタビュー, Washington, D.C., October 27, 2006.

9 Paul Blaustein, "Dubai Firm Cleared to Buy Military Supplies," *Washington Post*, April 29, 2006, p. A6.

10 Michael Baruch Grossman and Martha Joynt Kumar, *Portraying the President: The White House and the News Media* (Baltimore: Johns Hopkins University Press, 1981).

11 Richard E. Neustadt, *Presidential Power: The Politics of Leadership* (New York: Wiley, 1960).

12 Richard Neustadt, "A Preachment from Retirement," in *Presidential Power: Forging the Presidency for the Twenty-First Century*, ed. Robert Y. Shapiro, Lawrence Jacobs, and Martha Joynt Kumar (New York: Columbia University Press, 2000), 465-66.

13 ホワイトハウス研究のうち、スタッフが下した判断やその背景にある理由について彼らの観点から記述された研究の数は少ないが、私の研究にとって重要な他の視点から見た研究が存在する。スタッフの活動のダイナミズムに関心を持つ政治学者が書いたホワイトハウスの活動についての文献が増えている。私にとって特に重要であったのは、カレン・ハルト(Karen Hult)とチャールズ・ワルコット(Charls Walcott)のGoverning the White House: From Hoover through LBJ (Lawrence: University Press of Kansas, 1995) と Empowering the White House: Governance under Nixon, Ford, and Carter

(Lawrence: University Press of Kansas, 2004)、ジョン・バーク(John Burke)のThe Institutional Presidency, 2d ed. (Baltimore: Johns Hopkins University Press, 1992)、そしてブラッドリー・パターソン(Bradley Patterson)のThe White House Staff: Inside the West Wing and Beyond (Washington, D.C.: Brookings Press, 2000)であった。

大統領の意思決定に関する研究は重要である。その理由は、いかにして大統領とそのスタッフが活動するかについての視点が得られるからである。現代の大統領研究に関し、ロジャー・ポーター(Roger Porter)がいる。彼は、ジョージ・H・W・ブッシュ政権で経済・内政担当補佐官として勤務し、同様にレーガン政権、フォード政権でもホワイトハウスで勤務した。彼は、学究生活から経済政策について大統領に助言する身となり、その後、ハーバード大学に戻り、大統領に関する授業を教えている。彼のPresidential Decision Making: The Economic Policy Board (New York: Cambridge University Press, 1982)は、フォード政権時代に彼がホワイトハウスで勤務した経験を基にして、大統領の活動のうち重要な分野に関してホワイトハウス内部からの彼の意見を伝えてくれる。ジョン・バーク(John Burke)とフレッド・グリーンスタイン(Fred Greenstein)のHow Presidents Test Reality: Decisions on Vietnam, 1954 and 1965 (New York: Russell Sage Foundation, 1991)も同様に、ベトナム関連事項に関する大統領の意思決定について述べている。

14

別の文献には、政権とメディアの一般的関係や、大統領のリーダーシップに焦点を当てているものがあり、大統領と報道機関との関係も含まれている。政権とニュース・メディアの関係について重要な作品はティム・クック(Tim Cook)のGoverning with the News: The News Media as a Political Institution (Chicago: University of Chicago Press, 1998)である。政権と報道との関係は敵対関係にあると考えられがちだが、彼は、報道機関と政府高官が、緊張関係があるにもかかわらず両者の関係から利益が得られる場合を強調し、両者の相互関係の別の面を示した。

Presidential Leadership of Public Opinion (Bloomington: Indiana University, 1965)のエルマー・コーンウェル(Elmer Cornwell)は、大統領のコミュニケーションの重要性について気付き、記述した最初の政治学者の一人であった。彼は、大統領が自分の政策プログラムを推進するために利用可能なリソースをどのように使っているか、当時の筆頭部局である報道官室がどのように組織され、運営されたかについて論じた。彼の本を読むと、ホワイトハウスのコミュニケーション組織が、アイゼンハワー時代の初期の日々からどれだけ進展したかを理解できる。大統領のリーダーシップに関する重要な本としては、At the Margins: Presidential Leadership of Congress (New Haven: Yale University Press, 1989)やOn Deaf Ears: The Limits of the Bully Pulpit (New Haven: Yale University Press, 2003)などのジョージ・エドワーズ(George Edwards)の著

作が、世論を変化させることが大統領にとっていかに難しいことかを説明する。

サミュエル・カーネル(Samuel Kernell)とジェフリー・チュリス(Jeffrey Tulis)は、Going Public: New Strategies of Presidential Leadership (Washington, D.C.: Congressional Quarterly Press, 1986) や The Rhetorical Presidency (Princeton: Princeton University Press, 1987)という名著により、大統領のリーダーシップ研究に関し重要な貢献を行っている。カーネルは、大統領の取組に対して国民の支持を得るための戦略を論じた。チュリスは、大統領制の歴史において大統領のレトリックの発展を追跡した。

大統領が国民世論を指揮したり、盛り上げたりすることは困難なことであり、政策課題を創り上げ、コントロールする難しさに匹敵する。シャント・アイエンガーは、何がニュースとみなされるかを決定する際のニュース・メディアの役割について記した。ホワイトハウスは、報道機関が何を強調するかを決定したいと望む一方で、大統領とそのスタッフは、自分たちの便益とするために、報道機関のリズムと作業手順について連携しなければならない。シャント・アイエンガー (Shanto Iyengar)とドナルド・R・キンダー (Donald R. Kinder)の *News That Matters: Television and American Opinion* (Chicago: University of Chicago Press, 1987)を参照のこと。他にも、シャント・アイエンガーの Is *Anyone Responsible? How Television Frames Political Issues* (Chicago: University of Chicago Press, 1991)、スティーヴン・アンソラビヒレ (Stephen Ansolabehere)、ロイ・ベアー (Roy Behr)、シャント・アイエンガーの *The Media Game: American Politics in the Television Age* (New York: Macmillan, 1993)も参照のこと。ドナルド・L・ショウ(Donald L. Shaw)とマックスウエル・マッコーム(Maxwell E. McCombs)他の *The Emergence of American Political Issues: The Agenda-Setting Function of the Press* (St. Paul, Minn.: West, 1977)も関係がある。

大統領とそのスタッフは、報道機関が日常的に課題を設定することに対応し、メディアに関する知識を利用する組織を設け、大統領の主張を発展させてきた。メディアの業務にホワイトハウスがいかに対応するかを説明する重要な二つの作品として、ジョン・アンソニー・マルチーズ(John Anthony Maltese)の Spin Control: The White House Office of Communications and the Management of Presidential News (Chapel Hill: University of North Carolina Press, 1992)と、私がマイケル・グロスマン(Michael Grossman)と書いた、Portraying the President: The White House and the News Media (Baltimore: Johns Hopkins University Press, 1981)がある。マルチーズの本はコミュニケーション室の初期に焦点を当てており、ニクソン、レーガン政権での発展を強調している。この比較的新しい組織に焦点を当てていることが、本書も同様であるが、同書を優れて価値あるものとしている。

15 ホワイトハウスのスタッフによるコミュニケーション活動のための企画の手法がどう発展したかは、ホワイトハウスで勤務した者たちの回顧録で追跡できる。どの回顧録もホワイトハウス時代の様子を伝えており、ホワイトハウスの組織編成を追う上で有益である。この分野を研究するには、大統領報道官を務めたマーリン・フィッツウォーター（Marlin Fitzwater）、ロン・ネッセン、ジョディ・パウエル、そしてアリ・フライシャーが、彼らが指揮したそれぞれのメディア活動についての価値ある考察を示している。アリ・フライシャーの *Taking Heat: The President, the Press, and My Years in the White House* (New York: William Morrow, 2005)、マーリン・フィッツウォーターの *Call the Briefing: Bush and Reagan*（マーリン・フィッツウォーター著（佐々木伸・菱木一美訳）『ホワイトハウス報道官　レーガン・ブッシュ政権とメディア』共同通信社、一九九七年）、*Sam and Helen: A Decade with the Presidents and the Press* (New York: Times Books, 1995)、ジョディ・パウエル（Jody Powell）の *The Other Side of the Story* (New York: William Morrow, 1984)、ロン・ネッセンの *It Sure Looks Different from the Other Side* (New York: Simon and Schuster, 1978) がそうである。

二人のコミュニケーション・アドバイザーが自分たちの経験を詳しく説明している。マイケル・ディーヴァー（Michael Deaver）は、第一期レーガン政権のホワイトハウスについて書いた。デーヴィッド・ガーゲン（David Gergen）は、ニクソン、フォード、レーガン、そしてクリントン政権で勤務した経験から、大統領の指導力についての見解を述べた。マイケル・ディーヴァーの Behind the Scenes: In Which the Author Talks about Ronald and Nancy Reagan (New York: William Morrow, 1987) と、デーヴィッド・ガーゲンの Eyewitness to Power: The Essence of Leadership, Nixon to Clinton (New York: Simon and Schuster, 2000) を参照のこと。これらの大統領報道官とコミュニケーションディレクターが仕えた大統領すべてに関する情報をまとめるために、私はそれぞれにインタビューを行い、政権を通じた共通点と、違いを産む要因を抽出した。

16 Stephen Ponder, *Managing the Press: Origins of the Media Presidency, 1897-1933* (New York: St. Martins Press, 1999); Melvin Laracey, *Presidents and the People: The Partisan Story of Going Public* (College Station: Texas A&M University Press, 2002); Martha Joynt Kumar, "The White House Beat at the Century Mark," *The Harvard International Journal of Press/Politics* 2 (Summer 1997): 10-30, and "The White House Beat at the Century Mark: Reporters Establish Position to Cover the 'Elective Kingship,'" paper presented at the American Political Science Association convention, San Francisco, California, August 29-September 1, 1996.

17 Archivist John Ransom, ヘイズ大統領日記に関する著者とのディスカッション, Rutherford B. Hayes Presidential Center, November 30, 2006.

18 Kumar, "The White House Beat," 14.

19 Library of Congress, Manuscript Division, George Bruce Cortelyou Papers.

20 Cornwell, *Presidential Leadership of Public Opinion*, 48-57.

21 第7章 大統領記者会見の表11（訳者注：参考資料編の表4）を参照のこと。

22 Craig Allen, *Eisenhower and the Mass Media* (Chapel Hill: University of North Carolina, 1993).

第1章　効果的なコミュニケーション活動の仕組づくり

アメリカの政治システムにおいて、大統領は、選挙で選ばれた他のいかなる役職者も比較にならないくらい、コミュニケーションの機会と人員を持つ。現代の大統領は、報道官、コミュニケーションを担当する上級アドバイザー、多数のスピーチライターと調査スタッフを持ち、そしてこれらの者がイベントを立案し、実施し、大統領が選んだメッセージを国民に届け、また、危機に対応することができるよう支えるための最大三五〇人のサポートスタッフを持つ。大統領には、彼やそのスタッフの言葉が生中継できるように準備しているメディアも存在する。ウエスト・ウイング（訳者注：ホワイトハウスの西棟。大統領執務室、政府高官の部屋、記者会見室などがある）の外の通路には、ホワイトハウスから生放送ができるよう、一六組のテレビクルー用接続機器が設備されている。ウエスト・ウイングの中では、約一〇〇人の新聞、雑誌、テレビ、ラジオ、通信社の記者、カメラマンが、毎日、報道官室を行き来している。ワシントンの他の場所にもホワイトハウスで毎日働く人々を支援する報道関係者が数百名いる。しかし、これらの人員や機会をもつにもかかわらず、大統領は、効果的なコミュニケーションを達成することが難しいと感じている。

大統領とそのスタッフが政権報道に関して求めていることを理解するためには、大統領がもつ人員や機会を確認するだけでは十分でない。中央政府の各機関や各階層において権力が分散されているシステムを探索しなければならない。ワシントンの社会には、大統領の目標と相容れない目標をもつ、多数の議員や行政機関役職者がおり、大統領はその「雑音」をくぐりぬける必要がある。

大統領のコミュニケーションの課題

今日の情報環境において、大統領とそのスタッフは、アメリカ国民とコミュニケーションをどのようにとっていくかという課題に直面している。国民には十分理解することが困難なほどの量の情報が流されている。ケーブルテレビネットワークやコンピューターでは絶えずニュースが流れている。新聞もインターネット版で最新のニュースを伝えており、その日の早い時間に掲載された記事が最新版に更新されている。ニュース更新の頻度が大変高いため、ニュースの背景を提供することはあまり重視されない。重要なのは、報道機関は情報を入手次第、発信することである。今日の問題点は、情報は豊富だがその意味するものが理解されていないことにあると定義される。情報を十分理解したいという消費者にとって、本当にたくさんの、そして時に矛盾する内容の、ニュース源から流れてくる事実をふるいにかけるのは困難である。テレビネットワークやケーブルテレビの番組、ラジオの報道・トーク番組、メディア企業や利害団体の意見を反映するインターネットのブログ、ニュース、新聞、ニュース誌、政策雑誌において、それぞれの立場を持つ一人一人の個人から絶え間なく情報が流される。大統領とそのスタッフは政権に関して流れている情報について一貫性をもたせる必要があるのだが、この状況は彼らにとって問題となっている。

レーガン政権時代、ホワイトハウスのコミュニケーション・チームの課題はもっと単純であり、一日に一つ大統領の公式行事と、その行事について流れるメッセージを展開することに集中した。一九八一年にロナルド・レーガンが大統領職に就いたときは、今日もそうではあるが、テレビが主要なメディアであった。CBS、NBC、ABCの三大全米ネットワークはいずれも同じニュースの形を用い、地方系列局の放映次第ではあるが、全米で午後六時半から七時に放送される三〇分の夜のニュース番組に人員を集中していた。それら三つの夜のニュース番組は多くの視聴者をもち、また、視聴者はニュースの大部分をそれらの番組から得たものであった。人々はこうしてニュースを知るということを大統領とそのスタッフはわかっていたので、彼らは毎日、米国民に情報を伝える主な手段としてこれらの番組を利用した。

人々がニュースを共通の情報源から得るため、ホワイトハウスにとってはその時間を利用して、人々をまとめたり、ホワイトハウスが重要と考えていることを人々に伝えることができた。ホワイトハウスは、定期的に人々を集められることがわかっていたため、一定の時間枠に沿って彼らのニュースサイクルを構築した。「数人の主要なプレイヤーが多くのメディアの論調を実際に決めていたんだ。このため、人々によく情報を与え、その公共での発言がどんなものであろうともそれに人々を巻き込むことは今より簡単であったんだ」とビル・クリントンの報道官であったマイク・マカリーは述べた[1]。今日、同じことは当てはまらない。「毎夜、ネットワークというキャンプファイアの周りに集まって、ウォルター・クロンカイトが今日はこんなところですと語るのを聞くことはないだろう。結束は失われている[2]」。

今日、ホワイトハウスは全く違う状況に対応している。その理由は、三大全米ネットワーク、ニュースキャスター、特派員が出来事の主な提供先であったが、ニュース環境が急速に変化し、それらに代って出来事を提供する中心がない状況にある。このようなニュース側での変化に加え、ニュース番組を見ている人々の数がかつてと異なっており、新聞についても読んでいる人の数が減少している。CNNは流すニュースを絶え間なく探しており、新聞はウェブサイトで一日中ニュースを更新している。こういう状況で、今日、ホワイトハウスが対応するニュースの出口は、レーガン時代の場合と異なる形状となっている。「多数の話の流れがあり、時間ごとに展開している。そして画像は常に鮮明で想像力に富むものでなければならない。我々は絶えずニュースサイクルより先にいなければならないんだ」と、コミュニケーション担当の上級アドバイザーであったダン・バートレットは述べた。例えば、人々はアフガニスタンやイラクに関する定期刊行物、メディアに対応しているとき、米国と比べ、六時間から九時間先行しているニュースのサイクルや、異なる報道基準に対応している[3]」。

直近の二つの政権において大統領とスタッフが直面したことは、さまざまな情報源から発信される、情報の速い流れである。情報源には正確なものもあればそうでないものもあった。あらゆるメディアはお互いの競争の中でスピードを強調することを選んでいる。それは正確な報道を損ねる原因となっているとマイク・マカリーは示唆する。「速く報道すればするほど、その情報は信頼性が低くなる。その理由は、情報が本当であるか試されず、検証されず、本当だと決定されているわけではないからだ。このために、実際には死んでいるのに、災害を生き延びた鉱夫が存在することになるのだ[4]」。その結果はメディアに対する不信となっている。このことは、ホワイトハウスにとっても考慮すべきことである。

ホワイトハウスは、速いニュースサイクルの存在とメディアの信頼性の問題について、抑制し、計画を練ることで対応している。ジョージ・W・ブッシュ政権は、五大ネットワークと成熟途上のインターネットに任期の始めから対応した初の政権である。ブッシュ政権は発足直後から、メッセージを展開し、それを留めることを狙った。バートレットは、コミュニケーションの過程においてどうして抑制が重要なのかを語った。「我々が感じることは、多くの競争があり、多くのニュース内容が発信されるようになって以降、メッセージをはずすことなく、語りたいことを保つには、一層抑制が必要であるということである。さもなければ、米国民に何かを理解させることはできないだろう」[5]。

語りたいことを選択するだけでなく、ブッシュのホワイトハウスは、大統領の会話の目標を特定し、目標に到達する適切な方法を追求した。その意味するところは、全米記者団に対してと同様、地方メディアに向けてコミュニケーション活動を展開することであった。このためにブッシュのホワイトハウスは組織化されたコミュニケーション活動を必要とした。

現代のホワイトハウスのコミュニケーション活動

二〇〇一年一月にブッシュがホワイトハウスに着任したとき、共和党政権では強力なコミュニケーション活動が行われるという伝統が存在し、また、直前のクリントン政権においてもそうであった。ブッシュの活動はこれら先達の努力を土台にした。二〇〇〇年の秋、ジョージ・W・ブッシュは選挙結果が認められるとすぐに、選挙キャンペーンでスポークスパーソンを務めたカレン・ヒューズに、来る政権のコミュニケーション活動の責任者となることを求めた。二〇〇二年の夏にヒューズがテキサスに戻ることを決心したときは、彼女の後任のコミュニケーションディレクターに、彼女の副官であったダン・バートレットが就いた。二〇〇五年、彼は、ヒューズが占めていた大統領法律顧問という役職に任命された。

現代のホワイトハウスのコミュニケーション活動はいくつかの部局と多数の人々からなる。ブッシュの最初の二人のコミュニケーションディレクターが担当する範囲は、コミュニケーション室、メディア問題室、スピーチライティング室、国際コミュニケーション室から報道官室、写真室に及んだ。二〇〇五年、国際コミュニケーション室が廃止された後、他の室には六三人の常勤職員がいた。他にも、副大統領室、大統領夫人室、国家安全保障会議でコミュニケーションや報道関係の仕事をしている者が二一人いた。さらに、行政管理予算局、環境評議会、国家薬物政策局、米国通商代表部で職責の一部にコミュニケーション活動を含むスタッフが二四人、大統領府にいた（彼らはホワイトハウスのスタッフではない）。これらのスタッフが、報道官やコミュニケーションディレクターとともに、コミュニケーションに関する活動を定期的に調整している。この一〇八人のコミュニケーションに関する活動を行うスタッフは、内政評議会、国家経済評議会、大統領経済諮問委員会など経済・内政分野で勤務するホワイトハウスのスタッフ六七人と比べてずっと多かった6。

職責にコミュニケーション活動の要素が含まれるスタッフは他にも存在する。特に、政治に関わる部局で勤務する者などがそうである。上級大統領アドバイザーのカール・ローヴの指揮下にある四部局で四二名のスタッフが勤務している。彼の職責には、州・地方レベルの政府や共和党の職員、支援してくれる利害団体の代表との接触を通じ、政権のメッセージを伝えることが含まれている7。大統領やそのスタッフが特別な支援者グループに対して、主要な報道機関経由ではなく別ルートで情報を届けることは、ローヴの仕事の重要な側面である。

この一五〇人の第一線の職員に加え、大統領の首席補佐官から、大統領の演説を記録する人々まで、コミュニケーションの支援活動に従事する者が約二〇〇人いた。その一部は、公式行事への出席調整、訪問の調整、ホワイトハウスにあてたすべての国民からの手紙（紙、電子）の分析を行う部署に配置されていた。どの部局もコミュニケーション戦略を発展させるために重要な情報を提供している8。

もしも、大統領の発表や彼のコミュニケーションの展開に従事するホワイトハウスのスタッフすべてをコミュニケーションの範囲に数えるなら、その人数は相当数にのぼるであろう。ブッシュ政権第二期の初期で堅めに見積もっても、約三五〇人がホワイトハウスでコミュニケーション活動や支援活動に従事している。コミュニケーションを担当する上級職員から、大統領演説、記者会見、記者発表の際に録音機器を操作し、そのやりとりを記録する軍のスタッフにまで及ぶ。

数字は変化するかもしれないが、ホワイトハウスのスタッフの活動においてコミュニケーションはずっと重要な要素となっている。クリントン時代にホワイトハウスでコミュニケーションに従事する人数を問われたとき、マイク・マカリーは「コミュニケーションやその展開を形作るために、二五%から三〇%の有給スタッフが、少なくとも三分の二の時間をあてているであろう」と答えた。けれども真実は、首席補佐官を始めとしてホワイトハウスで重要な役割を持つ者は誰もが、政権はどのようにしてコミュニケーションを進めて行くのか、いかに政権のメッセージを表現するか、どのようにして一番すぐれた要旨を提供するか、ということについての役割を果たすことを認識し、留意しなければならない。これほどまでに政権がコミュニケーションに注意を向けなければならない理由は、その利害が大変大きいからである。「現代の大統領制は、政治力の究極的源泉である米国民のところに直に到達するために、いかにして報道というフィルターを利用し、あるいは貫くか、という問題を中心に展開しているのである[9]」。

ホワイトハウスのコミュニケーション活動の諸機能

効果的なホワイトハウスのコミュニケーション活動とは、四つの機能を遂行できる多面的な活動である。すなわち、大統領本人と彼の政策を支持すること、大統領の行動や考えを説明すること、批判する人々から大統領を擁護すること、大統領の広報について行政府内部やワシントン外部との調整を行うことである。

この四つのコミュニケーションの基本的機能は相反する目的に向かって働きうるため、コミュニケーション活動を成功裡にやり通すことは難しい。コミュニケーション活動を成功させるためには、調和させるのがしばしば困難であるような予定表にもとづいて、さまざまなスキルを持った多くの人がともに働くことを必要とする。政策、立場、法律、あるいはプログラムを支持することは、それに関するあらゆる情報を発信することとは異なる。さまざまな人々が情報をいろいろに解釈するので、単に情報を流すだけでは支持の妨げや協力の支障となりうる。

大統領を擁護するためにはしばしば、大統領の主張を支持するのとは異なる調子や行動の予定表を必要とする。立場や広報を調整して大統領への支持を最大化しようとすると、不安を抱く者や異議を唱える者が、操作されている、無視されている、軽視されている、あるいは放置されていると思ってしまうため、コンセンサスにもとづく広範な土台を形成することができなくなるおそれがある。

大統領の主張を支持する

どの大統領も、政策、法律、そして、自身の目標を前に進める行事や議論から成るプログラムを支持するためのコミュニケーション活動を必要とする。大統領とそのスタッフは大統領のプログラムが正しいことを主張するために、次第に、洗練されたコミュニケーションの組織を利用するようになる。そしてその広報組織は指導者のブランドや彼の政治的優先事項を宣伝する。このような管理された活動の中で、ホワイトハウスのスタッフは、スケジュールの調整や演説原稿の作成など大統領を支持するためにどんなコミュニケーション活動を行うかを決定し、それらを議会の活動と調整する。

国民の注意を引くことはかつてほど簡単ではない。その理由は、人々は伝統的な媒体を通してニュースを得ていないからである。アメリカ新聞協会の比較データは、新聞読者が急速に減少していることを鮮やかに示している。一九六七年、若年齢層(一八歳以上)から高年齢層(五五歳以上)までいずれのグループも七〇%以上が新聞を毎日読んでいた。今日、三五歳未満で新聞を毎日読むのは四〇％に満たない。三五歳以上五五歳未満でわずか五三％。五五歳以上でわずか六七％だが、このグループは一九六七年には七六％であった[10]。テレビはコミュニケーションのより重要な手段となってきているが、若者にはそうでない。若者は徐々にニュースをインターネットで得るようになっている。

大統領とそのスタッフにとって、彼らの政策について好意的な世論を形成するための次の課題は、彼らに批判的な者よりも早く国民に到達することである。特定の課題について国民の見方がいったん固まると、それを変えるのは大変困難であるため、大統領の主張に支持を得ることは特に難しい課題となる。まず第一に、国民の注意を引くことが困難になる[11]。大統領のプログラムと目標を国民に説明する際、ホワイトハウスのコミュニケーション活動は、国民が特定の課題や出来事について自分達の意見を形成するよりも早い時期に届かなければならない。大統領研究者のジョージ・C・エドワーズは、彼の古典的作品である「On Deaf Ears」において、ひとたび国民の意見が形成されると、それを変えさせることがいかに難しいかに気付いた。「大統領は、大統領やその政策に対する支持を維持はできるのですが、世論を変える取組には成功しないことが常なのです[12]」。大統領は、世論を変化させることの難しさを十分に理解しているので、国民の世論がすでに固まった後ではなく、まず初めに、世論を形成しようと努力する。このため、課題や優先順位を定義できるようになる段階において、大統領が優先する事項に焦点を当てた、先を見据えたコミュニケーション活動を必要とする。

当然のことながら人々の好意的な態度を育てるのは難しい。さらに、大統領が国民の問題意識に対して応えるに当たり、今日、批判者や他の政策を主張する者と争わなければならないという問題がある。自分の政策課題を進展させるために自らの立場をどう行使するのが最適か、ということについてどの大統領も考えを持っている。大統領の優先事項やパフォーマンスは、選挙キャンペーンのときか、政権運営のときか（あるいはそのどちらのときも)による。いずれにしても、大統領のメッセージはさまざまな選挙区に合ったものとなり、受け入れられるものとならなければならない。大統領のメッセージは、人々の関心や支持をめぐり、他者と競争しなければならない。

課題を提起し、議論することに関し、ワシントンは次第に洗練された都市となった。ワシントンの住民にはホワイトハウスで長く働いたことのある者、ウエスト・ウイングがどう動くか知っている専門家が多数存在する。どのロビー団体もPRスタッフを抱えている。大統領が自分のイメージを高めたり、政策課題を発展させるためにコミュニケーション活動を展開するとともに、他の者もスポットライトを盗もうと試みる。二〇〇五年、議会に登録してロビイストとして働く者が一万二千人から三万人ほどいた。政治研究者のジェームズ・サーバーの試算では、登録ロビイストではないがロビイング支援に従事している者を含めると、その数は約一〇万人に跳ねあがる13。これらの者は、メディアの時間と関心をめぐって大統領と彼のスタッフと競争するため、優先事項や活動を考え抜いているのである。

大統領演説

大統領の取組と優先事項をもっとも主張することとなるのは、大統領本人である。大統領に懐疑的な大衆に向けてテレビや他のメディアを使って自分たちの主張を正当化する批評家たちに囲まれているため、大統領は話す機会を拡充している。大統領とそのスタッフは、希望する時間に希望する場所でテレビに出演する機会を次第に増加させている。ケーブルテレビ、テレビのネットワーク、ラジオ、通信社、新聞、絶えず更新されるウェブサイトと、大統領が自分の考えを説明する機会は尽きることがない。

表1-1が示しているのはブッシュ大統領が任期中に記者の前に登場した回数である。在職六年間(訳者注:原

書の基となった論文執筆時点)のうち、土曜日のラジオ演説を含めるなら一日当たり平均して一・六回演説している。年間、約五〇〇回の演説・発言を行った年も多い。

ブッシュ大統領の登場は、**表1-2**で見るクリントン大統領の国民への説明数と大変歩調が合っている。週に六日間活動していると仮定すると、クリントンは平均一・八回の演説・発言を行っている。ケーブルテレビが大統領の演説を定期的に伝えるようになると、三大全米ネットワークが夜に放送する短時間の映像と異なり、ケーブルテレビは大統領の演説を全部放送するので、大統領は有権者に直接到達することを計算できるようになった。ケーブルテレビのニュースはCNNだけでなく、クリントン政権の後半にはMSNBCやFOXニュースも含まれた。

表1-1　ジョージ・W・ブッシュ大統領のメディア登場回数

年	2001	2002	2003	2004	2005	2006	第一期	第二期(2007年1月20日まで)	合計
国民に対する演説	7	4	7	1	7	3	19	11	30
ホワイトハウス執務室	1	0	1	0	1	2	2	3	5
執務室以外のホワイトハウス	1	1	4	0	2	0	6	3	9
一般教書演説・就任演説など議会演説	3	1	1	1	2	1	6	3	9
その他	2	2	1	0	2	0	5	2	7
毎週土曜のラジオ演説	48	51	52	52	52	52	206	108	314
演説・発言	453	485	331	482	361	464	1,772	836	2,608
取材可能であった演説の合計	508	540	390	535	420	519	1,997	955	2,952

出典：この分類は、大統領が演説・発言を行った回数を示している。大統領の「発言」の後に「記者とのやりとり」が続いた場合、コミュニケーション室と報道官室とそれぞれの作業が必要となるため、別々に集計されている。この表では「発言」のみの回数が示されており、「やりとり」は表1-3で示されている。これらは「The Weekly Compilation of Presidential Documents」と「The Public Papers of the Presidents of the United States」に見られる分類である。

「The Public Papers of the Presidents of the United States」は大統領の公の場での発言をまとめるために3つの記録分類を用いている。「国民に対する演説」、「毎週のラジオ演説」、「演説・発言」。最初の分類は国民に対する演説として設定されている一般教書演説、就任演説、その他の演説が含まれる。ラジオ演説の分類には、通常、土曜日朝にラジオ、テレビで放送される毎週の大統領ラジオ演説が含まれる。最後の分類は、大量の大統領のスピーチや日常の発言が含まれる。

CNNは一九八〇年にホワイトハウスに出現したが、他の二つの局は一九九六年に存在を不動のものとし、ほとんどすぐにホワイトハウスのコミュニケーション計画に重要な役割を果たすようになった。

クリントン政権もブッシュ政権も、大統領の発言量が多かった。このため、情報の流れを管理したり、大統領が話していることが彼の目標とどこで関連しているのかということを決定したりするための計画作業を必要とした。

政策課題を構築する

国の統治システムにおけるどんな職よりも、政策課題に対し大統領は大きな影響力を有している。けれども大統領は、議会における与野党議員、利害団体、ニュース・メディアなどの多数の相手と競争しなければならない。

ホワイトハウスのスタッフは、政権の優先事項をうまく国民に知らせるため、カレンダーを用いる。大統領の声明をいかに並べるかを、年が明ける前に考えるためである。コミュニケーション担当スタッフは、まず、案内人として、演説を必要とする行事を探し出す。主要なものは、冬季休暇の後の一般教書演

表1-2　クリントン大統領のメディア登場回数

年	1993	1994	1995	1996	1997	1998	1999	2000-2001	1993-1996	1997-2001	1993-2001
国民に対する演説	7	5	3	2	2	5	3	3	17	13	30
ホワイトハウス執務室	4	4	2	0	0	1	2	1	10	5	15
執務室以外のホワイトハウス	0	0	0	1	0	2	0	1	1	3	4
議会	3	1	1	1	2	2	1	1	6	5	11
毎週土曜のラジオ演説	47	50	51	52	49	51	51	56	200	207	47
演説・発言	410	475	426	531	438	545	567	645	1,842	2,195	4,037
取材可能であった演説の合計	602	530	480	585	489	601	621	704	2,059	2,415	4,474

出典：この表は、「The Public Papers of the Presidents of the United States, William J. Clinton」の記録分類「国民に対する演説」に見られる一般教書演説、就任演説、その他の演説を含んでいる。分類は表1-1と同じである。

説と予算教書演説、晩春の卒業式への出席、夏の世界のリーダー達とのG8会合、初秋のAPEC会合、国連総会開会、そして年が終わりに近づく頃の予算交渉である。これらはすべて予定された出来事であり、大統領の優先的取組のために日程調整する際にホワイトハウスが利用可能なものである。

ホワイトハウスのスタッフの観点からは、大統領を成功裡に支持する鍵は、国民が関心をもつ課題をコントロールすることである。ブッシュ政権はいかにして国民的課題を徹底的にコントロールしようとしたか、二〇〇二年春、カール・ローヴは説明した。「我々の見解では、年の始め——今年も昨年も——課題をコントロールする時期があるんだ」と彼は述べた。「そして、カレンダーがまわり始めると、起こっていることをコントロールするのは少し難しくなるが、そういうものだ」。ホワイトハウスのスタッフは、彼らが開催したいと望む行事だけでなく、出席する必要がある行事をまとめる必要がある。「大きな管があるとしよう。物をいっぱいに入れていくと、管に入れた物の性質が、言いたいこと、やりたいことを次第に決定していくようになるんだ」。重要事項に関する議論を行うため、ローヴは、ホワイトハウスの部局内部で、この場合は議会関係室(Office of Legislative Affairs)、戦略イニシアティブ室(Office of Strategic Initiatives)で調整する必要があることを示した。

議会が閉会している間、ホワイトハウスは議員が不在であることを利用する。二〇〇二年にローヴが「昨年、議会が中断したとき、それが我々の戦略だったんだ。今年も同じだよ。間違いない。人々がワシントンの外にいるときが、人々が戻る最初のときが、メッセージを設定して人々をいくらか整列させるのに本当に良い機会となるんだ[14]」と述べた。クリントン政権の後半とブッシュ政権において、大統領は議会の休会を、特に一般教書の演説が行われる前の休会を活用した。

一般教書のメッセージ

ホワイトハウスのコミュニケーションに関する取組は、毎年行われる一般教書演説が中心となる。この演説が政権にとって大切なのは、二つの重要な要素があるからである。年に一度のこの演説は、たとえ短時間であっても、大統領が言わなければならないことに対して全米の国民が注意を向ける瞬間である。同様にこの演説が重要なのは、政権やワシントン・コミュニティの中にいる人々に、その年の大統領の優先事項が何であるのかということを知らしめるからである。

一般教書演説は、毎年予定される大統領の演説の中で、大統領とそのスタッフがもっとも多くの視聴者を期待するものである。たとえ視聴者やリスナーが演説の全部を聞かなくとも、演説の重要なところをテレビのニュース番組で見たり、新聞で読んだりする。ロナルド・レーガン大統領時代、全部か一部かはともかく、一般教書演説をラジオで聞いたり、あるいは後で新聞で読む人が相当数いた。レーガンに仕えた世論調査専門家のリチャード・ワースリンは、この演説をまったく聞きも読みもしない人が一定数いることを発見した。七回のレーガン大統領一般教書演説のうち、一九八二年一月から一九八七年一月までの演説について、全然知らなかった人の割合は三〇%から三六%の間にとどまり、一九八八年の演説については四三%であった[15]。一部の人は後で演説を読むが、ワースリンの組織による世論調査では、毎年平均四八%の人々がレーガンの七回の一般教書演説の全部あるいは一部を見た。

いくつかの世論調査によると、クリントン政権において、一般教書演説の全部を見た人が五〇%、一部でも見た人が七二%であった。しかしながら、レーガン政権とクリントン政権の間、ジョージ・H・W・ブッシュ大統領の演説を見た者は一九九〇年に四〇%、一九九二年に四八%と低い数字であった[16]。

国民に対する演説として傑出しているため、ワシントンの政府職員も同様に、立ち止まり、大統領の演説に耳を傾ける。大統領とそのスタッフは一般教書演説を、大統領のリーダーシップと政策に関する一番重要な広報機会と考えている。クリントン大統領の二人目の報道官であったマイク・マカリーは「最も重要なのは一般教書演説だ」と述べた。「これがいわばその年のPR活動計画となる。そして、前に進むために強化しようとしているテーマとメッセージでいつも埋め尽くされる。このため、一月後半まで徹底的に取り組み、演説を行い、それから多くの閣僚メンバー、大統領本人とともに、その演説を外に向けて強く発信するんだ」[17]。

この三〇年間、一般教書演説の後に全米を訪問してまわり、それぞれの地域、場所に合わせて演説内容に手を加えることが大統領の伝統となっている。演説当夜に大統領が到達できない人も地方レベルで到達できる。それから大統領は議会に注意を戻す。クリントン政権とブッシュ政権では、一般教書演説後の数日間、大統領は各地を訪問した。閣僚の多くも訪問を行い、大統領の最新の演説の議題、テーマに関連したメッセージを運んだ。

マカリーによると、一般教書演説は「立法的な議題に関してすぐに議会とのギブ・アンド・テークになるものを特定することになるのが通常である。そこで予算プロセスの輪の中に入ることとなる。一般教書で展開した多くの取組が予算プロセスの中心となる。夏の議会閉会まで苦労して取り組むので、作業計画は一般教書に盛り込まれた諸課題をおおむねなぞる」。

カレン・ヒューズはブッシュ大統領の二〇〇二年の一般教書演説について同じように説明する。「今年の私たちの演説は、雇用の話、経済安定の話、経済安定が本当に意味するものは米国民にとっての雇用であることから始めました」。演説に先立ち、ブッシュ大統領は一月に何度か地方に出かけ、雇用問題について語った。批判を受けることがわかっていたからであった。「私達はいくつもの製造工場の現場に行き、カリフォルニアにも行きました。そして二週間、雇用の話をしたのです。そして、一般教書演説について、経済、米国民の雇用に焦点を当てるような補強となる修正を行ったのです」とヒューズは述べた。「そして一般教書演説の後、幾分異なる試みを行いました。一連のフォローアップ演説を行い、(一般教書演説では)あまり詳しく触れなかった多くの国内事項を拡大し、詳述したのです[18]」。大統領は、全米の様々な場において、聴衆の特定の関心に合わせた具体的な取組について話をすることができた。

特定課題を推進するキャンペーン

ブッシュ政権は、二〇〇二年の一般教書演説の後、三つの「柱となるイベント」から構成される毎月の慣例を続けた。そのイベントは、大統領がやっていることを国民に理解してもらえるよう、三つの主要な政策分野が目立つように意図されたものであった。コミュニケーションディレクターのダン・バートレットが説明したように「メッセージを送るという立場から我々がやったことは、一般教書演説を、その年の大統領の国家目標、すなわち、テロとの闘いに勝利すること、国土を守ること、不況に勝つこと、の概要を説明するものと位置づけたことであり、その後一年にわたってこの三つのテーマを中心に据えて進んでいくということだ」。

大統領とそのスタッフは、この三つの政策分野を強調することにより、国民にとってもっとも重要であるとホワイトハウスが信じる課題について大統領が行動を起こしていることを人々が認識できるようにした。「毎月進行する、柱となるイベント、メッセージについて、人々は少なくともある程度は考えるようになるんだ」とバートレットは続けた。「人々は、ある月は常にテロとの闘いについて語りたくなり、ある月は国土を守ることについて大統領の話を聞きたくなり、そして、失業した者への関心や不況からの回復について大統領に語ってほしくなるのさ。これらのことを充分に時間をかけて計画を立てることができるんだ[19]」。

ブッシュのコミュニケーション・チームは、着手されたいくつかの政策をできるだけ効果的に推進することに集中した。クリントンのコミュニケーション・スタッフは、大統領が訪問すべき聴衆と、彼らが何を聞きたいかということに、より関心をもった。「訪問スケジュールの決定には二つの基準があるんだ」と、一九九八年、マカリーの後に報道官を引き継いだロックハートは説明した。「一つは、我々が話をしたい団体がいくつかある。七月のいつか、ニューオーリンズで開催される全米教育協会において我々は演説を行う予定だ。重要な団体だからであり、何を話す予定か私は承知していない。次に、何を話すかを決めてその話題を受け入れ、関心を持ってくれる団体を探す場合がある[20]」。

議題の内容は、大統領の政策課題に沿って、大統領の意向やスケジュールの都合を加味して決定される。大統領は、いくつかの国内のイベントや国際的イベントに出席すること、あるいは、特定の人に会うことを約束しているため、そのたびに大統領とそのスタッフは目標を考え抜かねばならない。ロックハートは、影響力ある他者により出席が決められているイベントは、演説を行う約束が必要であることを示唆した。「大統領は年に一度EUの会合に出席することになっている。年に一度、ボリス・エリツィンと会うことになっている。年に二回、国連総会に出席しなければならない。実行するしかない決定済みのスケジュールがいくつかある。……。我々の技術は、議会が行うことに反応するのではなく、我々が先行して議題を設定し続けることを確保することにあるんだ」。大統領がこれらの会議に登場したときは、目の前の人々や諸団体が関心をもちそうなことについて何か話さないといけない。彼らの議題は大統領の議題の障害となりうる。そのようなことを最小限に抑えるのがホワイトハウスのスタッフにとっての課題である。

コミュニケーション・チームは、通常の仕事相手である報道機関だけでなく、他の政府組織とも協働しなければならない。メアリー・マタリン(訳者注：チェイニー副大統領のスタッフ)は、セールスマン精神についての彼女の考えを表す事例を問われ、二〇〇一年、大統領のエネルギー事業を認めるよう議会を説得したときのことを話した。「そのときは本当に大変だったんです。エネルギーについての我々の立場に対し、たちまち本当に大反対となりました。環境問題と結びついていたのです」。ひとたびマタリンとコミュニケーション・スタッフが仕事を始めると、いつもの型通りの作業となった。エネルギー計画が策定された後、彼女は独自のコミュニケーションの枠組みを起案した。計画は「非常に統制がとれたものでした。統制が乱れると、すぐに離れてしまうものです[21]」。

エネルギーであろうと、他の重要な課題であろうと、ブッシュのホワイトハウスは、公表する際の中心には地域のメディアを位置させることとした。この点を強調した別の上級スタッフがヒューズであった。「私達が行った戦略的決定──おそらくこのことは私たちの多くが州政府で勤務したことがあり、一つには私が地方テレビ局で働いたことがあるから──私たちはホワイトハウスのメッセージを伝えるのに地方・地域メディアが重要だと強く感じたのです。……私たちはこのことを一生懸命、とても効果的に行っていると思います」。

二〇〇一年以降、政府の官僚とホワイトハウスのスタッフは全米中を訪問し、地方メディアに放映してもらった。彼らはまた、ワシントンに駐在する地域メディアの記者と話をし、ホワイトハウスとの電話会議、テレビでのやりとりを催した。「予算を扱ったときは、州別にやりとりし、地域メディアを本当に活用しました」とヒューズは述べた。彼女はワシントン外の報道関係者に定期的に応対し、政権が国土安全保障省を創設するときも同様であった。また、彼女は地域・地方の印刷メディアの編集委員会とも話をした。編集委員会は、報道機関、特に活字メディアに設置されており、幹部や記者を、可能なら大統領、あるいは大統領の下の、その議題に知識があるホワイトハウス上級スタッフと接触させる手段となる。「ブッシュ政権の首席補佐官は何度もやってくれました」とヒューズは語った。「我々は、国中の地方メディアに説明するための、大変複雑な地方メディア計画を持っていました。このため、ホワイトハウスの記者に対応するのは報道官室だけではありません[22]」。メディア問題室が地方の報道機関の対応を担うようにすることに彼女らの労力の多くが割かれた。

大統領の決定と行動を説明する

大統領の主張を支持することは、彼の意思決定と行動を説明するだけではない。意見を唱えるためには、何を論じたいかについて、また、自身の言葉をもって、語ることが必要となる。大統領の意思決定と行動を説明し、政権内外の人々の質問に答えるためには、支援する材料を提供することも必要となる。

大統領の選択を説明する

説明は、大統領の行動の内容について人々に知らせることを含む。コミュニケーション室とその下部組織が大統領の主張を支えることを担当するが、報道官も、大統領の取組と行動を説明することに日々関わっている。説明には、政策の詳細な内容だけでなく、いかに行うのか、どうしてそうするのか、ということを議論することも含む。大統領がワシントンにいるとき、報道官はこうしたことを一日二回行っている。程度は異なるが、クリントン政権でもブッシュ政権でも、大統領の行動や決定を説明する重要な手段として、他のスタッフによる記者説明も行った。

クリントン政権もブッシュ政権も、手元にある事実よりもニュースの方が速く伝わるという環境で、大統領の活動を説明することに直面しなければならなかった。大統領の決定内容を提供することが困難であることを実証する例として、ブッシュ政権ではこういうことがあった。二〇〇三年三月、米軍がイラクに侵攻したとき、ブッシュ政権は記者を軍の部隊に従軍させることを決定した。このことにより、将軍たちよりも現場の記者たちが先に情報を入手する事態となった。政府高官たちはこのプログラムに満足した。一方で、個々の従軍記者が配置されていた場所だけでなく、イラク進攻の全体で生じていることを彼らが説明しようとすることは難しかった。

従軍プログラムは政権にとって利益と不利益があっただけではなく、問題を予期することの困難さも実証した。ダン・バートレットによると、プログラムは「正味でプラス」であった。「プラスだったことは、国民が、自分たちが現場にいるように感じ、米軍兵士がやっていることに関心がいくようになったので、発生していることに共感を持てたことだ」。一九九一年の湾岸戦争は「遠くを見る感覚」であった。兵士がクウェートとイラクに侵攻したとき、記者たちはその場にいなかった。「テレビゲームみたいだった。記者たちが現場にいないから、戦争のように見えなかったし、感じなかった」。軍の部隊に記者を従軍させるプログラムは、イラク侵攻についての「感覚」を変化させるであろう。

ホワイトハウスは、従軍プログラムにより国民が部隊の動きを実感できるのは、イラク侵攻における最初の数時間であろうと予期していた。バートレットは、技術進歩により記者たちがあんなに長い時間放送できることを知らなかった。「技術的観点から、あれほど成功するとは思わなかった」とバートレットは述べた。「軍事攻撃が始まって四八時間、七二時間経てば、中継する技術的能力を失っているだろうと我々は信じていた」。テレビ画像がどれだけ長く家庭に伝えられるか、そしてそこから疑問が生じるか、彼らは過少評価していた。

「ブルームモバイル」を装備したNBCのデーヴィッド・ブルームのようなテレビ記者は、バグダードまでビデオ画像を提供できた。朝、NBCのトゥデーにチャンネルを合わせると、「毎朝、デーヴィッド・ブルームとブルームモバイルが砂漠を横断して送ってくるのを見る」ことができる。「デーヴィッド・ブルームが始まる。彼は猛スピードで進んでいる。彼は言っている。『我々は四八時間で三〇〇マイル進んでいます』。それから突然、彼らは七二時間止まった。この間、彼のカメラは部隊がぶらぶらして何もしていないのを映している。彼らは動かない。そしてテレビの視聴者は尋ねる。『どうして突然行き詰ったんだ？　うまくいっていないに違いない』。人々は、他のところで大規模な活動があったことを知らなかった。ストローごしに戦争をのぞいているようなものだ。従軍記者の一人か二人と結びついていても、薄っぺらの情報しか得られない」。

記者たちは戦場で兵士たちと一緒にいたので、将軍のブリーフィングに頼る必要はなかった。「将軍が出てきて記者に、何が起きているかを説明するという一九九一年からのシュワルツコフ・モデル」は現場の記者たちにはほとんど無関係だった。彼らは自分たちで目撃しているので、命令系統がカタールのドーハに戻って情報を伝えるのを待つ必要はなかった。現場の記者たちは、将軍がブリーフィングを行っているドーハに配置されている白分たちの社の放送記者に情報を提供した。「彼らは情報を手に入れてカタールにいる記者に伝え、言う。『たった今、爆弾で戦車が三台吹き飛ばされたことがわかりました』とか何とか。いっぽうで彼ら(将軍)はまだ確認できていない」。

ホワイトハウスと報道機関の両者が直面した状況は、現場で何が起きているのかということについて、いかにして説明を提供するか、それらをどうやって結びつけるか、ということであった。「起きていることを現場で報道する人たちと、それが意味するものを説明しようとする人たちとの間が、こんなに大きく分断していた。このため、このことは課題であったと思っている」とバートレットは述べた。彼らの状況は一層複雑であった。というのは、作戦司令官であったトミー・フランクス将軍はブリーフィングするのが好きでなかったからであった。「難しかったのは、トミー・フランクスがシュワルツコフと正反対のタイプであったことだ。彼は解説者になりたくなかった……。本当は、事態を解明し、外に現れて、状況を説明できるやつが、カメラの前に登場したくないというんだ[23]」。

従軍プログラムは国民の関心を集め、視聴者はイラクの軍事作戦に心情的になったが、出来事を意味づけることについてのコントロールを失った。報道機関は自分たちで出来事を解釈していた。従軍記者は、部隊から部隊に移動して、他の場所で何が起きているか見ることは許されなかったが、主要テレビ局は記者をバクダッドに配置しており、そこでの記者の移動を軍はほとんど管理できなかった。管理を重視する政府において、報道機関が戦争をどう取り上げるかを指示する力を失っていた。しかし、結局のところ、政府は従軍プログラムが政府の利益として機能していると考え、それを止めなかった。記者とその組織は、自由に動き、部隊からだけでなくさまざまな場所から戦争を取り上げた[24]。

理論的に言えば、大統領の政策、行動、判断を説明することについて、記者と官僚の利害は同じような程度である。大統領は、自身の決定を国民に知らせるため説明する必要があり、記者は決定と行動の背景が知りたい。マイク・マカリーは、彼が報道官であったときに、記者と官僚の利害の交差をどのように見ていたかを説明した。「究極的にはたった一つの実際の対象がいて、それは米国民なんだ。大統領が自分のプログラムを信じ、米国民が求めているものだと考えるなら、彼がやっていることについて米国民に、可能な限り正確に、信頼できる情報を出すことが彼の利益になる。理論的には[25]」。記者は大統領の行動や、考えていることについての正確な情報に関心がある。「衝突が起こるのは、もちろん、何がもっとも重要かということについて見方が異なるときだ」。マカリーにとって、記者が取り上げたい情報と、大統領が話したいこととの違いがもっとも顕著であったのは、モニカ・ルインスキーと大統領の関係がニュースになっている時期であった。マカリーはその話題を会見室から追い出したかったが、記者たちは大統領の行為についての回答を求めた。理論的には記者と官僚の利害は重なるところも存在しうるが、ホワイトハウスが主題のコントロールを続けるのは、思われているよりもずっと困難である。

大統領は記者と会う

大統領の政策とプログラムについて、その考え方を説明するのにもっとも適しているのは大統領自身である。

長短を問わず演説の機会が増加しているように、大統領が記者の質問に答える回数も増加している。大統領と記者とのやりとりは、基本的に三種類ある。最初に、大統領記者会見がある。近年、記者会見は二つに分類できる。単独記者会見と共同記者会見であり、後者は外国の首脳と行われることが多い。単独記者会見は、伝統的な記者会見であり、大統領一人が質問に答え、通例、四五分間行われる。一〇人から一五人の範囲の記者に質問を求める。共同記者会見が開催されるのは、通常、外国の首脳が米国を公式訪問したときである。大統領と外国首脳が発言を行い、続いて、それぞれがホワイトハウス記者団からと訪問者の国の記者団からの限られた数の質問に答える。

大統領と記者とのやりとりの第二の種類は、短い質疑応答形式のものである。記者団全体の出席が現実的でない屋外などの場合、ホワイトハウスの記者団から交代で代表者を出して、その代表者たちが大統領にプール取材を行う。プール取材の活字メディア代表は、その出来事を詳しく記述し、他の記者に配布する。ラジオやテレビの代表は、音声や映像を同業者たちに配布する。このようにして記者たちや取材班は、たとえその行事に同席していなくとも、その場で何が起こったかを完全に知ることができる。通信社、テレビ局、活字メディアの記者やカメラマンから構成された代表記者は、大統領が訪問客と会っているときに執務室で、人事や政策の発表に続いてローズ・ガーデン(訳者注：ホワイトハウス本館とウエスト・ウイングとを結ぶ廊下に面した庭)で、あるいは、訪問先に向かうときにホワイトハウスの南庭で、大統領に一、二問質問するかもしれない。大統領が質問を受け付けるという正式な通告があることはほとんどない。事前の知らせがある記者会見とは異なるのである。

大統領が自分の考えや政策を議論したいときに用いる三番目の種類の記者とのやりとりは、記者個人や記者グループとのインタビュー取材である。特定の課題や状況を説明するために開かれることもある。CBSの60ミニッツという番組が、バグダッドのアブグレイブ刑務所で米軍兵士がイラク人囚人を虐待している映像を流したとき、ブッシュ大統領はアラブのアル・アラビーヤ国際衛星ニュース放送とアル・アハラーム・インターナショナルからインタビュー取材を受けた26。二〇〇六年七月、G8会合に出席するためにロシアのサンクトペテルブルクを訪問する前、ドイツ、ロシアの記者と会見し、ドイツ訪問やロシア訪問における大統領の優先事項について話をした27。国内メディアに関しても、その夏、次々に展開する中東危機に対して政権の対応が遅いという批判にブッシュ大統領が直面したとき、彼はFOXニュースのトーク番組で司会役のニール・カヴートからインタビューを受けた。このようなやりとりは、行動を説明したり、大統領の業績のプラス面に焦点を当てようとするときに用いることができる。カヴートとのインタビューの場合、ブッシュは経済成長についての政権の役割を話した。そのインタビューはマイアミで行われた。そこには、レバノンに対するイスラエルのミサイル攻撃についてのブッシュの反応に関心を持っている相当数のユダヤ系住民がいる。カヴートのインタビューに加え、ブッシュはABC放送、FOXの系列局の記者と話をした。

表1-3に示されている記者とのやりとりのパターンは、政権最初の年に記者との接触が比較的多いことと、ブッシュ大統領が記者の質問に応じる取材の場についてそれぞれの年ごとにバランスが異なることを実証している。二〇〇一年、週五日の活動で、平均して毎週四・一回、記者との接触があった。二〇〇六年にはそれが二・四回に低下した。しかし、二〇〇四年、ブッシュ大統領は大変多くの演説を行った。彼は再選キャンペーンのとき、一日に複数回の演説を行った。しかし、彼のチームは、記者の質問に回答する機会を減少させることにより、予期せぬ問題に対する大統領の脆弱性を減少させたいと考えていた。

政権初期の日々は、大統領は自分のプログラムや新しい人事を発表するため、定期的にいくつかの質問に答えることについてほとんどおそれることはない。批判する者が現れ、質問がより厳しくなるにつれ、やりとりの頻度は低下する。選挙キャンペーンの時期は、短い質疑応答の場や単独記者会見は、比較的リスクが高いので減らされる。

共同記者会見の回数は、単独会見と比べ、毎年安定している。その理由は、単独会見は独自のリズムを持つが、共同会見は国内政治の重要性よりも外交的な重要性を持つからである。共同会見は、大統領と訪問客である外国要人とが彼らの会合を表現する場所である。共同会見が政権の目的にかなうのは、会合について大統領が自分の見解を示していないのにもかかわらず、ホワイトハウスの外に出た

表1-3　ジョージ・W・ブッシュ大統領の記者とのやりとり

	2001	2002	2003	2004	2005	2006	第一期	第二期（2007年1月20日まで）	合計
記者会見以外の質疑応答（場所別）	143	96	66	47	40	38	355	75	430
キャンプ・デーヴィッド、大統領専用機、ブレアハウスを含むホワイトハウス	92	48	36	26	22	22	204	42	246
ワシントンDC	9	8	3	1	6	2	22	7	29
国内のワシントンDC外	32	31	18	18	7	8	99	15	114
国外	10	9	9	2	5	6	30	11	41
記者会見	19	20	26	24	32	29	89	62	151
単独	4	3	4	6	8	10	17	18	35
共同	15	17	22	18	24	19	72	44	116
報道機関のインタビュー	49	34	45	69	45	55	209	96	305
記者とのやりとりの合計	211	150	137	140	117	122	653	233	886

出典：この表のインタビュー回数のデータはホワイトハウスから著者への提供による。オフレコのインタビューは含まない。「The Weekly Compilation of Presidential Documents」と「The Public Papers of the Presidents of the United States」は実際に行われたインタビューの一部しか掲載していない。伝統的に、インタビューの実施者が記録を保有し、公開を管理する。しかし、ホワイトハウスは、通訳が入る場合、外国記者のインタビューは公開する。大統領が述べたことを英語で正確に記録していることを明らかにすることが重要だからである。記者との座談の回数は、外国訪問に先立つ当該国記者とのやりとりや、経済問題専門記者、あるいは州や地域の記者とのやりとりを示している。この場合、大統領とのインタビューのため、数人の記者をグループにまとめる。

「The Public Papers of the Presidents of the United States」には、「記者との意見交換」と「発言と意見交換」の２つの記録分類があり、これらは、大統領が記者から質問を受け、その後で簡単に答えるというやりとりを含む。このやりとりは、時間の短さ、参加できる範囲、そして時には議題の制限の点で、大統領記者会見とは異なる。記者会見は、「The Public Papers of the Presidents of the United States」で「記者会見」と分類されているやりとりを含んでいる。

訪問客が出来事について自分の説明を示す、という可能性を減らすからである。

ジョージ・W・ブッシュ大統領の記者とのやりとりは、クリントン大統領のそれと比較して回数が少ない。けれどもクリントンは、近年のどの大統領と比較しても、記者とのやりとりが多かった。**表1-4**は、クリントン大統領の記者との接触回数が

表1-4　クリントン大統領の記者とのやりとり

年	1993	1994	1995	1996	1997	1998	1999	2000-2001	1993-1996	1997-2001	1993-2001
記者会見以外の質疑応答（場所別）	242	142	107	125	122	88	99	117	621	421	1,042
キャンプ・デーヴィッド、大統領専用機、ブレアハウスを含むホワイトハウス	202	92	84	88	90	58	62	82	471	287	758
ワシントンDC	5	2	1	6	1	1	3	4	14	9	23
国内のワシントンDC外	26	28	12	19	17	7	9	18	85	51	136
国外	9	20	10	12	14	22	25	13	51	74	125
記者会見	38	45	28	22	21	13	18	8	133	60	193
単独	12	17	9	6	7	2	6	3	44	18	62
共同	26	28	19	16	14	11	12	5	89	42	131
報道機関のインタビュー	53	80	35	24	16	36	36	94	192	182	374
記者とのやりとりの合計	333	267	170	171	159	137	153	219	946	663	1,609

出典：「The Public Papers of the Presidents of the United States」には、「記者との意見交換」と「発言と意見交換」の2つの記録分類があり、これらは、大統領が記者から質問を受けつける出来事、あるいは、演説の後で質問に答える出来事を意味する。これらは、時間の短さ、参加できる範囲、そして時には議題の制限の点で、大統領記者会見とは異なる。記者会見は、「The Public Papers of the Presidents of the United States」で「記者会見」と分類されているやりとりを含んでいる。年の数字は、暦年で計算したものであり、就任してからの期間ではない。「The Weekly Compilation of Presidential Documents」と「The Public Papers of the Presidents of the United States」は実際に行われたインタビューの総計を掲載していない。クリントン政権では、特に活字メディアのインタビューに関して記録が公開されていないものがある。さらに、ラジオ・インタビューに関し、大統領の発言が永久保存されていないものがある。例えば、2000年11月6日、7日、クリントン大統領はニューヨーク州のチャパクアの自宅で「投票推進（get out the vote）」のためのラジオ・インタビューをそれぞれの日に21回、27回実施したが、記録に残されなかった。この回数はクリントン政権のスタッフが内部記録としてつけていたものである。この「ウィリアム・ジェファーソン・クリントン大統領ラジオ・インタビュー　2001年1月15日」というインタビューに同席していたスタッフは、「次から次にどんどんと個々のインタビューが実施された。6日の月曜日は午後2時から夜7時半まで。7日は朝6時半から午前8時、午前9時半から午後2時まで」。

参考情報：公式記録に現れていないが、「ウィリアム・ジェファーソン・クリントン大統領　大統領テレビ・インタビュー1993－2001」というホワイトハウスのスタッフの内部記録に記されているテレビ・インタビューを回数に入れている。

非常に多かったことを示している。特に就任後、最初の二年間は顕著である。任期中どうであったかについて数字を見ると、ブッシュは第二期において単独記者会見の回数を増加させた。一方、クリントンは第二期に単独記者会見を大きく減らした。このことは重要である。というのは、単独記者会見は、話したくない問題や出来事についての質問に対し最も脆弱な場であるからである。

正確な数字がどうであれ、クリントンとブッシュは、記者団の質問に対して答えることが比較的多かった。記者とのやりとりに準備するため、出そうな質問に関する情報を集めるという、もちろん回答に関するものも含めてだが、スタッフによる強力な作業が必要であった。両大統領は、それぞれのやり方で準備したが、いずれにしてもスタッフが準備作業を行った。

批判する人々から大統領を守る

大統領を守ることは、大統領を支持したり、記者が受け入れる説明を提供したりするのとは異なる戦略、進行表、スキルを必要とする。防御的コミュニケーション活動は、短時間に機敏に反応する活動である。大統領、そのスタッフ、あるいは閣僚メンバーが過ちを犯すとき、あるいは批判や予期せぬ出来事に直面するとき、防御が必要となる。大統領がニュースで報じる価値のある行動を取るときも防御が必要である。このとき、批判する人々にとっては、記者たちもニュース価値があると考えるような声明を発表することにより、大統領への注目をいくらか奪う絶好の機会となるからである。また、防御は、大統領とそのスタッフが、報道の物語を公正でないと思うときに、報道官が記者たちに挑戦することを求める。

大統領が関係するときは、批判勢力は迅速に行動する。二〇〇六年始め、ジョージ・W・ブッシュが首席補佐官をアンドルー・カードから、行政管理予算局長であったジョシュア・ボルテンに交代させたとき、批判勢力は、政権の予算政策とその政策におけるボルテンの役割を批判する情報をすぐに記者たちに提供した。ブッシュ大統領が首席補佐官の交代を執務室で発表したのは午前八時三一分であった。九時五二分、民主党全国委員会はボルテンを攻撃する声明を発出した。「ハリケーン・カトリーナ被害の救援に関する議会への非協力、メディケアの薬剤給付のコストから始まり、コストが急上昇するのは二〇〇九年であるためブッシュ政権が創り出した膨れ上がる財政赤字をその間隠すこととなる『影の予算』の創設に至るまで、ジョシュア・ボルテンはブッシュ政権の長期間の政策失敗に責任を有する[28]」。この声明の直後、上院民主党院内総務ハリー・リードはボルテンの指名を批判した。下院民主党院内総務のナンシー・ペローシも同様であった。

午前一一時一一分、民主党全国委員会と民主党の議会指導者たちが声明を出して約一時間後、かつてクリントン政権で首席補佐官を務めたジョン・ポデスタが運営しているシンクタンク、アメリカの進歩のためのセンター(Center for American Progress)は、新しく指名されたボルテンを独自に攻撃した。「アンディ・カードをジョシュア・ボルテンで置き換えることは、タイタニック号の甲板で椅子を並び替えるようなものだ」。民主党全国委員会と同様、アメリカの進歩のためのセンターも、ボルテンに関する背景説明情報を発表した[29]。彼らが提供した情報はボルテン指名に関する早期のニュース記事となり、同日午後、テレビ中継されている記者説明においての質問となった。

迅速な対応が必要となる大統領への無数の攻撃に関し、ホワイトハウスの対応チームで重要な役割を占めるのは報道官である。報道官は、報道機関との仲介を行うことにより、大統領を守ることに貢献できる。マイク・マカリーは防御戦略に特に効果を発した報道官として知られていた。クリントンが再選されると、政権は、記者たちに大統領選の最後の数週間に彼らが尋ねた質問に関連する情報を提供し、このことで新しい出発に向けて準備をしようとした。記者たちは、クリントン大統領が、ホワイトハウスをジェームズ・T・リアディというインドネシアの大富豪と政策を論じるための場所として使ったのかどうかということを知りたがった。

詳細を知りたい記者たちの求めに応じ、マカリーとコミュニケーション室のスタッフは関連する情報を渡した。例えば、選挙後、マカリーはニューヨーク・タイムズのスティーヴン・ラバトンを呼び寄せ、リアディがホワイトハウスを十数回訪問したことについての資料を渡した。リアディは季節の折々で大統領と貿易政策について議論していた[30]。「我々は、選挙直後、一九九六年が翌年に変わろうとする頃、動き始め、情報を放出し、甲板をきれいにするため大変努力した」。選挙資金集めのスキャンダル報道が進行していたが、このことに対してマカリーは情報を大量に出すことにより対応した。「確かに我々は、議会がそれを使ってクリントンをやっつける前に、大量の情報を発表した。だが、大いに積極的になることで、報道から特別な信頼を得られたとは思わない[31]」。

資金集めの文書を公表しても、大統領にもっとも厳しいジャーナリストたちは満足しなかった。マカリーは、非難が続いた日々に記者たちに情報を提供するためホワイトハウスのスタッフが行った努力を回想し、クリントン政権は文書や他の資料を提供することについて前向きでなかったとの批判にひどく感情を害した。「だからハウエル・レインズや彼が書いたニューヨーク・タイムズの社説には腹が立った。ワシントン・ポストの記事も、いかにしてホワイトハウスが常に情報を小出しにするかということを書きたてたので、頭にきた。私は二週にわたり、土曜日に記者たちを呼び寄せ、ホワイトハウスの法律顧問代理だったシェリル・ミルズを同席させ、彼女は我々が持っていたすべての情報を記者たちに説明した」。

大統領を守るために報道官は報道記事の事実関係や偏向に対して抗議することが必要なときもある。アリ・フライシャーは、二〇〇二年六月一〇日にブッシュ大統領がウォール・ストリートで行った演説のテレビ中継について不満を述べ、ブッシュ大統領をなだめたことを覚えている。フライシャーは、ＰＢＳ放送のニュースアワーという番組でキャスターを務めるジム・レーラー、CBSホワイトハウス特派員のジョン・ロバーツに、彼らの夜のニュース放送における大統領演説の報道に関して電話した。「CBSニュースの出だしは、ウォール・ストリートにおける信頼回復のための試みにもかかわらず、『大統領の演説以降二日で株価が四八〇ポイント下がった』というものだった。因果関係があったと人々にほのめかすものであり、大変不快に思った。実際には演説後の一時間半で二六ポイント上昇し、さらに一時間半後に下落したのであった。これが事実だった。……私はジム(・レーラー)に、大統領の演説を株式市場の動きと関連づけているが、これらの株価がどうして上下するのかは誰にもわからない、と述べた。どうして株式市場の動きを大統領の演説のせいにできるのか、特に市場が大きく上昇し、続いて低下したときに」。

フライシャーはその後、ブッシュはおそらく、クリントンと同じくらい記者の批判に敏感で、また、同じくらい批判に対応することを求める性格であった、と意見を述べた。「ある記者がフェアでなかったとブッシュが思うなら、何かおかしいと考えるなら、彼は再び電話をかけてきて、『対処が必要だ』と言うだろう」。大統領は記者に憤慨しているとき、報道官に頼る。報道官は、大統領と報道機関が対話を続けることに全力をあげる必要がある。フライシャーは他の例を挙げながら思い出した。「テリー・モランが大統領に質問を——その質問によりハーケン(・エネルギー・コーポレーション)株に関する全面的な論争が起きた——行ったとき、大統領はテリーに激怒したんだ(訳者注:ブッシュ大統領がハーケン社役員だった当時の株式売却について、インサイダー取引の疑いをはさむ質問がなされたことを指す)。しかし私は大統領に、これはテリーのせいではなく、編集部が彼にあの質問をさせたのだと述べたんだ」。報道官は、攻撃的な質問、発言は編集者の意向で行われたものだと示して、記者を守ることもある。「しかし、大統領はまだすごく怒っていた。けれどもこういうときこそ、私は大統領に、どうして記者たちはあのようにふるまうのかを知らせようとする。私は、我々はテリーと対話を続けないといけないことを知っている[32]」。一方、モランは、フライシャーが電話してきたときのことをぼんやりとしか覚えていなかったが、編集者に関係なく質問を考えたことははっきりと思い出した[33]。

コミュニケーション活動の成功を測る

大統領を守るもうひとつの側面は、コミュニケーションの取組がいかに効果をあげているか評価することである。定期的に、コミュニケーション・スタッフと政治スタッフは、彼らの広報の取組の効果を評価するための情報を得ようと努力する。このために、政府内、政党、利害団体組織の同僚と話をする。近年、コミュニケーション・スタッフは、彼らの取組が、大統領や高官が訪問した地域の地方新聞にどのように報じられたかを示す情報を収集している。彼らはまた、テレビニュースを聞き、毎日の新聞を読むという伝統的な評価方法にはとらわれてはいない。

メディアの扱いを直接評価するために政権が用いる基本的な道具の一つは、ホワイトハウス・ニュース・サマリーであり、毎日、上級スタッフに配布される。重要課題に関して、国内の主要紙の記事や社説、テレビやケーブルテレビの番組などを始めとする国内外のメディアが政権をどう報じているかを知ることができる。ニュース・サマリーは、大統領が扱われている案件から始まり、主要メディア、場合によって地方メディアがいろいろに報じている様子を教えてくれる。例えば、二〇〇三年一二月三日、ホワイトハウス・ニュース・サマリーは、鉄鋼の関税についての大統領のジレンマから始まった。鉄鋼関税と前日のピッツバーグ訪問に関して、以下のメディアの報道を紹介した。掲載順に、ABC、CBS、ピッツバーグ・ポスト・ガゼット、ピッツバーグ・トリビューン・レビュー、USAトゥデー、ニューヨーク・タイムズ、ロサンゼルス・タイムズ、KDKA－TV、W

PXI－TV、WTAE－TV、MSNBCのハードボール・ウィズ・クリス・マシューズ[34]。

メディアがどう報じているかを評価する方法は他にもある。ホワイトハウスのコミュニケーション活動は、彼らの活動の成功度合を評価することについて次第に専門性を増している。ホワイトハウスの政治組織を利用したり、大統領と同じ政党の全国委員会本部の世論調査を利用することが多い。政治科学者のローレンス・ジェイコブズとロバート・シャピーロは、近年の大統領にとって世論調査が重要であることを実証している[35]。パブリック・プレジデンシー（Public Presidency）という概念は、大統領が、自分自身や、彼が重要と考えているものを国民に説明することと同様に、国民に関する情報を大統領が受け取ることを含む。大統領とそのスタッフは、大統領と国民の間で大統領がどの位置にあるかということを知りたい。大統領が重視している考えや取組について有権者が何を知り、どう考えているかということ、また、大統領をどのように見ているかということ、の双方についてである。ジェイコブズとメラニー・バーンズが言うように、「大統領が述べること、どのようにどこで述べるか、ということを決めるためにも国民の動向がホワイトハウスにとって参考材料となる[36]」。世論調査は、大統領や彼の考えがどのように受けとめられているかを大統領のスタッフが知るための重要な道具なのである。

ブッシュ大統領にとってもっとも重要な政治職人であるカール・ローヴは、世論調査の分析で特に重要な役割を果たしている。マタリンはローヴの世論調査の重要性について強調し、ローヴの部屋にはたくさんの世論調査が集められ、「時間をかけて主要課題を評価する」と説明した[37]。大統領の政策や人物について国民がどう考えているか、その方向性や首尾一貫性を彼らは知りたいと思っている。

コミュニケーション活動とメディアの扱いについての成功の程度を評価する上で重要なのは大統領本人の反応である。コミュニケーション・チームの成功の尺度は、メディアによる政権の扱いをそのままにしてよいと大統領が思うかどうかということ、また、大統領が読んだり見たりした報道に対する彼の反応である。コミュニケーションへの取組の有効性を増加させることはマス・メディアを追うことであることをフライシャーは強調した。実際のところ、他の人々が言っていることを大統領の代わりに聞くということは文字通り聞くことであると示唆した後、フライシャーはブッシュの習慣を話し始めた。「彼は、それをあからさまにしないが、頭の良い学生だ」。「彼は新聞を注意深く読み、それらについて私にうるさく言う。ほとんどすべての新聞、国内主要紙のほかにもさまざまな新聞を読む。ニュースに集中しているときに、今、報道管制中だと言うことを好む。そのときの彼はちょっと面白い。ブッシュ大統領はテレビはあまり見ず、私かローラ夫人に聞く。概ね、電話してくる。話題になっていることがある重要な日には、ニュースの後で電話してきて、『どうだった？』と言うが、ブッシュ大統領はとても活字を好んでいる」。

しかし、結局のところクリントン政権もブッシュ政権も、コミュニケーション・スタッフは、彼らのセールス技術を測定する取組は総合的、科学的というよりも、部分的、印象主義的になりがちであることを認めた。アリ・フライシャーはその理由を、振り返って吟味する時間がないためであるとした。「おそらくここが、政府が民間部門ほど効率的でないところであろう。私たちの動きは速いので、振り返って、ある種の実証分析や収支の実証を行うことはできない。直観しか使っていないと私は思う」。

その結果、彼は非公式な印象、適当な伝聞、影響を及ぼそうと狙っているメディアに頼っている。一日の終わりに、夜のまとめのミーティングがある。「夜は六時一五分に集まり、すべてのことについて調べる。そして、報道から選んだものについておのおのが報告する[38]」。スタッフたちは、その日、テレビで彼らがどのように描かれたかを調べ、メディアに関する彼らのさまざまな努力を報告する　スコット・マクレラン報道官も、トニー・スノー報道官も、毎日、一日の最後にスタッフ会議を行っていた。

大統領の広報を調整する

コミュニケーション・スタッフは、ホワイトハウスの広報の取組に関し、他の政府組織のスタッフや、民間部門から集められたサポーターと連携して動く。彼らは、省庁、連邦議会や州・地方政府の同じ所属政党関係者と連動して動く。利害団体も加わり、報道機関を通じて特定の層に対する政策を発展させるため、政権の取組を応援し、ホワイトハウスとともに働く。

ホワイトハウスが行政府の諸機関と協力していることを検証することにより、調整とはどのようなことか理解できる。クリントン政権、ジョージ・W・ブッシュ政権に関する章で、大統領の選挙再選キャンペーンとの調整など他の別の目的から行われる調整についても分析する。

複合的な権力中枢が個々の問題についての優越性を争っており、行政府は省庁に細分化され、ニュースの世界では報道機関が広く分散している。このような政治システムにおいて、大統領が幅広いコンセンサスを構築する機会を増やせるのは他の政府機関がPR活動で応援するときである。このため大統領とそのスタッフは、ホワイトハウスのコミュニケーション部局のスタッフの取組を通じ、彼らのメッセージを調整することに大変気を遣っている。コミュニケーション部局に加え、調整には、首席補佐官室、政治問題室、立法担当室、国内政策会議などの部局が関係する。スタッフたちは、行政府内の省庁、議会内の政権支援者たちと調整する。

行政府内で広報を調整する

コミュニケーションの調整を行うためには、ホワイトハウスとその下にある省庁組織の人員を利用することが必要となる。その中には閣僚や行政機関の長も含む。ホワイトハウスのスタッフは、大統領の優先事項を進めるために他者の豊富な人員を活用しようと調整する。例えば、二〇〇五年の社会保障改革の検討時にジョン・スノー財務長官が登場したように、大統領の代理人として政府高官が現れる。社会保障のための個人勘定を促進するプログラムを政権が考え出したとき、ホワイトハウスと財務省の官僚は、「六〇日間で六〇か所」としてキャンペーンを展開した[39]。六〇日キャンペーンでは、以下の高官が、それぞれの回数、演説を行った。ブッシュ大統領（一八回）、チェイニー副大統領（五回）、スノー長官（一三回）、社会保障庁（二九回）、カルロス・グティエロス商務長官（五回）、財務省高官（七回）、マイケル・リーヴィット保健・福祉長官（五回）、エレイン・チャオ労働長官（一〇回）、アルフォンソ・ジャクソン住宅・都市開発長官（五回）、ヘクター・バレット中小企業庁長官（一三回）、そして何人かのホワイトハウス高官、副長官が登場した。政権全体の高官が、大統領のプログラムの売り込みに参加することに心をひかれた。だが、ここまでやっても、国民の支援、あるいは、大統領と同じ共和党の議員の支援ですら得ることができなかった。

政権発足直後から、ブッシュ大統領はコミュニケーションを整合的に調整することに関心があった。とりわけ彼は、ホワイトハウスのコミュニケーション・チームが、毎日、行政府のコミュニケーション部局とPR活動を調整するよう求めた。ブッシュ政権の初代の首席補佐官であったアンドルー・カードは、自分の仕事に各省との広報の調整が含まれることを認識していた。「我々のコミュニケーション チームは、ホワイトハウスのチームではなく、行政府全体のチームであるようにふるまう[40]」。

省庁との調整の一つに、広報担当職員との定期的会合がある。ブッシュのコミュニケーション・チームの幹部は順に、省庁で勤務する広報担当スタッフと定期会合を設けた。ヒューズの後任でコミュニケーションディレクターとなったダン・バートレットは、ヒューズがホワイトハウスにいたとき、どのような会議が開かれていたかを説明した。「各機関の広報部局長と月に一度、より大局的な像に（焦点を合わせるために）会う」よう努めた。これらの会議は四～六週間ごとに開かれ、ときにはルーズベルトの間（訳者注：ウエスト・ウイングにある会議室。ルーズベルトの肖像画が飾られている）で行うこともあった。ブッシュ政権の最後まで続けられた。

ホワイトハウス内部では、報道事項について省庁と毎日調整が行われた。報道官が行う一日二回の記者発表の準備をするため、報道官室は、当日のニュースに関連した事項について毎日、省庁と連絡をとっていた。「我々の報道官室は、日々、電話会議を行っており、その会議は、当日あるいはせいぜい翌日のニュースを扱う、三メートル前の標的、と呼ばれていた」とバートレットは述べた。また、ホワイトハウスのコミュニケーション・チームは、より長期の課題についてあり得る広報の動きを議論するためホワイトハウスで会議を開き、省庁の広報チームと相談する。「けれども我々の目的は、彼らを呼び、「これが大統領が二週間後に取り組もうとしていることである。……どのように貢献できる？　いくつか懸念や、我々の取組について手伝ってほしいこと、我々が調整すべきことがある」と言う。

場合によっては、バートレットはこれらの広報担当職員に、個人ベースで対応した。特に、国務省や国防総省の職員と。「たいてい、課題に応じ、あるいはどの省庁かによって。ペンタゴンのトリー・クラークと話すのは、少なくとも週に三、四回。国務省の（リチャード・）バウチャーとも話す」。国務省、国防総省の広報担当職員と毎日話すことに加え、バートレットは課題ベースで他省庁の広報関係職員と対応していた。例えば、彼が住宅・都市開発省の広報部長と話をしたのは「六月の『住宅所有月間』に関してだった。彼女は、同省が行っているすべてのことについて説明したいと望んだ。彼女は、他の会議以上に定期的に話をする中の一人だ」。さらに、バートレットは、ワシントン・コミュニティ外の人々と話をする。「州議会の人々など、私の非公式なネットワークや、目や耳となる人々に関していうと、公式なプロセスはなく、非公式なプロセスになる」[41]。

続く章では、クリントン政権やジョージ・W・ブッシュ政権が、いかにコミュニケーション・チームを活用して、大統領や彼の取組を支持するプログラムを設計したか、ということに関してみていく。大統領の行動、意思決定を説明し、大統領のプログラムについての質問に対応するため、彼らが用いた手段を分析する。両政権とも、大統領批判に対応する防御活動をホワイトハウスで行っていた。そして、コミュニケーション・チームの活動の重要な部分は調整することであった。

注

1　Mike McCurry, 著者インタビュー, April 19, 2006. 本書で引用されているインタビューの多くは、私がタウソン大学で担当している「The President, the Press, and Democratic-Society」のために行ったものである。この講義のもようはカリフォルニア大学のワシントン・センターでフィルムに収められている。このプログラムのために実施されたすべてのインタビューの実際の音声は、www.ucdc.edu/aboutus/whstreaming.cfm から入手できる。

2　Mike McCurry, 著者インタビュー, "The President, the Press, and Democratic Society," University of California, Washington Center, March 7, 2005.

3　Dan Bartlett, 著者インタビュー, "The President, the Press, and Democratic Society," University of California, Washington Center, March 8, 2004.

4　Mike McCurry, 著者インタビュー, "The President, the Press, and Democratic Society," University of California, Washington Center, April 19, 2006.

5　Dan Bartlett, 著者インタビュー, "The President, the Press, and Democratic Society," University of California, Washington Center, March 8, 2004.

6　これらの数字は、ホワイトハウス部内の電話帳（二〇〇五年五月版）からまとめている。"Daily Report for Executives: White House Phone Directory," no. 116, June 17, 2005.

7　カール・ローヴが上級アドバイザーとしての役割を果たしている活動は、戦略イニシアティブ室 (Strategic Initiatives)、政府間問題室 (Intergovernmental Affairs)、政務室 (Political Affairs)、公共連絡室 (Public Liaison)、政策戦略計画室 (Policy and Strategic Planning)である。

8 二次的なコミュニケーション・報道関係の部局として含めている部局は、首席補佐官室(Chief of Staff)、大統領執務室業務(Oval Office Operations)、事前準備(Advance)、閣僚連絡(Cabinet Liaison)、スケジュール調整(Scheduling)、そしてスタッフ秘書(Staff Secretary)である。また、副大統領室と大統領夫人室にもコミュニケーション業務を支援するスタッフがおり、スケジュール調整、事前準備、連絡などを行っている。さらに、大統領との連絡担当(Presidential Correspondence)、旅行事務所(the Travel Office)、ホワイトハウス通信局(the White House Communications Agency)に所属する者、発言を記録する者、訪問先に放送機器を運ぶ軍の荷物係などが存在する。

9 Mike McCurry, 著者インタビュー, "The President, the Press, and Democratic Society," University of California, Washington Center, March 1, 2004.

10 Frank Ahrens, "Hard News: Daily Newspapers Face Unprecedented Competition ... Including from Their Own Online Offspring," *Washington Post,* February 20, 2005, p. F1.

11 大統領の行動を取り巻く環境についての議論は次を参照。Martin G. Wattenberg, "The Changing Presidential Media Environment," *Presidential Studies Quarterly* 34, no. 3 (September 2004): 557-72.

12 George C. Edwards III, *On Deaf Ears: The Limits of the Bully Pulpit* (New Haven: Yale University Press, 2003), 241.

13 Lisa Caruso, "What's in a Number," *National Journal,* March 25, 2006, 18-19.

14 Karl Rove, 著者インタビュー, Washington; D.C., May 8, 2002.

15 Edwards, *On Deaf Ears,* 193.

16 Edwards, *On Deaf Ears,* 194.

17 Mike McCurry, 著者インタビュー, Washington, D.C., April 7, 1999.

18 Karen Hughes, 著者インタビュー, Washington, D.C., June 13, 2002.

19 Dan Bartlett, 著者インタビュー, Washington, D.C., May 22, 2002.

20 Joe Lockhart, 著者インタビュー, Washington, D.C., June 29, 1998.

21 Mary Matalin, 著者インタビュー, Washington, D.C., October 3, 2002.

22 Karen Hughes, 著者インタビュー, Wasmngton, D.C., June 13,2002.

23 Dan Bartlett, 著者インタビュー, March 8, 2004. "The President, the Press, and Democratic Society," University of California, Washington Center.

24 従軍記者プログラムに関する記者の報道からの見方については次を参照。Terence Smith; "The Real-Time War: Hard Lessons," and other articles on the program in *Columbia Journalism Review,* May/June 2003.

25 Mike McCurry, 著者インタビュー, "The President, the Press, and Democratic Society," University of California, Washington Center, March 1, 2004.

26 President George W. Bush, Interview with Al Arabiya, May 5, 2004; President George W. Bush, Interview with Al-Abram, May 6, 2004. どちらのインタビューも以下のウェブサイトで入手可能。The American Presidency Project; Public Papers of the Presidents of the United States at www.presidency.ucsb.edu/ws.

27 President George W. Bush, interview with foreign journalists, July 10, 2006. インタビューは以下のウェブサイトで入手可能。the website of the American Presidency Project, *Public Papers of the Presidents of the United States.* www.presidency.ucsb.edu/ws.

28 E-mail sent to White House correspondents from the Democratic National Committee Communications Director Shripal Shah, March 28, 2006.

29 "Talking Points: Not Playing with a New Deck of Cards," Center for American Progress, March 28, 2006. A half hour later, a more extensive e-mail entitled "Progress Report: Meet the New Chief" provided biographical information and specifics about the administration's budget deficits.

30 Stephen Labaton, "Politics: The Fund-Raisers: Indonesian Magnate and Clinton Talked Policy,White House Says," *New York Times,* November 5, 1996.

31 Mike McCurry, 著者インタビュー, Washington, D.C., April 7, 1999.

32 Ari Fleischer, 著者インタビュー, Washington, D.C., July 11, 2002.

33 Terry Moran, 著者との会話, May 2005.

34 "White House News Summary," December 3, 2003, produced for the Office of the White House Press Secretary by the Bulletin News Network. 本号は一七五頁であったが、他の号も同じ位の文量である。

35 Lawrence R. Jacobs and Robert Y. Shapiro, *Politicians Don't Pander* (Chicago: University of Chicago Press, 2000).

36 Lawrence R. Jacobs and Melanie Burns, "The Second Face of the Public Presidency: Presidential Polling and the Shift from Policy to Personality Polling," *Presidential Studies Quarterly* 34, no. 3 (September 2004): 537.

37 Mary Matalin, 著者インタビュー, Washington, D.C., October 3, 2002.

38 Ari Fleischer, 著者インタビュー, Washington, D.C., July 11, 2002.

39 次を参照。 www.strengtheningsocialsecurity.gov/60stops/.

40 Andrew Card, 著者インタビュー, Washington, D.C., November 30, 2001.

41 Dan Bartlett, 著者インタビュー, Washington, D.C., May 22, 2002.

第2章　ビル・クリントン大統領のコミュニケーション活動

ビル・クリントン政権とジョージ・W・ブッシュ政権を研究すると、ホワイトハウスのコミュニケーション活動において一貫している構成要素があり、また、一部異なる要素があることがわかる。両政権ともコミュニケーション室と報道官室とを中心とする基本的なコミュニケーション部局とともに行動していたが、それぞれの大統領や、大統領が就任したときの事情を反映する部分もあった。どちらの政権も効果的なコミュニケーション活動を行ったが、任期中の時点で違いがあったり、特別な力を必要としたりするときがあった。クリントン政権の活動は、柔軟さと適合力で特に効果的であった。ブッシュ政権の場合は特に第一期において統率力と計画的活動の面での成功が知られている。

ジョージ・W・ブッシュのコミュニケーション活動は、彼がホワイトハウスに入ったときから用意ができていた。クリントンの場合は、形が決まるまでいくらか時間がかかった。一九九三年一月にクリントン大統領が就任したとき、閣僚の任用は準備ができていたが、ホワイトハウスのスタッフについてはまだであった。彼らの多くは任務を割り当てられたとき、就任式まで一週間もなかった。一部を除くと、自分の任務の感覚が掴めてお互いに協力できるようになるまでそれから数か月かかった。政権におけるヒラリー・クリントンの役割について、最初の年は混乱していた。政権の中で議員の経験を有していたのはアル・ゴア副大統領だけだったので、彼は主要なプレイヤーでもあった。スタッフ・メンバーはさまざまな事項に取り組むことが期待されていたため、特定の責任領域にとらわれたり、特定の会議だけにしばられることはなかった。政権が進むにつれて、この自由なシステムは、組織を引き締め、計画を強調する、強力な首席補佐官を必要とした。

クリントンのコミュニケーション活動は組織の進展におけるこのような一般的パターンを反映した。計画に焦点を当てるスタッフがほとんどいなかった初期の日々、コミュニケーション活動はアドホックになる傾向があった。スタッフの任務が曖昧で重複があったことは、コミュニケーション分野でも同様であり、ジョージ・ステファノプロスはコミュニケーションディレクターとして仕事し、また、毎日午後の記者説明の実施など報道官業務を担当した。さらに、政策決定にも関与した。

コミュニケーションのシステムは引き締められていったが、大統領の広報に責任を持つ人物、組織は存在しなかった。チームで担当する状態が続き、政策や広報の大事な決定にはクリントン本人がすべて関与した。決定の多くは、ホワイトハウスでの会議、首席補佐官が編成する早朝のセッションなどグループ会議で行われた。政策形成やコミュニケーション決定は、それぞれの課題を担当する多数のスタッフにより実施された。

彼らはイベントに迅速に対応できることに秀出ていた。一九九二年の大統領選キャンペーンの際に、変化する事態へ対応する能力はクリントン政権のコミュニケーション活動の特徴となる強みであった。特定の政策を推進するとき、スキャンダルに対応するとき、コミュニケーションの集団はクリントン大統領やそのスタッフを効果的に使った。

就任する時

クリントン大統領の就任当初の頃は、コミュニケーションだけでなくすべての分野において前途多難であった[1]。クリントンは、何を誰にいつ話すかということに制約を課すのは好きでなく、このことが活動にも影響した。クリントンは「私はメカニックの長になりたくない」と、一九九三年、新しく法律顧問になったデーヴィッド・ガーゲンに述べた。「いつもボンネットの下に手を入れている奴じゃなく、道がどこかを理解して、運転席に座っている奴になりたい」。ガーゲンは「彼は正しい結論に達したが、何でも自分の好きにしたいという誘惑を抑えることに苦労した[2]」と説明した。最初の一年半、クリントン大統領は、目の前で起きている出来事に焦点を当てるだけであり、出来事に先行するために体制を整備するようなことはほとんどしなかった[3]。

クリントン大統領が何にでも顔を出すことは、国民が彼をテレビや新聞で見たときの印象に現れていた。彼が論評しない課題や、答えない質問はほとんどなかった。「彼は最初に大統領になったとき、選挙に勝ち、現職大統領の座を奪ったことにとても興奮していたので、我々の質問に答えることを決して避けなかった」と、CBSラジオでホワイトハウスを担当するベテラン記者のマーク・ノラーは説明した。彼はクリントンを八年間ずっと担当した[4]。「我々が質問を叫ぶと彼は立ち止って話をするのだった。彼がジョギングで我々の横を通るとき、いつも我々は質問を叫び、彼はハーハー言いながら、一言、二言、三言答えてくれた」。

最初の数か月、クリントン大統領は統制システムを設けることに関心がなかったが、彼が重要だと思う課題について牽引することが困難となってからはその方向に動いた。就任三か月になろうとするとき、ワシントン・ポストの一面の見出しは「議会との関係で大統領がピンチ、パネッタ述べる[5]」と報じた。記事には「政策課題は危機に瀕し、貿易協定は死んでいる」というサブタイトルがつけられていた　レオン・パネッタ予算局長は記者たちとの公表前提の取材において、経済だけでなく、ヘルス・ケア、ロシア支援、NAFTAに関しても、政権に対する疑いを表明した。政権発足百日間の実績を強調し、政策課題を進展させるための勢いを維持しようとしたホワイトハウスの一週間にとってがっかりするスタートだった。

一方、メディア問題室では、ジェフ・エラー室長とそのスタッフが大統領の偉業を称賛する資料を数千部配布する準備をしていた。政権の最初の百日についてのホワイトハウスによる評価は、「我々が達成したもの――一層の経済成長、総合的な保健福祉改革、国家サービスの新しいシステム、その他――から得られるのは、達成の新しい機会であり、中流階級の米国人にとっての力づけや進歩であり、私たち全員にとっての新しい方向である。米国にとって本当に再生の季節である」と宣言していた[6]。パネッタ予算局長という政府の重要人物が対象だったので、そのインタビューは二日分の一面記事となり、伝統的な「最初の百日間」記事の導入部として使われた。メディア問題室の資料は記者に無視された。――雨漏りする屋根の上に新しい板を置くような無駄な努力にしかならなかった。当初、クリントン大統領は事態の展開に「不愉快で、憤慨している」と言われていた。クリントンは記者の前で予算局長を支持した。「私にとって彼が元気を出すことが必要である」とクリントンは説明した。「昨日、彼にとって悪い日だったのは、彼に元気がなかったからだ。私は彼を励ましたい。彼を一人で静かにさせたくない」[7]。

もしもクリントンが彼のコミュニケーション能力を発揮できなかったら、彼のスタッフも同様であり、大統領にとって不利だったであろう。さらに、クリントン大統領のスタッフはクリントンがコントロールできないようなイベントをスケジュールに入れていることがあった。クリントン政権初期の頃で、コミュニケーション活動を管理するためにデーヴィッド・ガーゲンが現れる前、ホワイトハウスのローズ・ガーデンでタウン・ホール会合を開く手筈をスタッフが整えたとき、準備不足により大統領は傷を負った。CBSのディス・モーニングの司会者であるハリー・スミスとポーラ・ゾーンは、ホワイトハウスの門のすぐ外で約二〇〇人の聴衆とともに登場した。

スミスはクリントン大統領に最近の世論調査で実績に対する評価が低いことを質問した後、多くの人が侮辱的と感じるような個人攻撃を行った。「あなたが世論調査のようなものを気にしないことはわかっています。多分、全然気にしませんよね。今のところ、あなたの実績に否定的な者が支持する者より多くなっています」とスミスは述べた。「米国の人々はあなたに成功してほしいと思っていると私は考えていますが、私が今朝見たいのは、挙手してくれるだけでよいです――ローズ・ガーデンにいるからといって怖がらないでください。――(笑い)――彼は今より良い仕事ができると思いますか」。彼はクリントンに述べた。「多くの人々がそう感じています」。それから彼はクリントンに質問した。「何が悪かったのですか」。クリントンはテレビネットワークの司会者に公開討論の機会を与えたが、司会者はそれを利用して、いかに彼らが大統領のことを軽視しているかを普通の有権者に強調して見せた。クリントン大統領はニュースキャスターの質問を受けて、「我々は、この町を蔽っている霧を通り抜けるというううんざりする仕事をやってきた[8]」と答えた。

クリントンはワシントンの霧について不満を述べながら、クリントン政権の実績に関心がないと思われる記者に傷つけられていた。ビル・クリントンは就任時の一九九三年始め、大統領選挙期間中に敵陣営から受けた批判に対してまだ敏感であった。一九九三年春、アメリカ新聞協会の年次会合の際に開かれた質疑応答セッションで、彼は、ジャーナリストが政権をどのように報道するかについて全然コントロールできないことを述べた。「選挙期間でないときは、そこにいて仕事をしないといけないときは、報道のなすがままである」。彼の考えでは、一六〇億ドルの経済刺激パッケージの敗北は、彼が成功裡に交渉した予算決議よりも五〇倍大きく報道に扱われた。予算決議の方がずっと金額が大きかった。この扱いの差を、彼は予算決議が失敗というよりも勝利であったからだと考えた。「勝ったからだ。記録的な時間で、迅速に」と彼は結論付けた。「報道の扱いはまさにこういうものである[9]」。

大統領が、他者がとりあげた論点に熱心に回答することは、政策という文脈の中でわるい結果をもたらした。彼はたちまち政策課題に対するコントロールを失い、大統領に注目してほしい人々からはとやかく言われた。経済を語るために使いたい労力は軍隊における同性愛問題など他の論点のために向けられたため、政治的支援が得られなかった。クリントンは課題について頻繁にかつすぐに発言する性格であり、その性格を抑えるための統制された組織・過程ができるまでにおよそ二年が費やされた。クリントンは、彼に代わりコミュニケーション活動の一部を担えるコミュニケーション組織が必要なことを理解した。

最初の一歩はデーヴィッド・ガーゲンを大統領法律顧問に任命することであった。ガーゲンは、以前に三つの政権で勤務していた。それらはいずれも共和党であったが、彼はレーガン時代に大統領PRの達人として知られていた。「困っている。あなたの助けが必要だ」とクリントンは、深夜の三〇分間の電話で述べた。そのとき、大統領はガーゲンにホワイトハウスに来て働いてくれるよう請うた。ガーゲンはクリントン大統領が次のような論点で彼に訴えたことを回想する。「私の経験と判断がいかに大統領の助けとなるか。記者、共和党、私がワシントンで尊敬している人たちへの架け橋としていかに私が奉仕できるか。そのことが国にとっていかに重要か。お願いだから検討してもらえないか[10]」。

ホワイトハウスで長年勤務する間、ガーゲンは多数の記者と良好な関係を構築していた。ガーゲンが大統領法律顧問として仕える間、彼の経験と記者との関係はクリントンにとって役立った。スタッフたちは、ホワイトハウス担当記者に対するガーゲンの存在に不満を述べたが、彼の助言は大統領にとってためになった。特にNAFTAの成立に関して[11]。

コミュニケーションに対するクリントンの新しい希望は、ホワイトハウスの組織に関する考えが進化したことを反映していた。特命事項を担当する大統領法律顧問代理であり、大統領におそらくもっとも近かった上級スタッフであるブルース・リンゼーは、クリントンがホワイトハウスに持ち込んだ意思決定プロセスは「まったくもって統制されたものではなかった[12]」ことに気付いていた。クリントンの小学校以来の友人であるアーカンソー州のトーマス・〝マック〟・マクラーティが首席補佐官であり、クリントン政権は、広報について積極的であることを可能にするような統制のとれたプロフェッショナリズムに欠けていた。

一九九四年後半までにクリントンはＰＲの失敗で十分やけどしていたので、一流のコミュニケーション・チームが必要であると信じるようになった。大統領職への支持を求めることが必要であり、ニュース・メディアを効果的に活用することが改革課題の中心であった。ファースト・レディのヒラリー・クリントンも同じ修正を行った。彼女は、医療保険改革の推進に失敗したという経験を通じ、政策形成過程におけるコミュニケーションの重要性を学んでいた。彼女は大統領の配偶者として初めてウエスト・ウイングに部屋を持ち、それは続いていた。しかし一九九四年までにはもはや政権の意思決定プロセスにおいて主要プレイヤーとして見られることはなくなっていた。おそらく人事に関しては例外だが[13]。例えば、大統領が主要な側近や政治アドバイザーと会うときに同席したり、政権の取組を論じる重要な定例の幹部会議に出席することはなかった。

政権を去った後にクリントン大統領が述べた意見では、最初の日々は一つの欠点が特徴であった。「本当に多くの時間を閣僚選びに費やしたので、ホワイトハウス・スタッフについてはほとんど時間を使わなかった。また、国民の関心をいかにして、競合する出来事ではなく、私のもっとも重要な優先事項に向けるか、ということについてほとんど何も考えていなかった。競合する出来事は、少なくとも、重要事項から国民の注意をそらし、ひどいときには、重要事項を私が無視しているかのように国民に思わせることとなる」。しかし、彼が大統領になり時間が経つにつれて、ホワイトハウスの上級スタッフ選びに時間をかけるようになり、主要な政治・政策目的に集中したままでいられるようになった[14]。

大統領の主張を支持する

コミュニケーションについての大統領の見方は成熟し、最初の日々は、経済政策を報道してくれないと不満を述べていたが、大統領は彼の重要課題に国民の関心を向けさせることが必要であるという広範な信念を持つに至った。――そして、そのためにメディアを活用することが必要であると。彼とそのスタッフは、計画を通じ、大統領の重要課題がメディアの関心を引くと考えられるような活動を整えた。大統領の演説は、彼の取組を支持する重要な一部であった。

次席補佐官及び首席補佐官時代、大統領の演説パターンを丹念に追ったジョン・ポデスタによると、クリントン大統領は演説にとても多くの注意を払った。ポデスタは、国民にとって意味のある言葉を用いることに大変苦労したという。クリントンは「雄弁な表現についてひどく修正するのです。全部削除だ、これは戯言だ、と。彼の好きな表現は『言葉、言葉、言葉』です。耳触りはよいが意味のないものだとクリントンは全部書き直すでしょう」。

彼の演説準備に関し、もう一つの要点は、大統領が言っていることを人々が理解することの重視であった。「あなたは毎回、文章を彼の正面に置くとします。彼は、あなたを彼の椅子の側に立たせます。彼は一つの表現、あるいは一つの単語をめぐり、時間をかけて推敲します。――私が今語っている内容はラジオ演説で述べるものだ。ラジオ演説なんてこれまで誰も注意を払っていなかった――国民への言葉を、大統領が言わんとしていること、大統領が向かおうとしているのは米国のどこか、ということを本当に国民が理解しやすくするための機会として考えているからでした」。彼は一般教書演説に本当に多くの時間を費やした。「一般教書演説は、政策プログラム以上に重視された。大統領が向かいたいところはどこか、ということについて話をするよう努力したものであった。そして、大統領は、国民が次のようなことをメディアを通さずに聞く機会がほとんどないと考えた。つまり、大統領が何を考えているか、何を重要と思っているか、国民に重要視してほしいと思っていることは何か、そして国が進むべき方向、ということである[15]」。テレビのニュース放送で流れる三〇秒の切り取りでなく、演説全体を相当数の聴衆が聞く、この機会を最大限に利用したいと思った。

国民の注意を引きつけるための演説の例として、地球温暖化に関して行った演説がある。一九九七年一〇月上旬、その後に日本の京都で気候変動会議が開催される前、クリントンはホワイトハウスのイースト・ルームで意見を述べた。聞き手は、全米から集まったテレビの気象予報士のグループだった。クリントンとコミュニケーション・チームは、政治好きの人々以外の聴衆に聞いてほしいと考えた。一か月前、途上国に先進国と同様の制限を課すことをしない京都議定書を上院が九五－〇で否決していた。京都議定書への米国参加に冷たい反応だったので、クリントン大統領は、地球温暖化が社会に対して持つ意味について国民の関心を高めようと模索した。

歓迎のあいさつでクリントンは、問題が明確に証拠づけられていないとき、国民にその問題に関心をもたせようと挑んでいることについて論じた。立ちはだかっていることは、徐々に進行するだけでなく不可避である地球温暖化問題のような多くの課題にあてはまる難しいものであった。「問題があり、それは今そこにある危機で、見ることも感じることもできるものなら、それに取り組むだけである」と彼は始めた。「我々はどのようにして月に到達したか。宇宙探索で我々はロシア人に負けたので、我々は記録の付け方を学び、月面着陸では彼らを負かしたのである」。

気象に関する専門家なら地球温暖化問題について国民を教育できるだろう、と大統領は気象予報士たちに述べた。彼は、一般国民が教育されることを望んだ。というのは、「目下、電車がトンネルを通過するのを科学者が見ているときに、警笛が鳴るのをまだ聞いていない米国人が多い。そこに大きな問題が存在していることに気付いていない。そして、私は大統領として、私の最も重要な仕事の一つは大きな問題が何であるかを米国民に説明することであると確信している。一連の原理をもって出発すれば、我々はほぼいつも正しい場所に着く[16]」。

あいさつの終わりに大統領は、均衡予算の必要性について様々な利害関係者に対して均衡のとれた予算がそれぞれの関心事項に対処していることを示すことにより、どのように合意を形成したかということを論じた。彼の赤字削減計画の成立にとって重要だったのは、問題そのものについてだけでなくその問題を解決するのに必要な材料についても国民の関心を向かわせることであった。「それが、いかにしてこの気候変動問題に対応しなければならないかということでもある。我々は言わなければならない。そこに課題が存在する。我々は対応しなければならず、我々の対応に必要な諸原理がある。そして我々はその課題を追いかけなければならない。しかし、米国民が認識して初めてそれを行うことができる[17]」。

クリントン政権は気象予報士たちに、地元の視聴者に気象情報を知らせるのに、ホワイトハウスの北庭(ノース・ローン)を使うよう勧めた。政権は、政治に必ずしも関心を持つとは限らない人々にメッセージを伝えることに関心があったからであった。大統領とそのスタッフは、全国ネットワークの夜のニュース番組よりも地元放送の方が多くの人々に見られることを理解していた。気象予報士がホワイトハウスから中継することにより、全米の各地方に対する良い広報となるのであった。

マイク・マカリー報道官は、気象予報士を呼び込んだときの考え方について説明した。「物事を揺さぶり、さまざまな領域の人々全体に伝える必要があるときがあるんだ」とマカリーは述べた。「地球温暖化に関する政策への関心を構築するため、我々は気象予報士をホワイトハウスに集めた」。彼らは政治以外のことに関心をもつ視聴者に対して訴えた。「誰もが（地元の）ニュースを見る。政治中毒者であろうとなかろうと。誰もが天気予報を見る」。クリントンのコミュニケーション・チームは人口の特定の層に焦点を当てることの価値を理解していた。「人は、いろいろな時間帯の様々な視聴者の関心を引くため、いろいろな面白い方法を見つけようとする。しかし真実は、大統領のコミュニケーション活動の多くは国全体を狙っているのではなく、全人口のいろいろな層に向けられているのである」[18]。

五年後、クリントンの考え方は、報道機関とは重要なコンセンサスを形成する際には自分たちが鍵であるという信念を持つ、バイアスがかった敵対者であるというものであった。そしてクリントン自身は、すぐに話をする素朴な人物であったが、経験豊富なコミュニケーションのプロへと変貌を遂げていた。彼のコミュニケーション・チームは、政治以外の領域から選ばれたものを含め、新しい聴衆をいかにして見つけるかということを良く理解していた。

クリントンは大統領の広報に関する人員と機会に精通するようになっていたので、彼の目標にコミュニケーションを含めることとした。旅行時も同様であって、クリントンが気象予報士に述べた見解が、一九九八年のアフリカ訪問が米国で報道されたときに響き渡ったので、彼は嬉しく思った。アフリカの六か国のサブ・サハラ諸国訪問の最後に、クリントン大統領とマイク・マカリー報道官は、訪問の目標と、訪問が受けた報道の扱いとの関係を示した。マカリーは、アフリカ訪問の報道の扱いに関して大統領は不満に思っているかどうか報道陣に問われたときも、大統領の反応が大きく異なることを示した。「壮観である。素晴らしい。すべての報道陣がこの問題を報じることができ、内容に適した放送時間、記事配置となっていることに、自分は幾分驚いている、と（クリントン大統領は）何度か言っている。そして大統領は、このことを重要だと感じている。その理由は、アフリカ訪問の目標の一つは、米国民に、今日及び二一世紀のアフリカの潜在力と可能性を紹介することであるからである。報道の扱いは素晴らしい」[19]。アフリカ諸国が現代国家であることを米国民に見てもらうという目標の前では、クリントン大統領が米国民に見聞きしてほしいと思っている光景や音を伝えられるのは報道機関だけである。成功するということは良い広報を実施するということを意味したし、クリントンはそれを実現した。訪問に関連する政策取組はほとんどなかった。

エグゼクティブ・レジデンスにおける会合——政策、政治、そして広報

大統領としての役割に関するクリントン大統領の考えが成熟するにつれて、彼のホワイトハウス・スタッフの活動も同様に成熟した。最初の約一年間、経済問題に関する議論を除き、大統領とそのスタッフは、他者が話をしたいことへの対応に大半の時間を費やしていた。計画に焦点を当てるのではなく、他者の質問に対応する活動が行われていた。このことが変化したのは一九九四年、レオン・パネッタが首席補佐官として着任し、彼が指名した者をホワイトハウスの主要部局の長とし、スタッフ組織を組み立てたときであった。それ以降コミュニケーション活動は、より中央集権的に統制されたホワイトハウスを反映した。

攻めの姿勢に転じ、また、大統領の政策課題を創り、伝えることができる活動を構築するために、クリントン政権は次のことに高い価値を置いた。すなわち、彼の政策課題には政治、政策、広報に関する人々が関係してくるが、これらの人々を束ねるということである。一九九五年以降、クリントン政権のホワイトハウス活動の重要な要素は、大統領が政策課題について話し合うために行う、スタッフや他のメンバーとの定期的な会合であった。再選キャンペーンは準備していたので、その頃にはクリントンはコミュニケーションに関する事項について自ら直接関与するようになっていた[20]。彼は、政治や政権統治に関する事項のために、エグゼクティブ・レジデンス（訳者注：ホワイトハウスの中央にある本館）で毎週会議を開催した。これらの会議は一九九五年に始まり、クリント

ン政権の最後まで続けられたが、クリントンは、彼の政策スタッフとホワイトハウス内外の専門家とをまとめ合わせた。専門家は、政策課題を進めるために公式の行事をどう使うか詳しい知識を持っていた。

マイク・マカリーが「固定されていないクラップス・ゲーム（訳者注：カジノで行われているサイコロ・ゲーム）」と表現したように、中心となる集まりでは議題や参加者が異なった[21]。コミュニケーション企画担当の大統領補佐官であったラーム・エマニュエルは、通常出席している基本的な関係者をこう表現した。「政治的価値観が一致している人々が部屋中にいて、物事について考える。映像的にどうか、文章としてどうか、政治的にどうか、政策としてどうか、そして日程の面でどうか[22]」。

メディアに詳しい政治の専門家の中で、これらの会合に呼ばれたのは世論調査専門家、政治コンサルタント、過去又は現在のホワイトハウスのスタッフ、そして二人の閣僚であった。約二〇人以上からなるこのグループに含まれていたのは、副大統領のゴア、世論調査専門家のマーク・ペン、コンサルタントのディック・モリス、ボブ・スクワイア、アン・ルイス、そしてポール・ベガラ、そして政治、コミュニケーション、政策に関係するホワイトハウスのスタッフであった[23]。

この毎週の会合で、集められたグループは人々と政治や政権運営の経験とを結びつけた。大統領のプログラムを作り、彼を批判する者に対応し、次の選挙に勝利するという、彼らの共通の目標を達成することが目的であった。継続して議論されるテーマの一つがテレビ広告であった。大統領の赤字削減提案を推進させるとともに、政府を閉鎖させただけでなく社会プログラムまで削減したのは共和党であると断罪するため、彼らはテレビ広告を行った。その広告は、一九九五年夏から、一年後の民主党大会までの間、二〇の主要州において、放送され、他の問題も含むものになった。「我々は、ニューヨーク市やワシントンＤＣでは広告を流さないことにした。また、ロサンゼルスではたまにしか流さなかった」とディック・モリスは説明した[24]。「これらの都市はジャーナリストが住み、働いている。そこでこの広告が流れたら、我々がやっていたことの破壊力の大きさを彼らは理解したかもしれない」。その目的は、地方のテレビ局を通して国民に直接意見を届けることであった。地方のテレビ局は一般的に情報源として信用されているからであった。大統領本人がテレビ広告の作成に夢中だった。「彼はすべての原稿にしっかりと目を通し、一つひとつの広告を見て、すべての映像表現について修正を命じた。そして、どの広告をいつ、どこで流すかを決めたのである」とモリスは述べた。「広告は、広告マンによる口先だけの制作物でなく、大統領自身の作品となったのである[25]」。

クリントン大統領は、エグゼクティブ・レジデンスで会合を開くだけでなく、少数の助言者との会合を始めた。彼の再選キャンペーンとともに彼の政策を進展させるために、いかにコミュニケーションを活用するかについて学ぶという具体的な目標のためであった。彼らは、第一期を通してクリントンが採った多種多様な立ち位置を明確にし、統合し、シンプルにすることから始めた。「我々は、あらゆる(他の)人たちと別に大統領に会い、彼が行っているすべてのことに対して姿・形の感覚を与えた」と、少数の助言者の一人であった戦略・計画部長のドン・ベーアは回想した。彼らが取り組んだテーマは、クリントンが大統領選に出馬するため最初に取り組んだ政策課題を思い出させた。「実のところ、それらはビル・クリントンにより一九九一年、一九九二年に進められていた。そして我々は、クリントンがもたらしたと我々が信じる大統領職の多数のテーマ、ビジョン、目的を増幅するために本当に努力した」。政治コンサルタントのディック・モリスと一九九五年から一九九六年のホワイトハウスのチームとの接点として、ベーアは、実行された戦略的意思決定について特別な洞察力を持っていた。彼は述べた。「この政権は多くの時間を費やして、カンバスの上にたくさんの点を並べてきた。そして、今になってそれらの多くが形となり、一段とくっきりした浮彫りとなっている。目的と、より大きなイメージがすべてである[26]」。

クリントンは、彼の政権のコミュニケーション戦略を計画するという課題に夢中となったため、自分のスケジュールを発展させることに一層熱心になった。「あらゆるスケジュール調整は彼のところに行く」とコミュニケーションディレクターのアン・ルイスは述べた。「私たちが計画やスケジュールを作ると、彼のところに返します。そのことで、私たちは大統領と直接会合を持つこともあります。計画やスケジュールを届けるだけのときもあります[27]」。クリントンの直接関与についてマイク・マカリーは次のように表現した。「私がホワイトハウスにいた約四年間、彼は自分の時間の配分についていくつか非常に重要な判断を行った」。クリントンは、どんな話題について、どの場で議論したいかを決定した。「彼はその手のことを決定し、そのことでメッセージやコミュニケーションの内容がかなり決まった」。スケジュールについてのそれ以上の決定は、エグゼクティブ・レジデンスでの会合で決められた、とマイク・マカリーは回想した。「その場で政治の人々はしばしば意見を表明するのであった。――外に出て、このことについて議論をしないといけない――そして大統領は、それをやるよ、とか、それがどういうことになるか様子を見よう、というか、あるいは、政策の人々にもう少しよく見てもらおうといった[28]」。

再選キャンペーンが近づく中、一九九六年までにクリントンは経験豊富でスムーズなコミュニケーション活動と、報道に対する新しい態度を手にしていた。メディアは心が狭く、扱いにくく、彼に対して偏見を持っているという確信は変わらなかった。しかし、メディアは、問題を国民に知らせる存在であること、クリントン政権が問題を解決するための取組を前に進めることにつながること、についての貴重な潜在力を持つことを理解していた。いかにメディアを活用するかを学ぶことが課題であった。一九九八年の秋が近づいたとき、ホワイトハウスのスタッフが信じていたことは、彼らは大統領を効率的に利用するシステムを実現していたということであった。「ホワイトハウスの六年間の運営で向上したことの一つは、大統領の周囲の人々が、何にでも大統領を使うのではなく、賢く彼を使うことが出来るようになったことである」と、一九九八年にマカリーの後任となったジョー・ロックハートは説明した29。

組織の組立

クリントン時代には、ホワイトハウスでコミュニケーション活動の中心的な役割をもつスタッフがいなかった。そうではなく、何人かの職員が、あるときは個別に、あるときはグループとして、コミュニケーション活動を担当していた。彼らは、大統領や彼の政策がマスメディアにどのように表現されるかに懸命に取り組んだ。一つの包括的な部局に任せるのではなく、広報への取組に責任をもつ四つの部局が関わっていた。この、コミュニケーション活動の柱は、報道官室、コミュニケーション室、首席補佐官室、そして、「スキャンダル対応班」などの「コミュニケーションに関係する集団」であった。集団は、ホワイトハウスのスタッフが外部専門家を交えて特別なプロジェクトに従事するものが多かった。ある特定の取組をどのリーダーが担当するかは、取組の内容だけでなく、時期、人々の個性、専門知識、究極的には大統領本人の意思にもとづいて決められた。

クリントン時代のホワイトハウスでは、報道官は、情報伝達を含む毎日の日課に責任を負うコミュニケーションの責任者として置かれていた。大統領がホワイトハウスに所在している日の午後、報道官は、——最初にディー・ディー・マイヤーズ、次にマイク・マカリー、ジョー・ロックハート、そしてジェイク・ジーベルトの順で——ホワイトハウスの記者会見室に歩いてくるのであった。記者会見室の入口には火災報知器があった。比喩的に言えば、マイヤーズとその後の報道官は時間の大部分を、火事を防ぎ、抑え、消すことに費やすのであった。

クリントン時代のコミュニケーションディレクターは、おのおのが約二年ずつ勤務したが、四人の報道官は任期の長さが大きく異なった。約四年間、報道官を務めたマイク・マカリーの任期が最長であった。ジョー・ロックハートとマイク・マカリーはどちらも二年間勤務し、ジェイク・ジーベルトは政権最後の三か月であった。四人の誰もが自分の仕事についてそれぞれのスタイルを持ち込んだが、彼らは十分確立した日課を遂行する際に大きな困難に直面した。一日に二回の記者発表の際、彼らは三種の主要顧客――大統領、大統領以外のホワイトハウスのスタッフ、そして報道機関――という多面的なニーズを調和させなければならなかった。彼らが仕えている大統領の公式記録を作りつつである。記者発表の演壇を離れると、彼らは非公式に記者たちと会い、記者たちの上司――支局長、編集委員、そしてプロデューサー――と電話で対応することに時間を費やした。彼らの仕事はいつも、ホワイトハウスのために彼らが発表した情報を真実と証明し、また、その情報を国民に伝えることが期待される人々が満足できるように情報を補足することであった。

　ジャーナリストしての性分から、どうしても彼らはホワイトハウスの行動、プロジェクト、反応について不満をもつことが多くなる。その他もろもろのことに加え、報道官に期待されることは、政権の公式なスポークスパーソンであるため、報道官が受け止めなければ大統領とそのスタッフに向けられるであろう批判について、耐え、かわし、鎮めることであった。報道官のもっとも重要な任務は、政権の同僚とジャーナリストとの双方のニーズに対応しつつ、大統領を守ることであった。それにもかかわらず、報道官は政権に関するすべてについての公式な情報を記者説明の演台から提供する役割を持つ一方で、全般的な長期戦略計画を立案する権限はコミュニケーションディレクターにあった。

　コミュニケーションディレクターの職は入れ替わりの頻度が高かった。最初のディレクターであるジョージ・ステファノプロスはその職に四か月もいなかった。マーク・ゲラン、ドン ベーア、アン・ルイス、ロレッタ・ウッチェリという四人の後任は、それぞれ約二年務めた。面白いことに、ジョージ・ステファノプロス、マーク・ゲラン、アン・ルイス、ロレッタ・ウッチェリの肩書はコミュニケーションディレクターであり、ドン・ベーアの肩書は戦略計画・コミュニケーション調整官であった。シドニー・ブルーメンソール大統領補佐官もコミュニケーション事項に従事したが、彼の肩書に示されるような広範な事項を担当した。

肩書の違いは責任の範囲が違うことをいくらか反映していた。最初の試運転の時期は、ステファノプロスがコミュニケーションディレクターとして行動し、同時に、通常は報道官が行う午後の記者発表も彼が行った。線引きが曖昧だったため、記者やステファノプロスに対応する人々にとってはややこしかった。しかしながら、一九九三年春から二〇〇一年一月まで、コミュニケーションディレクターの職に与えられる責任は、クリントン政権のリズムで形作られた。選挙のシーズン、特に再選キャンペーンのときには、コミュニケーションディレクターの責任範囲は、政治戦略や民主党のさまざまな部局との調整にまで及んだ。それ以外の時には、コミュニケーションディレクターは、大統領の政策取組を発展させるためにイベントを考え、組織することが主な職務であった。

大統領の予定に関する議論を調整する

クリントンのスタッフによる計画策定は、大統領の一年には十分確立した伝統と予測できるリズムとがあることを理解することから始まった。「我々は、本立てのように両端がある期間に注目して考えようとするのだ」とエマニュエルは語った。「我々は、一二月から予算発表の出だしを一つの窓として考えた。次の窓は、予算からイースター休会までの期間であろう[30]」。「窓」の一つ一つにおいて大統領の重要な演説の機会を盛り込んだ。最初でかつ最高の機会は一月の一般教書演説であった[31]。次に予算の提出がきて、イースター前の二週間の議会休会。独立記念日、労働記念日、そしてクリスマス。毎年秋の国連総会開会。国際的な経済会議としてAPEC、夏のG8会合。

「合衆国の現状（state of the union）」に関して入念に練られた一般教書演説において、政策の優先課題を示すことにより一年を開始するのが大統領の伝統であった。同演説は、招待客や政府高官でいっぱいになった上下両院合同会議において鳴り物入りで行われる。ルイスによると、「一般教書演説があります。これにはその年の政策課題の大半が含まれています。そして、我々がその年に行うことの多くは、一般教書にもとづいて考え、実施し、完遂するのです[32]」。クリントンの時代には、一般教書演説は政策の枠組みであった。

スケジュール担当のグループは、大統領が出席する見込みのある行事を見つけると、その行事を使って特定のテーマを強調するためにシナリオを練るのであった。より大きな絵や広大な物語で飾りつつ。「我々の長期の目標は、大胆なアイデアと自分たちの政策課題を前に進めるための思慮深い思考をもつ、活動家としての大統領（の像を強化すること）である」と、エマニュエルはクリントンの反喫煙キャンペーンを開始した頃の話の中で語った。「たばこの件は、より大きなモザイク像のすき間を埋める機会である[33]」。登場の場を確保することは、大統領にとって、彼が米国民の健康と福祉に関心を持っていることを強調する機会であった。地方、全国の主要報道機関のインタビューで自分のテーマを展開する一方、演説と登場の機会を利用して戦略的に演出し、広報を行うのであった。

大統領が出席する行事がスケジュールに入れられ、その行事のための効果的なシナリオが作られ、関係する付随行事が議論されると、上級アドバイザーが多面的にチームを構成し、肉付けを行う。アン・ルイスがいうには「どんな政策が関係するかを話す政策集会（policy shop）があります。適切な政治家がその行事に参加することを確保するための議会や政府間に関する集会もあります。コミュニケーションやスピーチライティングについても、我々がどんなことをポイントにしようと考えているのか彼らが知るための集会が開かれます[34]」。

大統領を支持するための彼らのシステムの効果が実証されたのは、下院で起訴され、さらに、上院で弾劾裁判を受けている時期であったにもかかわらず、大統領が世論調査で高い支持率を維持できたときであった。裁判が進行していたにもかかわらず、クリントン大統領は政策に関する演説、発言を毎日の日課として続けた。一九九八年と一九九九年、彼のコミュニケーション・スタッフは優れた感覚を持っており、共和党支配の議会からもたらされる大統領像に対抗する別のストーリー展開で挑んだ[35]。

大統領の行動と決断を説明する

クリントン政権は、速く回るニュースサイクルに直面した最初の政権であった。三つのケーブルテレビのニュース番組がホワイトハウスから報道を行うようになっており、また、インターネットが成長していた。大統領のプログラムを説明するという観点において、ニュースサイクルが速いのですべての事実を集めてから大統領の反応を提供することは困難であった。政権初期にはCNNの記者はホワイトハウスの北庭に定期的に泊り、ニュース視聴者のために最新の報道を行った。全国放送の特派員たちが数十年、夜の放送のためだけにではあるが、していたことと同様であった。一九九六年にはそこにMSNBCとFOXも加わった。

大統領と彼の考えに対する接し方

出来事を説明するには大統領本人が最も重要な人物である。出来事の説明をする際に彼はいくつかの選択肢をもつ。大統領は、演説やイベントでの冒頭発言、いわゆる「つかみ(topper)」において、進行中の出来事について言及することができる。国際的な出来事など、急な対応を要するものであれば、二、三の質問のために記者をまとめたプール取材が執務室、ルーズベルトの間、あるいは閣議室で行われるかもしれない。大統領が主要な政策や多くの政策を説明したいと考えれば、大統領記者会見が適当である。

クリントン大統領は、政策について語ることを楽しんでおり、頻繁にそうした。特に第一期の初期はそうであった。大統領がジョギングするため外出し、ランニング姿でへとへとになっているのに記者が質問することもあった。クリントンは喜んで記者の質問に答えた。ホワイトハウスがコミュニケーションのルールを強化したとき、同時にクリントンは人前で走ることをしなくなった。また、最初の二年間にそうしていたのと異なり、質問に答えなくなった。最初の二年間、クリントンのコミュニケーション・プロセスは、大統領が話したいと思う話題ではなく、報道陣からの質問に対応する説明に終始することがしばしばあった。彼は定期的に記者とのやりとりを行い、質問に答えた。記者とのやりとりは、最初の二年間は年平均二九九回だったのが、次の二年間は年平均一七〇回に減少した。第二期は、同様の数字が続き、一九九七年から一九九九年にかけて年平均一四八回であった。最後の年は二二〇回と増加した。

速い流れのニュース環境で出来事を説明する

ホワイトハウスから得た情報を即座に伝えたい報道機関が存在するため、大統領やそのスタッフが、大統領の意思決定や行動を説明することは困難になっている。マイク・マカリーは、進行中の出来事についてのＣＮＮ報道に関して彼らが直面した状況を語った。「ＣＮＮが支配的となっていた。ＣＮＮは我々の日々の動きに関する情報の多くを報じたため、政策を論じる際に整合的にあろうとする努力は台無しになった」と彼は語った。大統領とスタッフが、状況にいかに対応するかということを考え抜いているときに、ＣＮＮが彼らよりも先行していた。彼らはテレビを見て、「ウルフ・ブリッツァーが出てくる。彼が誰と話したのかわからないが、その話にもとづき、まだ検討中の話が形作られていく。実際にトップ・ニュースに登場するまでの時間が短くなったと言う影響があった」。

マカリーがしようとしたことは、十分な事実が集まるまでホワイトハウスの反応を遅らせることだった。彼は、報道官は記者たちにうそをついてはいけないと言い、そうするよりは「ゆっくりと真実を話す」と述べた。十分な回答をする準備ができていないなら、「ちょこまか動き、進み、『それを説明する準備が本当に整っていない』と言う。そして、少なくとも記者には正しい方向を向いてもらうようにした。たとえ、何かについて必ずしも肯定できなかったり、正式に言えない何かである場合であっても」。

報道陣が大統領の反応を求めても何の準備もできていないとき、マカリーは報道陣を遠ざけた。例えば、一九九六年七月、ＴＷＡ機がニューヨークのロングアイランド沿岸で墜落したとき、マカリーは最初の記者発表で次のように述べた。追って午前中クリントン大統領は声明を出す予定であり、今は質問は受け付けられない。彼は率直に説明した。「大統領は質問を受けたがっているが、率直に言って答えられることはほとんどない」。集まった記者たちに彼は語った。「こんなときはいつもそうだが、物語が事実より先行しないよう懸念する[36]」。事実が全部そろわないうちは、報道官の仕事は何が起こったかを組み立てようとするのではなく、政権のスタッフが正確な情報を集めるのを待つということであった。

一九九五年から定期的に、クリントンのコミュニケーション・チームは情報のプロセスをもっと効果的に統制するよう努力した。各スタッフがさまざまな話題についての記者の質問に答えている中で、その日の大統領の中心となるメッセージが周知されるようにすることが目的だった。マカリーは、その日に政権が伝えたいメッセージ以外の事項について情報を求める記者に対応が必要であることを説明した。「もしもホワイトハウスがこのような統制を行うなら、その質問は今日の『メッセージから外れている』ため答えないということになる。……それは取材妨害みたいなものであり、前向きでない」。

メッセージが興味深いので記者がそれを報道する、というように仕向ける作業は難しい。「疑問を晴らし、最小化して、大統領が何をしているかという大きな物語の中でより大きな関心を産み出すことができるか、ということが試されるんだ。別の言葉で言えば、ある特定の日に、政策課題について記者が知っていることをしのぐストーリー展開を作れるかということだ。そしてそれがこの仕事の核心であり、来る日も来る日もこの関係をコントロールするのである。背後のざわめきがどんなものであろうとも、その日のトップ記事であるため大統領のメッセージとプログラムが浮かびあがる日々である。一日の終わりに優位に立っているとホワイトハウスが感じる日々だ」。

クリントン政権では、記者の質問に回答する際、記者に説明するために政府から高官が出席することも定期的にあった。匿名の取材源が記者に語ったり、背景説明と称して名前が特定されない形で説明者が語る、というのではなく、高官が公式なやりとりをするために記者会見室に現れた。「その政策を担当する高官をその場に同席させ、大統領が述べたばかりのことを説明する手助けをさせることは、より安心感や信頼感が醸成できるように思われた」とマカリーは述べた。大統領にスポットライトが当たらなくなるという不安のためにスタッフが陰で働くよりはよい。本当なら大統領の広報に含まれないことをマカリーは続けた。「大統領が名声や関心の中心でいることに失敗するような状況はとても考えられなかった」。政府の専門家に説明させる利点は、政策の内容に対応できることであった。「私は回答をもらって、できるだけ自分で回答できるよう努力したが、本当の専門家が同席していることは記者にとって常に利点であり、それは国民にとっての利点であると考えたのだ」[37]。

スキャンダルを記者会見室の外に出す

マカリーの考えでは、スキャンダルは集団を相手に対応しない方がよい分野であった。このため、彼は、弁護士とアシスタントから成るグループをつくり、スキャンダルに関して記者一人一人と個別に話をさせた。大統領へのダメージを抑え、報道官の信用を維持するために、案件をホワイトハウスの別の場所に移す作業を必要とすることがあった。第一期クリントン政権で大統領補佐官であり、政策・政治担当次席補佐官を務めていたハロルド・イッキーズはマカリーの経験を引用して、ホワイトウォーター（訳者注：クリントン大統領がアーカンソー州知事時代に共同経営していた不動産開発会社「ホワイトウォーター」が、不正な土地取引や融資を行っていたのではないかという疑惑）とその関連する資金集めスキャンダルに関し、スキャンダルにより生じるダメージと混乱を制限する新戦略を政権が採ったのはなぜか、ということを説明した。基本的には、高官を指定して、スキャンダルについて説明する責任をその高官に移すことによりスキャンダルを防壁で囲むことが必要な状態に達していた。イッキーズが説明したように、「ダメージ・コントロールの内容に関してマイクは一つのことを知っていた。それは、彼は全部の事実を知っているわけではないということだ。……彼が知っていたことは、一つ目に、彼には時間がなかったこと。二つ目に、彼の信用が傷つくこと、そして三つ目に、彼はすべての事実を知っているわけではないこと。だから、ある特定の日に彼が言ったことについて、そのことを否定する新しい事実が出てくる可能性があり、そうなると彼はまったく信用されなくなり、用済みになるだろう」。

結果として、スキャンダル関連のニュースへの対応を報道官室から法律顧問室に移すことが一番賢明であったことを認めた。イッキーズが言ったように、「（特別副顧問のマーク・）ファビアーニのような誰かに任せるのがよい。我々は記者対応について彼を信頼していた。彼に記者対応を任せて、彼の信用（がかかっていること）――それは彼の問題――にするのがよい。そして、中心人物を保護する、これは理にかなっている[38]」。理にかなっていた。

もしもマカリーの発言が正しくないと思われたら、政権が取り組んでいる基本的な政策課題について彼が説明することを誰も信じなくなるだろう。

信頼される記者発表活動を展開する

クリントン政権の初期において、記者会見室は混乱していた。記者に発表するスタッフが、通常のケースの一人ではなく、二人いた。ホワイトハウスのコミュニケーションディレクターであるジョージ・ステファノプロスが通常、午後、記者説明を行い、一部はテレビ放映された。午前中、ディー・ディー・マイヤーズ報道官が記者発表を行った。大統領の正式なスポークスパーソンとして二人の人間がいることは、混乱を生じた。というのも、マイヤーズは、ステファノプロスと同じだけの情報を持っていないことがあったからであった。記者は一日中情報を必要としているがどちらの方に行けばよいのか、どちらの情報が正しいのか、はっきりしなかった。記者はこれを解決したいと思い、不平を言うようになった。一九九三年五月、ステファノプロスはコミュニケーションディレクターの職を離れた。

一九九五年一月、クリントンの最初の報道官であったディー・ディー・マイヤーズはマイク・マカリーと交代した。この頃までに大統領は、ホワイトハウスの情報の信頼性に疑問がもたれていること、この状況は改善する必要があること、を認識していた。後にマカリーは回想した。「進軍命令はかなりはっきりしていると私は感じた。私は作業を具体化し、ホワイトハウスからの良質で信頼できる正式な情報が得られる場として、再度、記者発表の演台を中心に据えることとした。そして、大統領の取組が新しい観点から考慮されるような機会を探すこととした」。「再度、演台を中心に据える」というのは、正式な情報が提供され、その情報を記者や他者が信頼できるとみなせるようにすることであった。マカリーによると、大統領は今でも、もっと効果的なコミュニケーションと考えているということである。

活動を行えば、「記者にもっと良い取扱いを求めなくとも、政権サイドの物語が放送される良い機会が」得られる

このような役割を果たすために、マカリーは同僚のスタッフと連絡をとりつつ、自分自身のスタッフを採用し、管理しなければならなかった。マカリーは、クリントン政権第一期途中から第二期にわたって、政権のコミュニケーション活動を専門化するのに大活躍をした。彼はホワイトハウスの建物全体の部局で働く約四〇人を採用した。部局は、ウエスト・ウイングの一階と地下にあり、また、ウエスト・エグゼクティブ・ドライブ通りをわたった旧行政府ビル(Old Executive Office Building)にあった。彼らは、面と向かった支援活動だけでなく、記者会見室の廊下の棚に配布資料を配り、報道官室の地下や記者会見室と同じ階にあてがわれた小部屋にスピーカーを設置して声明を届け、そして、ポケットベルや電話で進行中のメッセージを届けた。

報道官は、大統領職を担当する記者の質問に対応する責任を持つホワイトハウスの高官であった。マカリーが就任するまでは、この仕事は毎日の日課にすべてを費やす仕事であった。一九九八年、報道官についてどんな仕事か説明を求められたとき、マカリーは絶え間ないプレッシャーを強調した。「私の責任として今日のことしか考えられない。一日の三分の二は記者発表を行っている。そして残り三分の一は、どんな話であろうとも完全に掌握するということである[39]」。報道官の責任範囲は広すぎて、コミュニケーション戦略を率先して実施しているが、それを企画することまではできない。このために政権はコミュニケーションディレクターも必要としたのである。

クリントン政権の報道官たちはいずれも、いろいろな問題やリズムと取り組んだ。リズムとは、彼らが勤務した年の政治環境が彼らにもたらすものであった。皆がさまざまなスキャンダルによりもたらされる問題に対処したが、その方法は異なった。ディー・ディー・マイヤーズとジョー・ロックハートは、選挙政治の党派性の世界

から来たため、敏感な政治アンテナをもっていた。マイヤーズはクリントン時代初期のゆるく組織されたホワイトハウスの上級メンバーの一人にすぎなかったので、彼女の後任たちと比較し、政府の中で何が起きているのかということについてあまり関わっていなかった。実際のところ、彼女が実態を知らないで演台に来ていたことの埋め合わせをするため、それ以降の報道官には、政権での経験や少なくとも政府の幹部職員との密接なパイプをもつことが必要条件とされた。

大統領を守る

クリントンのコミュニケーションに関係した人々でもっとも長く続き、かつもっとも重要だったのは、スキャンダル対応班である。最初の大統領選でクリントンとそのチームは、ニュース記事に、特にそれが重要な問題に関する時には、迅速に対応することがいかに重要かを学んだ。ニューハンプシャー州の予備選の数週間前、元アーカンソー州職員でナイトクラブの歌手でもあったジェニファー・フラワーズが、クリントン知事との関係を証言したとき、彼の対応チームは迅速に行動し、物語を封じ込めた。彼のスタッフは、攻撃や批判を含む記事が出た後できるだけ早くクリントン陣営の記事、事実に対する見方が掲載されることを確実にするため、緊急対応チームを作った。フラワーズの場合は、タブロイド紙スターが買ったインタビューの中でクリントンを攻撃していた[40]。スター紙が後援した記者会見で彼女がクリントンを攻撃した二日後、クリントン州知事夫妻はCBSの60ミニッツというドキュメンタリー番組に出演し、反論を述べた。スティーヴ・クロフトのインタビューで、クリントン知事は「悪事を認め」、「私は結婚生活に痛みをもたらしたことを認めている」と述べた[41]。クリントンの選挙キャンペーン・チームは迅速かつ強力に対応することを学んだ。

ひとたび大統領の職に就くと、彼らは害となりそうな緊急ニュース、特にそれがスキャンダルのにおいがするニュースを扱う緊急対応チームを設けている。集められた人々は、政治上の情報・調査を扱う専門家、目標を定めたメッセージを作り、届けるプロフェッショナルなどで構成されている。メッセージには、攻撃や、何も言うべきでないときの判断、いかに城壁を作って守るかという判断なども含まれる。選挙キャンペーンの資産はすべて重要であった。その理由は、相次ぐスキャンダルがクリントンのホワイトハウスにつきまとったからである。

マカリーの一日二回の記者発表のとき、記者がスキャンダルに関連した事項を質問すると、マカリーあるいは彼の代理は、当該ジャーナリストにホワイトハウスの法律顧問室を紹介した。そこには、そのようなことに特化したスタッフがいた。クリントンの最初の大統領選のときに提起された人間性に関する事項を土台として、クリントン政権でもっとも関心を集めたスキャンダルを時系列に並べると、ホワイトウォーター土地取引、旅行事務室職員の解雇、ホワイトハウス職員による数百のＦＢＩファイルの不正入手、正副大統領の再選関連資金集め行為、ポーラ・ジョーンズのセクハラ事案、キャサリーン・ウイリーのハラスメント告発、そして最後に最もセンセーショナルであった、インターンの一人であったモニカ・ルインスキーとの親密な関係、となる。

クリントン政権は、当初、スキャンダルに関心を持つ記者に対して、弁護士に答えさせたり、資料を提出して協力したりすることには否定的であった。ホワイトウォーターに関係する書類を出すよう、デーヴィッド・ガーゲンは大統領とヒラリー・クリントンに助言していたが、最初の数年の間は何も提出されなかった。しかしながら、政権第一期の中ごろまでには、コミュニケーション・チームは進路を反転し、開放性と防御という戦略を選択した。

一九九六年の選挙キャンペーンのための資金集めをめぐる論争が起こり、特に、「リンカーンの寝室」が不適当に使用されたかどうかという問題と、政党のために集められた「ソフトマネー」が不正使用されたのではないかという問題とが議論された。このため、コミュニケーション・チームの最高幹部はもっぱらスキャンダル関連問題を扱うスタッフ・グループを任命することで対応した。このことにより、ホワイトハウスの他の部分は主要な政策取組に焦点を当て続けることができた。スタッフがスキャンダルを記者会見室の外に出すならば、それを記者と論じるための別の場所が必要となる。伝統から離れ、クリントンのホワイトハウスはスキャンダル関連の広報はすべて法律顧問室のメンバーが扱うように割り当てた。この任務を割り当てられた最初の二人のスタッフは、マーク・ファビアーニとラニー・デーヴィスであった。彼らは弁護士であり、他の業務も担当していた。デーヴィスはスキャンダル関連情報を扱う際の類型を整え、それは一九九七年以降に用いられた。特に、選挙資金集めに関係するときである。それは二つの基本アプローチから成った。まず、記者団に膨大な情報を提供することであった。次に、特定の記者に対しては政権の見解を徹底的に説明するということであった。

資料提出が要請されたときは、スキャンダル班は議会が要求した資料をすべて提出した。要求された以上に提出することもあった。例えば、下院の政府改革委員会と上院の政府問題委員会がハロルド・イッキーズ次席補佐官に関する資料提出を要請したとき、スキャンダル対応班は、一九九七年、公聴会のずっと前に大きな三束にわたる書類を公表した。議会の公聴会に先立ち資料を全部公表することにより、委員会のメンバーが大統領やホワイトハウスに新しくダメージを与えることはほとんどできないようにしていた。

スキャンダル対応班は時々、大量の書類を公表したので、記者は中に何が書かれているかを報じるために一度に五〇〇頁を精査しなければならなかった。スキャンダル対応班はホワイトハウスの他の部分を城壁で囲い、スキャンダル関連事項から守りたかったので、常にホワイトハウス以外の場所で書類を公表した。ラニー・デーヴィスは常時、記者に応対したが、彼も彼の仲間もホワイトハウスの記者会見室の演台から話をすることはなかった。彼らが記者の前に現れるのはホワイトハウスの北庭か、カメラが入るインタビューのためのウエスト・

ウイングの通路か、道をはさんで旧行政府ビルの「インディアン条約の間」かであった。

デーヴィスは、議会の委員会により提出させられたビデオテープの公開も取り仕切った。彼は、一九九七年一〇月一六日、ホワイトハウス通信局により作成されたホワイトハウスのコーヒー会（訳者注：資金集めのために催された会合）を映したテープが、大統領がベネズエラ、ブラジル訪問から戻ってくる日の早朝から夕方まで上映されるよう手筈を整えた。記者たちはお好みで自由に行き来できた。彼らは職員に、ビデオの再上映、又は選択した部分の上映を頼むことができた。

おそらくもっとも驚くべきテープは、クリントン大統領が一九九五年一二月七日、ヘイ・アダムズ・ホテルの昼食会で民主党の後援者に対し、彼がいかに成功裡に、民主党の活動のための「ソフト」マネーを使って、テレビ広告を制作、放映したかを語っているテープである。テレビ広告は、一九九五年秋の政府閉鎖は議会共和党が原因であると国民を説得することを目的としていた[42]。クリントンは聴衆に対し、ソフトマネーを広告にあてる利点は、一〇〇〇ドルの上限規制がある個人からの選挙献金ではなく、二万ドル、五万ドル、一〇万ドルという金額の資金を集められることだと述べた[43]。議会や利害団体においてクリントンを批判する人たちはすぐにクリントンの発言を入手した。その発言は、ソフトマネーに関する政治資金規正法に違反している可能性があった。しかしながら、結局、大統領にも民主党全国委員会にも法的な行動は何も起こされなかった。スキャンダル対応班のスタッフは、共和党が議事堂でテープを公開するのを待つのではなく、ホワイトハウスを通してテープを利用可能にした。このことで、ビデオテープの提出を待つ議会の公聴会に先立ち、悪宣伝のトゲを除いたのであった。

このコミュニケーションの一団は、他のスキャンダル問題にも同様に徹底的に取り組んだ。一九九九年、ホワイトハウスの社会事務室（social office）で働いていたキャサリーン・ウイリーが、モニカ・ルインスキー・スキャンダルに乗じて、CBSの60ミニッツにおけるエド・ブラッドリーのテレビ・インタビューで、大統領につかまれ、体を触られたという告発を行った。このとき、スキャンダル対応班は熟練度を最高に発揮した。まさに翌日、ホワイトハウスはウイリーが過去数年間にわたって大統領に書いた大量の手紙を公表した。その中には彼女が主張する執務室入口での二人の遭遇の後の手紙も含まれていた[44]。この迅速かつ徹底的な対応は効果的であり、ウイリーの告発は理解されなかった。

文書放出戦略に加え、デーヴィスと、記者対応をまかせられた他の弁護士は、最も有害となる可能性のある文書を、有能で、かつスキャンダル全体の様相に目を向けると彼らが信じるジャーナリストに渡した。デーヴィス本人はこの戦略について「中核となる」物語を展開するものであると特徴付けた[45]。中核となる物語は、ダメージとなる情報を公正に取り扱ってもらえるよう特別に選んだ記者や報道機関に対するものであった。デーヴィスによると「ことの性格からいって、中核となる物語は調査が必要で、記事を書くには時間がかかるものである。すべての報道機関に提供するときには避けられない競争プレッシャー、目前の締切とは結びつかない[46]」。多様な側面を持つダメージ話に対処するには時間がかかるので、徹底的に分析してくれると信じられる記者や報道機関に生の材料を提供することが重要である。

スキャンダルにかかわる問題を担当した人々は、情報を提供する報道機関を注意深く選んだ。判断の基となったのは、話の拡散をいかに彼らがコントロールできるかということであった。デーヴィスは、様々な見方を伴い精査する必要のある後ろ向きな話の場合には、AP通信を選ぶことが多かった。「APの調査報道記者が一流で、悪名は高くても事実中心主義で、公正であったということだけでなく、APの記事が夜配信されると、ワシントン・ポスト、ニューヨーク・タイムズのような主要全国紙はその話を一面で扱うことを避けることがわかったからである。記事にするにしても中面に埋もれる。もっと重要なのは、もしもAPの記事が包括的かつ正確なら――効果的な、中核となる記事となっているならという意味だが――翌日、主要全国紙には報じることはあまり残っていない[47]」。

一九九八年、大統領に関する個人スキャンダルが熱を帯びてきたため、ホワイトハウスの戦略に更なる改良が施された。モニカ・ルインスキー事件が発生したとき、ジム・ケネディが雇われ、関連する記者からの照会やメディア戦略に専念した。ホワイトハウスの法律顧問室のコミュニケーション責任者に任命されたが、法律の訓練を受けずにこのポストに就いたスタッフは彼が初めてであった。また、スキャンダル関係のコミュニケーションのみに特化しているのも彼が初めてであった。

スキャンダルを担当する法律顧問室にコミュニケーションの専門家を入れることで、報道官は記者発表でスキャンダル関係の質問に回答しなくてよいこととなった。それでも、「テレビ関係者は何らかのテレビ映像を探しており、手段を選ばずにいろんな方法で入手しようとするため」、マイク・マカリーはテレビ関係者からの質問に回答しなければならなかった。このことを指摘したのはケネディが初めてである。しかし、コミュニケーション・チームは毎日テレビ中継される記者発表で報道官が質問に答えるよりも、最新のスキャンダルについての記者からの問い合わせにケネディが個々に対応することを好んだ。「一対一の電話で対応する方が管理しやすい」とケネディは指摘した。「質問は挑発的な言葉遣いではなかった。報道官が演台で受ける質問は自分が受ける質問とかなり異なった。その理由はテレビが入っているからである。対決の様相を帯びている。私に対しての態度はむしろ、一般的な調査であり、私はずっと柔軟に対応できる。何故なら、オン・ザ・レコード、バックグラウンド、ディープ・バックグラウンド、オフ・ザ・レコード(訳者注：訳者はしがき参照)と、記事にしてよいもの、背景を説明するが記事にはしてほしくないもの、などきめ細かに対応できるからである」。

スキャンダル対応班には、事件が発生したときにすぐそれに対処できるよう勤務時間外でも対応できる小グループも所属していたので、柔軟に対応できた。ケネディは、特に週末、電話会議を通じてよく相談したことを覚えている。「日曜のテレビ番組で何が起きているかを監視するだけのために日曜日に仕事の電話会議があるかもしれない。毎週のことではないが、日曜日に電話会議を開き、その番組の何かしらに対応しないといけないかどうかを判断することは何度もあった」。週末の電話会議だけでなく、法律顧問室に集まり、スキャンダル関連のコミュニケーション問題について検討することもあった。

ほぼ毎日、ケネディは主要報道機関のほとんどの記者と話をした。「相手を分類すると、ほとんど毎日話をするレギュラー・グループがあり、その中には、CNNのボブ・フランケン、フランク・セスノ、ウルフ・ブリッツァーがいる。CNNの何人かとは一日に数回話をする。それから、たいてい、ABC、NBC、CBS、FOX、CONUS（小規模報道機関特派員を代表するグループ）とは頻繁に話をする。これらの機関の誰かから毎日ではないが、よく電話がある。それから、ほとんどいつもワシントン・ポスト、ニューヨーク・タイムズの記者と話をしている。ワシントン・タイムズも多い」。彼がその他挙げたのは、ニューヨーク・ポスト、ニューヨーク・デーリー・ニューズ、アーカンソー・デモクラット・ガゼット、ダラス・モーニング・ニューズ、ヒューストン・クロニクル、ボルティモア・サン、ボストン・グローブ、ロサンゼルス・タイムズ、AP通信、ロイター、ニューズデー、スクリップス・ハワード、ナイト・リッダー、NPR（訳者注：非営利の公共ラジオ放送ネットワーク）であった。彼は、CNNのクロスファイア、MSNBCのジェラルド、コートTV（訳者注：犯罪やサスペンスなどのドラマを中心としたテレビ・チャンネル。現truTV）などのショー番組のコメンテーターとも話をした。彼はどんな種類のメディアにも協力した。

ホワイトハウスで勤務しているとき、ケネディは、コミュニケーション全般のための毎日の会議と、スキャンダル限定の八時半のフォローアップとに出席した。だが、彼の説明によると二つの集まりは相当異なるものであり、前者は攻撃的、後者は防御的であった。前者は「より活動的で、情報の流れの交通整理が中心。基本的な計画――こういうことが起こる予定です。こう展開します。我々が準備しなければならないものはこれです、といったことを――そして先のことを、おおむね一日くらい先を、考える。修正が必要な演説原稿もある。より肯定的で、より詳細なものにする」。スキャンダルのための会議は、「もっと少ない情報で作業に当たり、やってくる攻撃を扱う防御志向の会であり、いかにそらせるか、対応できるか、反転できるか」を検討する[48]。

スキャンダル関連の攻撃に迅速に対応する準備を行うため、政権内外の人間が集まり、問題となっていることを評価し、情報を集め、効果的なメッセージを形作り、そのメッセージを発信するべき正しい使者を選ぶのであった。ホワイトハウスの政治アドバイザーであるポール・ベガラはよくテレビに出演し、スキャンダルについての質問に対応した。コミュニケーションディレクターのアン・ルイスや特別補佐官のラーム・エマニュエルも同様であった。ジェームズ・カーヴィルは、クリントン批判に鋭く対応するため、いつでもテレビに出演できるよう準備していた。上級アドバイザーのシドニー・ブルーメンソールはカメラが入っていないところの方がより効果的と思われていた。舞台裏では誰もが、外部のマーク・ペンと彼の仲間による世論調査の助言に頼っていた。

大統領のコミュニケーション・プログラムの成功を測定する

大統領を守る上で、コミュニケーション活動の効果を判断すること、また、大統領と彼の取組に対する国民の反応を認識することは重要である。コミュニケーションの取組が成功かどうかを測定することは現在のホワイトハウスで毎日行われていることの一つである。現代の政権の多くと同様、クリントンのホワイトハウスが毎日観測していたことは、彼らの物語展開が夜のニュースや翌日の新聞でどのように報じられているかということであった。「夜のテレビ・ニュースを見たり、インターネットを検索して、翌日の新聞がどうなりそうかを読めば、どの方法が効果的であったかは明らかである」とマイク・マカリーは語った。「たいていの日はホワイトハウスの誰もが、夜までにその日ホワイトハウスはどうであったかということが彼らの筋書きどおり報じられているか、あるいは、他の問題が発生したために米国民の前で最適な議論が行われることがなく、彼らが予定したメッセージが外れてしまったかどうか、について知ることができる」。

コミュニケーションの目標を届けることに成功しているかどうかを政権が判断するときに使う別の方法は世論調査である。報道機関による世論調査と大統領による世論調査との二つの方法があるが、クリントンのホワイトハウスにとってどちらも重要であったとマイク・マカリーは語った。「今ではどの大統領も定期的に、好ましいか好ましくないかが調査されている。より大きく、おそらく、政治的により大きな意味を持つのは、──国は正しい方向に向かっていますか。それとも間違った方向に向かっていますか？──という質問で、この問は国民の心の中で大統領がどうとらえられているかを知るにはとても良いテストとなる。つまり、一期目の大統領が、その調査が行われた時点で、再選される機会があるかどうかを知るのに最適なんだ[49]」。

一九九八年一〇月から二〇〇〇年九月までクリントン大統領の報道官として仕えたジョー・ロックハートは、PR効果を測定する世論調査の役割についての彼の見解を明らかにした。「世論調査は人に一種の得点表を与える。いわば究極の大まかな測定だ。現在の世の中では、人は世論調査を解釈できる専門家でなければならない。だが、世論調査は国民が好意的に考えているかそうでないか、国民が人の仕事を支持しているか、そうでないか、を教えてくれる。複雑なものではない。特定の問題について人々がどういう位置にあるかを教えてくれるので、自分の主張がどういう効果があるかを教えてくれる」。ロックハートによると、世論調査は、大統領の選択肢や行動により国民支持率の水準がどうなるかを究明するためにやるというよりは、大統領が望んでいることをいかにアピールできているかを知るためにやっている。「世論調査の目的は、ひとたび自分の立場を決めたなら、いかにそれを説明するか、どんな言葉を選んでどう説明するか、人々がどう受けとめるかについて重要な影響を与えることができるか、ということを決定することなんだ[50]」。

大統領とそのスタッフは、報道機関が集計し、公表した世論調査を活用するが、同様に自分たち独自の世論調査も用いる。二つの世論調査の違いは、大統領の主張をいかに述べるかというところである。「大統領の世論調査は我々がメッセージ・テストと呼ぶ、多くの質問が含まれる傾向にある」とマカリーは説明する[51]。「それは、『ある人はこう言い、別の人はこう言います。どちらがあなたの考えに近いですか』というような文章を読んで、答えるものである。人々が議論をどのように受けとめるか、違う意見にどう反応するか、を測ろうとするものである」。

大統領が行う世論調査は大統領の行動に関して二つの数字を求めることが多い。「一つは、クリントンがXをしていることを聞いたことがありますか。(二つ目は)そのことであなたは大統領を支持しますか」という様式だとマイク・マカリーは説明した。「明らかなのは、我々が求めるのは高い認知度と、それが大きな支持を得られているかどうかということである。タスキギー研究[52]についての謝罪が良い例である。八五%の人が何かしら聞いたことがあると答え、このことでクリントンを一層支持すると感じるという人が八〇%であった」。

世論調査が助けとなったのは一九九四年後半、メキシコの財政問題を緩和するための政府のペソ支援であった。マカリーは「ビル・クリントンは、一九九五年のメキシコ経済を救済するために米国の資金を費やすべきかどうか、という問題についてすべての世論調査を見た。これは、再選のサイクルの始めとなることであり、そうするのももっともであった」と述べた。世論調査はそのような行動が不人気であることを示していた。しかし、クリントンはそれをとにかく実行したかった。彼は議会の指導者グループをホワイトハウスに招き、この件について話し合った。下院議長のニュート・ギングリッチは救済を支持しており、彼が属する共和党の世論調査にもとづき助言した。「彼が言ったことは、『我々の世論調査では、この問題について経済的保守派は反対する。もっと広範な聴衆に向けて理解を求めるべきだ』。まさに的確だった。保守的な聴衆に対し、民主党サイドの伝統的にリベラルな友人相手にそうする以上に、どう本件に協力してもらうか語ることが重要であった[53]」。大統領は、必要とする議会の支持を得られなかったが、連邦政府の融資資金の組み合わせを通じた活動が可能となり、国際機関、連邦準備銀行の組み合わせによる支援をすることができた。

ロックハートは、成功度合を測る世論調査を補足するのに一番良い方法はＰＲの取組効果を観察することであると述べた。彼は、やっていることを評価するためのもう一つの方法を付け加えた。「効果を判断しうるもう一つの方法は、他者の行動をよく見ることである。一つ例を挙げると、我々は患者の権利のためのヘルスケア法案(health care bill of rights)をこの六～八か月の間に推進している。支持する人の割合に関する限り、数字はほとんど変化がない。——成功の度合いを測るのはここでは反対者の活動、行動を見ることなんだ」。

この場合、ロックハートは、議会共和党がそれに取り組み始めたときにクリントン政権が前に進んでいることに気付いていた。共和党は「彼らの政治信念にとって受け入れることができるが、我々を出し抜こうとする試みである何か」を探し始めていた。反対派をよく見ることは「自分がやっていることが成功しているかどうかを判断する最良の方法であることが多い。なぜなら、彼らは同じことを計算しながら周囲に座っているのだから[54]」。

コミュニケーションの調整

クリントンのホワイトハウスにおける広報の取組は、一般に、選挙関係のＰＲを扱うために発展させた取組を原型として形作られていた。この取組は、一九九二年の大統領選の間に進化し、一九九六年の再選のときに制度化した手順をもとに形作られていたが、中心となる集団、臨時のチーム、いろいろなグループで構成されるようになった。それらは政権内部の政策スタッフ、外部の政治アドバイザー、メディア・アドバイザーからなり、発表する情報を企画し、発信した。結局、クリントンのホワイトハウスでは、コミュニケーションの班は基本的に三つの種類に分類できた。一つ目の班が扱ったものは、大統領が関わるイベントの予定に関係する事項であった。二つ目の班は、政策推進のための様々なイベントを手配した。最後の班はスキャンダルを扱った。

ホワイトハウスが持つもっとも価値ある人的資源は大統領である。大統領と彼の目標を推進するために大統領の行動決定に手を貸すのが一つ目のコミュニケーションの班である。デーヴィッド・ガーゲンは、大きな絵と、様々な特定の取組に責任を持つ人々をこう表現した。「たくさんの行事がある。一年間にわたって報道の取扱いを考え抜かねばならない。あるエピソードがどう展開していくのか」と彼は説明した。「ある一日の一つの物語ではない。大きい話が時間をかけていかに展開していくか。その物語は大統領となっている人物に関して何を言わないといけないか。大統領の任期に関して何を言わないといけないか。換言すれば、この物語は、三週、四週、五週とかけていかに展開するのか。今日この一日はうまくいっている、というのとは対照的だ[55]」。

エグゼクティヴ・レジデンスの会議に加え、大統領の広報の取組を調整するために三種類の会議が開かれた。まず、大規模なPRの機会が保証される、あるいは発生するようなイベントを特定するための会議があった。次に、PRの焦点を何に当てるべきかを決定する毎週の計画会議があった。最後に、大統領の出席に合わせて原稿を肉付けするために、一緒に働く関係スタッフとの会合や政策集会があった。

クリントンの第二期の大半は、必要に応じて他者が追加されたが、四人の者が、いつ、どこで、どのように、様々な広報の発表を展開するかを決める責任を持つようになった。「四人組」として知られるようになる、上級スタッフのジョン・ポデスタ、マイク・マカリー、ラーム・エマニュエルと、政治アドバイザーのポール・ベガラであった。コミュニケーションディレクターのアン・ルイスが彼らを「四人組」と名付けたが、多くのホワイトハウス会合がそうであるように、新しい参加者が追加されていったのでその名称は使われなくなっていった。ルイスが言うには、「いわゆる『四人組』であったものが、最後に数えたときには約十人となっていた。彼らは月に一、二度会議に出て、多数のインタビュー申請に目を通し、助言する[56]」。

四人組会合は、弾劾が問題となった時期は不定期に開かれた。ジョー・ロックハートは述べた。「座って時間を過ごし、どう断るかを考える必要はない。大統領がしたいと思うこと、することに意味があることが時折混じっている。それをほじくり返さないといけない」。四人組会合はあまり開かれなくなる一方、ジョー・ロックハートが報道官のとき、新しい会合が追加された。ロックハートは元テレビ・プロデューサーだったので、全力をあげて政府高官のテレビ出演を調整し、テレビに中継させたい事項についての情報を準備したいと考えた。「我々は、私が始めた会議を週に一度、概ね、水曜日か木曜日に開催している。それはテレビ会合と呼ばれる。我々は、基本的に、テレビ局からの申請を扱うマーク・ネシスと協力しており、日曜日のテレビ番組で我々は何をするか理解し、一週間を見通してテレビ局に投げ込む事項があるかどうか判断するんだ。一般的に、テレビは新聞よりも準備に少し時間がかかる[57]」。

日曜日の番組のため、あるいは他の番組のために予定を調整する際、スタッフは視聴者のことや、政府の高官を出演させて何を実現するかということを考え抜いた。ジョン・ポデスタは、説明した。「誰も見ないケーブルテレビの番組で何が起ころうと我々は全然気にかけなかった」。相当多数の視聴者を持つケーブルテレビ番組でも、政策課題を行きわたらせる観点からは有益でなかった。「ラリー・キング（訳者注：CNNのインタビュー番組の司会者）とか、いくつかの番組はたまにならば利用できる」と彼は述べた。「だがほとんど中華料理みたいなもので、持久力がなかった。世論が動いたためしはない。メッセージを動かさない。何も影響力がなかった。興味深いことだ。メディアの注目はあるのに。だが、私が思うに、完全に泡のようなものであり、消えてなくなるのみだ」[58]。パーソナリティが中心のテレビ・インタビュー番組に高官が出演することについて、他の政権も同じような考え方をとっている。

フルタイムのアドバイザーの集団とコンサルタントをともに用いて、様々な政策課題に取り組むという考えは、クリントンの一九九二年の大統領選の間に発展していき、第一期政権時代に強化され、一九九六年の選挙時にさらに効果的に用いられた。政策・戦略担当上級大統領アドバイザーとして勤務したジョージ・ステファノプロスが差別是正措置と福祉に取り組む混合チームを指名したとき、政策形成の戦略の中心はコミュニケーション活動を熟考することであった。再選キャンペーンの期間中、これらのいわゆる政策集団は、以前にも増して時間をかけ、テーマ、メッセージ、スローガンまで立案した。それらは、広く受け入れられるよう、やさしい言葉で彼らの政策位置を要約するものであった。例えば「犯罪班」には、政治コンサルタントのディック・モリスが含まれており、彼は犯罪を争点として扱った。クリントン大統領の世論調査専門家であるマーク・ペンは、国民がある問題についてどう考えているかを詳細に世論調査した。ラーム・エマニュエル特別補佐官は、パトロール警察官の増員をクリントンが重視していることをPRするイベントを企画し、また、広告に協力してくれる制服警官を見出した。コミュニケーションディレクターのドン・ベーアは、演説を書き、国内政策の集会で次席であったブルース・リードは、社会の健康・福祉という包括的なテーマの中に、警官に関する提案を入れ込む方法を見つけた。

これらの政策志向のコミュニケーションを担う集団の中には、閣僚やその側近に対し、アイデア、政策、レトリック、そして感謝を求める者もあった。一九九六年の大統領選の間、ホワイトハウスは、教育、犯罪、住宅などの国内問題についてのクリントンの立場を芝居がかって表現するための多数のイベントを後援した。ヘンリー・シスネロス住宅・都市開発長官、ドナ・シャララ保健・福祉長官、リチャード・ライリー教育長官などがしばしばホワイトハウスを訪問し、大統領のイベントに加わり、記者会見室におもむき、政策の詳細について記者と議論するのであった。例えば、一九九六年六月六日、大統領とシスネロス長官はホワイトハウスの南庭に行き、初めて家を買う若い家族と一緒になった。彼らの背後には、映像として、段ボールでできた家があった。このイベントの目的は、大統領が提案している中流階級の収入で家が買える取組を推進することであった。同様のイベントがいつものようにローズ・ガーデン、ルーズベルトの間、旧行政府ビル四五〇号室で開催された。長い時間ではないものの執務室で行われることもあった。

ひとたび長期予定とシナリオが計画されると、政策集団グループは自分たちの仕事とともに進むので、問題となるのはグループとすべてのものの軌道を維持することであった。「あなたは少し時間をとろうとする。そして、あなたの戦略計画がどんなものだったかを思い出す」とエマニュエルは述べた。「日々のマネジメントと、他方、長期の目標との衝突である」。最大の脅威は予期せぬ出来事から生じるのであった。クリントンの場合、予期せぬ出来事にスキャンダルが含まれることが多かった。「毎日、トランプのセットがあなたのもとにもたらされる」とエマニュエルは回想した。「一組のカードが毎日、シャッフルされてあなたのところに届くような職業なんて、多分、一つを除いて他にないと思う[59]」。

首席補佐官

首席補佐官あるいは次席補佐官はコミュニケーションを管理する役割を担った。クリントン大統領がホワイトハウスに来たとき、首席補佐官にはあまりコントロールさせず、自身によるコントロールを最大化する意向であった。マック・マクラーティは、政策を推進するために、その政策が成立して成功裡に実施されるほうがよいという賛同の声を集めるために広報に取り組むことはまったくなかった。予期されたとおり、彼はその取組を大統領本人に任せた。政権の最初の数か月、ファースト・レディーも政策に深く関与し、ヘルスケア・タスクフォース議長を務め、次に、その取組に対する議会と世論の支持を得ようとした。どちらの努力も失敗し、政策舞台の中心に大統領と一緒にいるという公的な役割を減らすことを彼女は選んだ。

しかしながら、まもなくクリントンは自分が取り決めたことの重大さに直面した。政策の内容と、それを売り込むことが結びついていなかったのであった。「戦略が必要だ」と彼が言われたのは、民主党多数の議会で経済刺激のための一括法案が採択されるよう、彼とその側近が頑張っているときであった。「私には分析しかない。戦略を立てたことがない。計画はしたことがない[60]」。

この問題に対処するため、クリントンはマクラーティをレオン・パネッタに代えた。彼は経験豊富な元議員であり、その前にはクリントンは彼を行政管理予算局長に任命していた。彼はかつて下院議員であり、下院予算委員長の職へと駆け上がった。パネッタは、すぐに秩序の雰囲気を行き渡らせた。ジョン・ポデスタは、後にクリントンの四代目の首席補佐官となるのだが、当時を回想して「ホワイトハウスの雰囲気は、寮で食べるとてもまずい真夜中のピザのようなもの、という観念があった。実際は、レオン就任以降、非常にしっかりとした場所になった」。ポデスタによると、新しく統制的なシステムができたのは大統領本人が原因であった。「少なくともクリントンは次のように感じていたと私は思う。『私が成功するためには、ホワイトハウスの人々は、厳しく、タフで、規律に忠実でなければならない』[61]」。統治プロセスを統制しようとする努力の一部として、パネッタ以降の首席補佐官は、法律策定の企画・推進のための会議を毎日開いた。これらの朝の会議で、ホワイトハウスの上級スタッフは政策への取組だけでなくコミュニケーションの観点から議論した。

一九九五年までにクリントンのホワイトハウスは、政策形成の小集会を補強するために効果的なコミュニケーション活動を行った。首席補佐官は重要なプレイヤーだった。ただし、パネッタとその後任であるアースキン・

ボウルズはコミュニケーションに対する取組が異なった。「我々がどのように対応しているか、レオンはとても関心を持った。彼は記者に応対し、記者と話をすることを楽しんで行い、現場に出てきた」とマイク・マカリーは説明した。「そしてアースキンはほぼ反対の性格である」。例えば、ボウルズは、日曜日の朝のインタビュー番組に彼が出演しても意味がないと思った。「彼はそれが嫌いであり、こう言った。『首席補佐官として重く見られるように出演する必要があると君は言った。インタビュー番組の準備で週末をすべて無駄にしなくとも、真剣に受けとめられるにはどうすればよいか、私は自分自身で答えを見つけられるよ』[62]」。

ボウルズは日曜日の番組に出演するのをはっきりと嫌った。また、コミュニケーションに関する事柄は次席のジョン・ポデスタに任せるべきことを同じくらいはっきりさせていた。そして、彼が予算問題を議会共和党と交渉していたときに、テレビ出演を避けることとの見返りが明らかとなった。「客観的な観察者であれば誰でも次のように論じないわけにはいかないと思う。我々が均衡予算の交渉を行っているとき、善意の塊をもって議会に行き、共和党議員とこの問題を解決するアースキンがいたことは、本当に宝であった」とジョー・ロックハートは述べた。「さらにこう言える。来る日も来る日も彼が日曜日のトーク番組に出かけて不在だったら、もっと大変であったろう[63]」。ボウルズがテレビでインタビューを受けたら、クリントンの敵について批判せざるをえなかったであろう。そうすると悪意的なニュースの見出し、ニュース記事となり、結局、反対する人と交渉する能力が犠牲になっただろう。

ポデスタ自身は、クリントン政権二期のコミュニケーション対応の進化についてこう強調した。「執務室の机の周辺に記者を二、三人連れてきて世間話をし、これがコミュニケーション戦略ですよ、という時代は終わっている」と彼は意見を述べた。そうではなく、彼らが発展させた戦略は、それにより方向を断固、かつ、迅速に変える柔軟性が得られるものであった。「驚くのは、どれくらい我々は方向を転換できるか、ということである。

(デーヴィッド・)ガーゲンから学ぶ何かなのだ。止まって、間違った方向に進んでいないか評価できて、そして、速度を落とすだけでなくて他のところに行ける」。

実際のところ、方向を急に変えるのは、クリントンのコミュニケーション活動の顕著な特徴の一つであった。特に、絶え間なく展開するスキャンダルを扱うときには。今ではホワイトハウスの誰もが、報道の力と政権の報道のされ方とに集中する必要性に気付いていたようだ。ポデスタは最も本質的な言葉で説明した。「記者はあなたの家に住み、いつもあなたの直腸検査をしようとしているという事実が意味するものは、あなたはそれに対応し、それに生活を合わせなければならないということである」。

アースキン・ボウルズは、早朝のスタッフ会議の相当部分を広報問題にあてるようになっていた。だが、ボウルズはジョン・ポデスタに、内容について検討するボウルズの集まりの後に、コミュニケーション問題を主とする会議を行うよう指示した。コミュニケーションの側面は首席補佐官室で、首席補佐官本人が扱わない場合には次席により扱われるべきということがコンセンサスであった。

第二期クリントン政権の初期、朝は首席補佐官が主催する四つの会議から始まった。ポデスタによると、これらの会議では、「どんなことが報道されるか、我々はどんなことを伝えたいか」について明確に言及される。「広報への関心は、上級・中級の側近によるすべての会議で重要な事項となっている」。すべての側近を関与させるということは、上級スタッフが強調したいこと、どう取り扱われたいかということを、全員が知っているということである。最初の会議はボウルズの事務室で七時半に開かれ、参加できるのは首席補佐官と彼のトップ・アドバイザーたちだけであった。七時四五分になると、上級スタッフ全員と選ばれた者が加わり、三〇分が経過する。八時一五分から、ジョン・ポデスタの執務室で、政策取組のコミュニケーションの切り口を主とした会議が開かれる。八時四五分になると最後の会議が開かれ、これもポデスタが開くものだが、進行中のスキャンダル、起こりそうなスキャンダルについて話し合われ、広報の観点から検討された。

七時半。朝の最初の会議は、アースキン・ボウルズにより開かれ、その日の出来事を予測することにあてられた。出席者は、次席補佐官のシルヴィア・マッシューズとジョン・ポデスタ、大統領顧問のダグ・ソステック、政策・戦略担当大統領上級アドバイザーであり、首席補佐官付政策担当補佐官のラーム・エマニュエル、大統領補佐官のポール・ベガラであった。シドニー・ブルーメンソールも出席することがあった。会議の目的をポデスタはこう説明した。「何が起ころうとしているかを見つけようとする。つまり、新聞に何が書かれているか、今日、対応しないといけないことは何か、問題は何か」。

七時四五分。約二五名の大統領補佐官が、ホワイトハウスのいろいろな集まりを代表して、七時半のコア・グループに加わり、上級スタッフのすべてが集まる。前後の他のやりとりと対照的に、この会議は「一種の報告会。その日何が起きるかを多数の人々に知らせる」とポデスタは回想した。「連邦政府のさまざまな活動が書かれている書類に人々を取り込むことである。大統領は今日は何をしているのかということを明らかにする。すべての大統領補佐官がその日起きること、議会の動きについて報告する機会を得る。ＮＳＣ（国家安全保障会議）からの報告も少しある。ＯＭＢ（行政管理予算局）からの報告もある」。

ホワイトハウスの会議は参加自由であるが、重要なものであるため、政権のどこかに職を持つ元スタッフも内部の政治についていくため上級スタッフ会議に出席した。ホワイトハウスのスタッフではなかったけれど、ロバート・ルービン財務長官、フランクリン・レインズ行政管理予算局長は、朝二番目のこの会議に参加した。二人とも、ホワイトハウスの優先事項が何であるかを知っておくのは彼らの仕事にとって重要であることがわかっていた。「ルービンはずっとホワイトハウスの活動に参加している。ＮＥＣ（国家経済会議）の議長のときから始まり、財務省に行っても決してやめなかった」とポデスタは語った。ＯＭＢのラリー・ハースも、後に副大統領のスタッフとなるが、会議に出ていた。この会議で配られる資料を通じ、「だいたいは、何が起きているのかをかなりよく知ることができる」。

八時一五分。上級スタッフがせいぞろいした後は、ポデスタが差配するコミュニケーション会議が始まるのであった。「その日のコミュニケーション計画がどんなものかについての作戦会議だ」と彼は説明した。新聞やテレビでどんなことが報じられるかは議論しているので、既に策定した計画に何を付け足すべきかを検討した。「我々は一生懸命調べた。大統領は報道に応対可能か。物語の展開は。どんな質問がでるのか。我々はどんな質問を問うべきか」。

定期的に行われるこの会議に、中級スタッフはもちろん、上級スタッフ、政治・政策の領域の代表が出席した。ラーム・エマニュエル、マイク・マカリー、報道官代理が数名(バリー・トイヴ、ジョー・ロックハート、エイミー・ワイス=トーブ)、大統領のスピーチライターのマイケル・ウォルドマン、コミュニケーションディレクターのアン・ルイスが出席した。同じように、副大統領の首席補佐官であるロン・クレーン、報道官のラリー・ハース、政治アドバイザーのポール・ベガラ、シドニー・ブルーメンソール、経済政策アドバイザーのブルース・リードとジーン・スパーリングも出席した。

「進行中の出来事に特別に関わりがあり、参加したいと思う人たちも皆出席した」とポデスタは付け加えた。「その日関係する何かがあるので我々が呼ぶ、というのでなければNSC関係者は加わらない」。会議そのものは彼の説明によれば「部屋にできるだけ大勢入れるような会議……何をするべきかを我々は理解する」とポデスタは説明した。「演説原稿に材料を加える。つまり、コミュニケーションの方向を修正する」。出席者が演説原稿の改稿を決定すると、「我々は言う。『マイケル(・ウォルドマン)、これにトッピングがいるとか、方向をこう修正するとか』。たいてい彼はそれを実行に移す」。

参加者の目的の一つは、彼らが提示したいと思う政策について最大限の広報をいかに行うかということであった。「もしも我々が何かをリークしようとするなら、――もしもヘルスケアか何かについての政策を発表するなら――もしも翌日、イベントを行うことを我々が知っているなら、我々はテレビでそれを事前に見たいと思うだろうか」とポデスタは述べた。一般的に、政策への取組を提示するには、関連する出来事が行われる前日の夜のニュースで少し紹介される必要があった。しかし、新聞で扱われた方がよい内容もあった。「もしもサイバーテロ行為についての紹介をするなら、多分、ＵＳＡトゥデーを利用した方がよいと私は思う」と彼は述べた。「コンピューターに関することならすべてのことがＵＳＡトゥデーの一面で取り扱われる[64]」。

参加者たちは、大統領にとって好ましくなるよう物語を筋立てること、報道機関の関心を集められるよう検討する一方、誰が出だしを務めるべきで、どんな発表を誰がすべきで、誰が背景にいるべきかを決めるのであった。「大統領が何か言うだろう。「公式と非公式の双方で話ができる人はあまりいない」と彼は補足した。彼自身に加え、「我々が基本的に使えるのは、ダグ・ソステック、ラーム・エマニュエル、ポール・ベガラ、そして時にはアン・ルイスとシドニー・ブルーメンソール。彼らは報道対応に相当時間を費やしている。いかに実行するかについて我々はかなり慎重だった」と彼は述べ、チームは必要に応じて秘匿性を維持することに言及した[65]。

誰が正面に立ち、誰が舞台裏で背景を説明するかを決めた後、コミュニケーション・チームは、メディアのどの出口を使うのが最も効果的かを決定するのであった。「物事を表に出す手段がある」とジョン・ポデスタは述べた。話題をニュースの流れに乗せるのにＡＰ通信は適していると考えられた。「あるものをＡＰ通信に放り込むと、みんなが続くことになる。通信社が扱うと、みんなが取り扱う[66]」。新聞は政策について重要な発表を行うときに選択された。テレビは視覚に訴えるものがあるときの場所であった。

モニカ・ルインスキー事件が起きた後、コミュニケーション担当のスタッフが法律顧問室に置かれた。最初は、ジム・ケネディであり、法律顧問付特別アドバイザーという肩書で、関連するすべての広報を扱った。しかし、彼も朝のコミュニケーション会議に出席した。「私の担当分野以外の、ホワイトハウスの実世界で何が起きているのかを知ることは私にとって有益である」と彼は回想した。「大統領はいつ質問にさらされるかを知ることもできる。我々はそのような機会に備えて、必要となるかもしれない質疑応答の作成に取り組まねばならない[67]」。

八時半。毎日、首席補佐官の主催で、朝の最後の会議が開かれた。ジョン・ポデスタは、様々なスキャンダルをメディアがどう扱うかを検討した。彼は次のように述べた。基本的に、「検討が加えられるのは報道、戦略、反対派についてである。そして我々は何をするのか」ということである。大事なことは、スキャンダルに関係する広報は独立したやりとりで議論して、スタッフが別の会議で政策の内容について集中できるようすることであった。「ホワイトハウスで通常の仕事、重要な仕事をしている人々から、来る日も来る日も我々が対応しているくだらない集団を遠ざける、切り離すためにできる限りのことをやるべきだと我々は学んだ。このため、我々数名と法律顧問室は離れている[68]」。

七時半から八時四五分まで、以下のような質問に回答が行われている。政策はどう広報に支えられているのか。その日の広報の責務を担うのは誰か。彼あるいは彼女は公式に話をするのか、オフレコか、あるいは両方か。我々はどのメディア、報道機関を使うべきか。どうやって関心を集め、それを維持するか。特に閣僚の場合、取組のフォローアップを行うために代理として何がつかわれるべきか。追加情報を記者に提供するため必要な背景説明を誰が行うのか。

首席補佐官室は、一九九六年の再選キャンペーン広報を調整する中心でもあった。メッセージを展開することに加え、政治担当次席補佐官のハロルド・イッキーズは、選挙のスポークスマンたち、民主党全国委員会、そしてホワイトハウスのスタッフがいずれも同じことを言うよう調整する責任を与えられた。「ホワイトハウスが言っていること、民主党全国委員会が言っていること、再選キャンペーンが言っていることの間に、ほとんど齟齬はなかった」とイッキーズは述べた。「かなり厳しく管理した。我々はまずホワイトハウスから始めた。率直に行った。民主党全国委員会も再選キャンペーンもホワイトハウスから作られるものであった。我々はメッセージをコントロールする。それが嫌なら他の職を探すべきだ[69]」。

首席補佐官室は、民主党の議会指導者たちとのコミュニケーション会合のコントロールも行った。クリントン政権の後半の数年間、ホワイトハウス高官は、民主党の議会指導者たちと毎週金曜日に会合を行い、法律制定を進展させるためにお互いにどう協力できるかを論じた。クリントン政権の最後の頃、ポデスタに直接仕えていた上級アドバイザーのジョエル・ジョンソンは、ホワイトハウスがいかに上院の仲間を助けようと努めたかについて表現した。「我々は一週間先を見る。我々は、指導者たちの戦略がどんなものか、どんな課題を動かそうとしているのか、大統領はどうすれば議会指導者たちが成し遂げようとしている目的を展開できるか、を理解しようとする。金曜日、彼らは我々に、（民主党上院院内総務のトム・）ダシュルが火曜日の午後、最低賃金に関する法案の修正を検討する予定である、というかもしれない」。ひとたびホワイトハウスのスタッフが議会の仲間の予定を知ると、手を貸すために大統領の予定を調整できる。「我々は計画を変更して、午前中、外で大統領に最低賃金について述べてもらい、報道が大きくなるよう、筋書きや行動のためのちょっとした動きを構築しようとするかもしれない」。

ジョンソンは、クリントンのコミュニケーション戦略について少し広めの視点を披露して結論とした。「政策課題を新鮮に保ち続け、その課題についての国民の関心を高いままに保てるように動かしたり、回したりし、課題から議会が逃げたり隠れたりしないようする」。また、大統領とそのスタッフは「そのことについて話し過ぎてそれ以上報道されない」ことのないよう注意しなければならない70。報道機関は、大統領の立場、声明、行動について人々がよく知っていることではなく、新しい問題を報じることが好きなのである。

政権が発足したとき、大統領とそのスタッフには、コミュニケーションを政治や政策ほど重要だと見るような時間も考えもほとんどもたなかった。クリントン知事がホワイトハウス入りしたとき、ホワイトハウスのスタッフにつながるような組織はほとんどなく、報道機関や政権運営にどう適合していくかということについてたくさんのことを学ばなければならなかった。コミュニケーション活動について組織や規律はほとんどなかったが、クリントン政権は最終的には両者を発展させた。政権が進むにつれ、コミュニケーションを政権運営に統合する方法についてよく知るスタッフを集め、精通したチームを組み立てた。

クリントンは、主なスポークスパーソンを二人置き、コミュニケーション業務と報道官室業務とを区別しないところから出発した。そして、毎日の業務を効率的に取り扱い、また、年間カレンダーにもとづきコミュニケーション・イベントを計画する組織を持つにいたった。クリントンのコミュニケーション活動は、大統領の経済計画をしっかりと広報するにはどうすればよいかがわからなかった一九九三年の組織から、一九九八年にモニカ・ルインスキー事件が発覚した後に、政権運営を担っている大統領という代替シナリオを提供した組織へと成熟した。団体に話をしたり、政策取組を論じたり、政府の活動に取り組んでいたり、大統領の姿は毎日のように見られている。変化が生じるためには大統領自身の考えが発展することが必要だった。

クリントン大統領の活動は、彼自身がホワイトハウス入りしたときのものをかなり反映していた。選挙中、彼は強力な防御的活動を行った。大統領に就任してホワイトハウスに来たとき、彼は選挙中の活動を自分が使いやすいものに変化させていった。彼とそのスタッフは、広報上の取組を計画することを学ぶ一方で、彼らの活動にはその場しのぎの雰囲気が流れていることが少なくなかった。というのも、彼らが取り組まなければならない、他者によるイベントや取組が無数にあったからであった。その中には大統領の弾劾も含まれていた。

注

1　クリントン政権への移行については次の分析を参照。John Burke, *Presidential Transitions: From Politics to Practice* (Boulder, Colo.: Lynne Rienner, 2000), chs. 7, 8. It is the authoritative book on presidential transitions from Presidents Carter through Clinton.

2　David Gergen, 著者インタビュー, Washington, D.C., September 27, 1995.

3　クリントン政権のホワイトハウスについては次の記述を参照。Gergen, *Eyewitness to Power,* 251-342.

4　Mark Knoller, 著者インタビュー, Washington, D.C., June 6, 1996.

5　*Washington Post,* April 27, 1993, p. 1.

6　"Clinton Administration Accomplishments and Actions: First 100 Days," April 1993. Distributed by the Office of Media Liaison through its White House computer network. "The First 100 Days, Administration of President Bill Clinton, January 20 - April 30," dys100.txt,January 2o-April 30, 1993.

7　Ann Devroy, "President Discounts Panetta's Doubts," *Washington Post,* April 28, 1993, p. 1.

8　"Remarks in the 'CBS This Morning' Town Meeting," May 27, 1993, http://www.presidency.ucsb.edu/ws/index/php for all presidential speeches.

9　"Remarks by the President in Question and Answer Session during 1993 Newspaper Association of America Annual Convention," Boston, Massachusetts, April 26, 1993.

10　Gergen, *Eyewitness to Power,* 265.

11　Sidney Blumenthal, "Dave," *New Yorker,* June 28, 1993, 36-41.

12　Burt Solomon, "A One-Man Band," *National Journal,* April 24, 1993, 970.

13　背景説明 (background interviews).

14 Bill Clinton, *My Life* (New York: Alfred A. Knopf, 2004), 467.（ビル・クリントン著（楡井浩一訳）『マイライフ　クリントンの回想』朝日新聞社、二〇〇四年。）

15 John Podesta, 著者インタビュー, Washington, D.C., July 12, 2001.

16 "Remarks by the President to Weather Forecasters," Office of the Press Secretary, White House, October 1, 1997.

17 クリントン大統領が地球温暖化に関する演説を行った際に勤務していたホワイトハウスのスタッフへのインタビューで、クリントン大統領が、大統領は国民の関心を構築しなければならないというくだりを挿入するのはよくあることであったことが示された。Terry Edmonds, 著者インタビュー, "Washington, D.C., January 5, 2001. .

18 Mike McCurry, 著者インタビュー, Towson University course; "White House Communications Operations," Washington, D.C., March 1, 2004.

19 Mike McCurry, press briefing, Office of the Press Secretary, Dakar, Senegal, April 1, 1998.

20 会議の発展については次を参照。Dick Morris, *Behind the Oval Office: Winning the Presidency in the Nineties* (New York: Random House, 1997), 26, 186-87.（ディック・モリス著（近藤隆文・村井智之訳）『オーバル・オフィス　大統領執務室』フジテレビ出版、一九九七年。）

21 Mike McCurry, 著者インタビュー, Washington, D.C., April 7, 1999.

22 Rahm Emanuel, 著者インタビュー, Chicago, Illinois, April 13, 2001. クリントン大統領の国内訪問が政策の優先事項と同様に政治の優先事項をいかに反映していたかの議論については次を参照。Charles O. Jones, "Campaigning to Governing: The Clinton Style," in *The Clinton Presidency: First Appraisals,* ed. Colin Campbell and Bert Rockman (Chatham, NJ: Chatham House, 1996), 30-36.

23 Mike McCurry, 著者インタビュー, April 7, 1999, and Richard L. Berke, 'After Hours at White House, Brain Trust Turns to Politics," Week in Review, *NewYork Times,* July 21, 1996.

24 Morris, *Behind the Oval Office;* 139-40.（ディック・モリス著（近藤隆文・村井智之訳）『オーバル・オフィス　大統領執務室』フジテレビ出版、一九九七年。）

25 Morris, *Behind the Oval Office,* 144.（ディック・モリス著（近藤隆文・村井智之訳）『オーバル・オフィス　大統領執務室』フジテレビ出版、一九九七年。）

26 Don Baer, 著者インタビュー, Washington, D.C., August 14, 1996.

27 Ann Lewis, 著者インタビュー, Washington, D.C., December 17, 1997.

28 Mike McCurry, 著者インタビュー, Washington, D.C., April 7, 1999.

29 Joe Lockhart, 著者インタビュー, Washington, D.C., June 29,1998.

30 Rahm Emanuel, 著者インタビュー, Chicago, Illinois, January 15, 1998.

31 クリントンの初めての一般教書演説を作成する際の議論は次を参照。Michael Waldman, *POTUS Speaks: Finding the Words that Defined the Clinton Presidency* (New York: Simon and Schuster, 2000), 92-114.

32 Ann Lewis, 著者インタビュー, Washington, D.C., December 17, 1997.

33 Rahm Emanuel, 著者インタビュー, Chicago, Illinois, January 15, 1998.

34 Ann Lewis, 著者インタビュー, Washington, D.C., December 17, 1997.

35 クリントンの弾劾裁判中のメディア環境についての議論は次を参照。Jeffrey E. Cohen, “If the News Is So Bad, Why Are Presidential Polls So High? Presidents, the News Media, and the Mass Public in an Era of New Media,” *Presidential Studies Quarterly* 34, no. 1 (March 2004): 493-515.

36 Gaggle by Press Secretary Mike McCurry, July18, 1996, 著者による記録。.

37 Mike McCurry, 著者インタビュー, “The President, the Press, and Democratic Society,” University of California, Washington Center, March 1, 2004.

38 Harold Ickes, 著者インタビュー, Washington, D.C., April 13, 2001.

39 Michael McCurry, 著者インタビュー, Washington, D.C., February 10, 1998.

40 次を参照。“The 1992 Campaign: Clinton Denounces New Report of Affair,” *New York Times*, January 24, 1992, and “The 1992 Campaign: Clintons to Rebut Rumors on ‘60 Minutes,’“ *New York Times*, January 24, 1992.

41 Gwen Ifill, “The 1992 Campaign: Media; Clinton Defends His Privacy and Says the Press Intruded,” *New York Times*, January 27, 1992.

42 Stephen Labaton, “Tape Links Clinton to Man Tied to Crime,” *New York Times*, October 18, 1997. 次も参照。Susan Schmidt and Lena H. Sun, “On Tape, Clinton Links Lead in Polls, Issue Ads,” *Washington Post*, October 16, 1997.

43 Labaton, "Tape Links Clinton."
44 Susan Schmidt and Amy Goldstein, "Enigma No More, Ex-Aide Emerges," *Washington Post*, March 17, 1998.
45 Lanny J. Davis, *Truth to Tell: Tell It Early, Tell It All, Tell It Yourself* (New York: Free Press, 1999), 60.
46 Davis, *Truth to Tell*, 61.
47 Davis, *Truth to Tell*, 62.
48 Jim Kennedy, 著者インタビュー, Washington, D.C., August 10, 1998.
49 Mike McCurry, 著者インタビュー, "The President, the Press, and Democratic Society," University of California, Washington Center, March 1, 2004.
50 Joe Lockhart, 著者インタビュー, Washington, D.C., June 29, 1998.
51 Mike McCurry, 著者インタビュー, "The President, the Press, and Democratic Society," University of California, Washington Center, March 1, 2004.
52 Michael McCurry, 著者インタビュー, Washington, D.C., June 10, 1997. 一九三〇年代、米国公衆衛生局は非常に貧しいアフリカ系米国人の小作人を対象としてアラバマ州タスキギーで梅毒調査を開始した。この研究では二つのコントロール・グループがあり、一つのグループは治療が施されなかった。ペニシリンの使用が梅毒治療として確立した後も、治療を受けていなかったグループは、梅毒の治療法を知らされなかった。倫理上の問題が生じるのは明らかであった。この調査が明るみに出たのは一九七〇年代であり、被害者への補償をどうするかが国会や裁判所で問題となった。クリントンは、ホワイトハウスが公式に謝罪することによりこの問題を最終的な解決に導きたかった。
53 Mike McCurry, 著者インタビュー, "The President, the Press, and Democratic Society," University of California, Washington Center, March 1, 2004.
54 Joe Lockhart, 著者インタビュー, Washington, D.C., June 29, 1998.
55 David Gergen, 著者インタビュー, Washington, D.C., September 27, 1995.
56 Ann Lewis, 著者インタビュー, Washington, D.C., December 17, 1997.
57 Joseph Lockhart, 著者インタビュー, Washington, D.C., February 10, 1999.
58 John Podesta, 著者インタビュー, Washington, D.C., July 12, 2001.

59 Rahm Emanuel, 著者インタビュー, Chicago, Illinois, January 15, 1998.
60 Bob Woodward, *The Agenda: Inside the Clinton White House* (New York: Simon and Schuster, 1994), 172.（ボブ・ウッドワード著（山岡洋一訳）『大統領執務室――裸のクリントン政権』文藝春秋、一九九四年。）
61 John Podesta, 著者インタビュー, Washington, D.C., July 7, 2001.
62 Mike McCurry, 著者インタビュー, Washington, D.C., April?, 1999.
63 Joe Lockhart, 著者インタビュー, Washington, D.C., June 29, 1998.
64 John Podesta, 著者インタビュー, Washington, D.C.; December 10, 1997.
65 Michael McCurry, 著者インタビュー, Washington, D.C., February 10, 1998.
66 John Podesta, 著者インタビュー, Washington, D.C., December 10, 1997.
67 Jim Kennedy, 著者インタビュー, Washington, D.C., August 10, 1998.
68 John Podesta, 著者インタビュー, Washington, D.C., December 10, 1997.
69 Harold Ickes, 著者インタビュー, Washington, D.C., April 13, 2001.
70 Joel Johnson, 著者インタビュー, Washington, D.C., January 17, 2001.

第3章　ジョージ・W・ブッシュ大統領のコミュニケーション活動

就任式に先立ち、ジョージ・W・ブッシュと彼のアドバイザーたちはかなりの時間を費やして、いかに彼らのスタッフを組織するかを検討した。コミュニケーション担当上級アドバイザーに指名されていたカレン・ヒューズはコミュニケーション活動をどう組織化するかについて二〇〇一年一月よりもずっと前から考えをめぐらせており、体制やスタッフ配置に着手した。ホワイトハウスの他の部門も同様に組み立てられ、動き出す用意ができていた。実際のところ、就任時に準備ができているよう集中して取組が行われていたので、就任式の前月には模擬の上級スタッフ会合を開催できるほどであった。

クリントンとブッシュは、ホワイトハウスの組織をどのように計画したかという点で異なるだけでなく、彼らが組み立てたシステムの機能の違いが際立っていた。コミュニケーションの分野において、クリントンの活動は想定外の出来事、問題を扱うことのできる柔軟性、適合力が特徴であった。特に大統領を守るときに力を発揮した。ダメージ・コントロールが強みであった。彼らの活動は、問題の発見や評価、また、トラブルや好機に直面した時の対応が迅速であった。一般教書演説を除いては行事や政策をあらかじめ企画することにはあまり成功しなかった。彼らのスケジュールは二・三か月先のことというよりは一週間以内のことに関するものであった。大統領の主張を支持することがその場しのぎであったことも多い。その理由は、あまりにも多くの計画が予期せぬ問題、特にモニカ・ルインスキーや弾劾という出来事で中断されたためである。これらは一二か月のかなりの部分を占めた。

ジョージ・W・ブッシュのコミュニケーション活動は、クリントンの活動が弱いところで強力であり、クリントンの活動が強力なところで弱かった。ブッシュのコミュニケーション活動は、政策に先立って計画を作ることや、大統領の情報をしっかりと守る統制のとれたホワイトハウスのスタッフを構築することにおいて、非常に良い仕事をした。ブッシュのスタッフは、いかにしてブッシュが論じたいと思っている問題について広報を展開するか、彼らが重要だと思うものに焦点を当てるか、ということをとことん考えた。コミュニケーション・スタッフは、彼らが重要だと思う問題を強調し、他者の頭にあることは論じようとしなかった。かなりの労力が割かれて課題の優先順位がつけられ、限られた優先事項を強調するためにイベントが設けられ、それを論じる人々が駆り集められた。

ブッシュ・チームは、連邦議会議員を含む他者に耳を傾けたり、変化する状況に対応したコミュニケーション活動を展開したりすることについては敏感でなかった。政権が六年目に入った頃、それだけの時間が経っているので人も入れ代っていたが、ホワイトハウスの組織の形は発足したときの姿と同じままであった。二〇〇六年に彼らが直面した課題は二〇〇一年始めに直面したものとかなり異なっていたが、組織は変わっていなかった。

ブッシュのコミュニケーション活動は、予期せぬ好機を利用して想定外の問題に対応することには巧くなかった。情報の流れに関して問題が発生したとき、ホワイトハウスのスタッフは、新聞の一面や夜のニュース番組からそのことを追い出すのに数週間かかることも多かった。例えば、二〇〇三年の一般教書演説でブッシュはサダム・フセインがニジェールからウラン精鉱を購入しようと試みたと述べ、その後ブッシュ政権はその通りでなかったことを認めたが、この問題は長引いた。ブッシュの初期の発言にうまく対応し、修正しようと努力がなされたが、すべての上級スタッフとブッシュ本人にとって、それをコントロールするために二〇〇三年のうち約六か月が必要だった。さらに、この問題は二〇〇五年、二〇〇六年、二〇〇七年と再浮上した。最初にスタッフが誤りを修正することを避けようとしたことが一因であった。

二期目になると、コミュニケーション・チームは政治的にかなり困難な状況に陥った。その理由は、大統領のイラク政策に対する国民の支持率が低下したことと、社会保障プログラムの個人退職勘定追加、提案されている移民法案の一部としてのゲスト・ワーカー・プログラムに対する大統領の署名問題についての支持不足が原因であった。民主党だけでなく大統領と同じ共和党の議員からも批判が出て、コミュニケーション・チームは攻撃の的となった。ホワイトハウスのスタッフの大半も同様であった。

二〇〇六年四月、すべての主要全国紙において世論調査の支持率が三〇％台となったとき、大統領は首席補佐官と報道官を交代させた。また、大統領とそのスタッフは事態を反転させようと努力し、この政権が採らなかった戦略を試みた。つまり、ブッシュと彼の代理を、彼らの政策を批判する者や大統領の弱点について質問をする記者に対応するような脆弱な状況に置くのであった。一期目ではあまり情報を提供しなかったが、そうではなく、目下、大統領とそのスタッフは情報を多く提供するようになった。「我々は政策を進める前に、何度も記者説明を行っており、そこでは政権のスポークスマン、政策立案者に、背景情報、あるいは公式情報を発表させている」と二〇〇七年始め、カール・ローヴは語った。例えば、政策に関係する行事に向かう途上、大統領専用機の機中で、「国家経済会議、科学技術政策局、国内政策会議、教育省の関係者」が記者説明を行う1。さらに、彼らは、情報が間違っていると考えられるニュース記事に対して迅速に対応する責任を負うユニットを設けた。コミュニケーション室の即応ユニットはいつも、ホワイトハウスのスタッフが不正確だと思う、あるいは単に公式な対応が必要である報道記事に対して情報を提供する。

現在の開放的な局面は、大統領の再選後の時期に遡る。その頃ブッシュは、ブッシュや彼の取組をはっきりと支持しているわけではない聴衆の前での演説回数や単独記者会見の頻度を増やした。ブッシュは批判的な者を多く含む集団に話しかけるだけでなく、イラクでの戦争状態、大量破壊兵器の不存在、低支持率、国家安全保障情報の漏洩問題、そしてNSAの盗聴プログラムについての質問を受け付けた。

就任する時

ブッシュ大統領がホワイトハウスに持ち込んだ組織で重視されていたことは、彼らが話したいと思う事項についての計画とコントロールであった。組織の活動は、大統領が選んだ事項を重点的に主張するような計画を組み立てることであった。彼らは、大統領の言葉でニュースを作りたいと考え、大統領以外の者や記者の関心に気を遣うことはほとんどしなかった。

ジョージ・W・ブッシュは、就任時、大統領のコミュニケーションに関心を持っており、また、報道機関への対応についての確立したルールに詳しかった。彼は、自分自身の言葉の重要性と、自分が述べたことについて責任を取る必要性とについて認識していた。いろいろな教訓がそうであるように、彼も痛い目に遭ってこのことを学んだ。この場合、彼は、自分の言葉が反響を呼ぶことを学んでいた。一九九三年、最初の知事選の準備をしていたときのこと、ヒューストン・ポストのケン・ハーマン記者とのインタビューにおいて、ブッシュは「天国にはイエス・キリストを受け入れる人々のみ行くことができる」と述べた。この話は家族についての話の文脈で登場した。ハーマンは「その話が出たのは、我々が彼の家族について話をしていたときだった」と述べた。「記事にそれを入れたのは、彼と彼の母が、天国に行くためにはイエスを受け入れなければならないかどうかについて意見の相違があったからだった。そして彼らは、ビリー・グラハム（訳者注：米国の有名な伝道師）に、彼らに関わってもらおうと、呼んだ。このことは、彼らは平均的な家族とは少し違っていることを意味していた。というのは、彼らは、一部の人から神の右腕と思われている人物を呼びよせられるのだから[2]」。インタビューは、かなりの予期せぬ反響を生じた。「そして結局、ブッシュはいくつかの団体にある程度の説明をしなければならなかった。実際のところ、このことから彼は何かを学んだと思う。自分のいうことには注意深くなければならない」。

五年後の一九九八年、宗教の話題がブッシュとハーマンの別の会話で登場した。ブッシュは共和党知事集会に出席していた。ブッシュは、彼の弟であり新しくフロリダ州の知事に選ばれたジェブ・ブッシュと一緒に、共同記者会見を開いていた。その後、ブッシュ・テキサス州知事は、ホテルの部屋に数名のテキサス州の記者を招き、小規模な記者会見を行った。彼はイスラエルを訪問する予定であることを明らかにした。ハーマンによると、それは「国家レベルで物事を考えていること、大統領選に出馬することを考えていることを指しており、いいニュース記事であった」。

その会見の後、ハーマンはエレベーターのところで待ち、「それからブッシュ知事が私のところに歩いてくる。目がキラッと輝いており、それは彼が気の利いたことを言うときの仕草だった」とハーマンは回想する。「彼は私のところにやってきて、イスラエルに行くのだと言う。私は応えて言う。『それは面白い。知事、興味深い訪問ですね』。そして、関連付けたわけではなくても、先の会話と結びついているのは明らかだが、彼は私を見てこう言った。『向こうで最初に私が言うことがわかるか』。私が『いいえ、知事』と答えると、知事は、彼らに対して、彼らは『地獄に落ちるであろう（going to hell）』と言うだろうと述べた。自虐的な冗談であるのは明らかだった。彼が冗談を言っていたのは明らかであった[3]」。

冗談であったかもしれないが、ハーマンの編集者は記事にそのことを入れるよう求めた。「そこで記事に入れ、自虐的な冗談として明確に示し、人々を驚かすようなことを過去にも言ったことがあるとしてブッシュをからかう記事にした。それが冗談であったことは間違いなかった[4]」。この記事は別の騒動をもたらした。「翌日、取材源から、知事が私をよく思っていないかもしれないことを耳にした。私はなぜだかわからないので、カレン・ヒューズに電話し、『私は知事に会う必要があるか』と述べた」。ヒューズはそうするよう勧めた。ブッシュ知事はジョギングから戻ったばかりのところで、知事公邸の側のプール近くでハーマンと会った。「私は彼に言った。『どうしたのですか』。彼は、発言が掲載されたことについて失望していると語った。あれは二人の知人間の冗談だと彼は考えていた[5]」。

ブッシュは、スタッフや記者が、特に地元で、たまに遭遇するような状況において油断したところをつけこまれることがあった。ハーマンが説明したように、「これらの人々を知るようになり、多くの時間を一緒に過ごす。彼らの家族を知り、彼らはあなた方の家族を知るようになる。それは問題になるかもしれず、あなたは、将来、次のように言わなければならないときがくるのではないかと思う。過去にこのことは記事にしなかったかもしれないが、これからは記事にする必要がある、と」。

ブッシュは、彼とハーマンがその段階に到達していたことを理解していた。彼はハーマンに対し、言わなくてもそれを記事にされることはないと思っていたと述べた。一九九八年までにブッシュは二つの教訓を学んだ。記者との良好な関係は重要であること。しかし、公職に就いている者について読者に伝えることが職業的義務であると考える集団に対応するときは節制が重要であること。ホワイトハウスのコミュニケーション組織を組み立てるとき、ブッシュはこれらの教訓を忘れなかった。

ブッシュは、任期の始め、熟練したコミュニケーション・政治チームを組織することによって誤りを避けた。

彼は、カール・ローヴとカレン・ヒューズの助けを得て、テキサスで政治キャリアを始めた。彼らは、ブッシュが知事を二期務めたことで十分報われていると感じており、ブッシュの大統領選において大黒柱となり、第一期政権でチーフ・ストラテジストとなった。ヒューズは、ブッシュ知事のコミュニケーション・アドバイザーとなる前に、ダラスのテレビ局で記者として、また、テキサス州共和党の事務局長として働いていた。ローヴをブッシュが知ったのは、ブッシュの父が副大統領のときだった。ローヴはブッシュの政治アドバイザーを務め、その後ブッシュが知事選に出て、ブッシュが知事に就くと、ローヴはコンサルティング会社を経営しながらブッシュに助言を行った。職業的に見ると、ヒューズとローヴはコミュニケーションと政治の結合を表し、このため、ブッシュの統治スタイルは選挙スタイルの延長であり、その逆もまた同様であった。

ブッシュの選挙結果が認定される前から、ローヴは選挙中に彼らが掲げ、議論した目標を達成するための一八〇日間計画に着手した。その中でも重要なのは、防衛力の構築、教育の質向上、減税、そして信仰にもとづく取組であった。ブッシュは就任するや否やこれらの目標に関し、順に一つずつ、一週間をあて、政権の政策課題を紹介し始めた。選挙中に議論した考えを詳しく述べるために、それぞれについてどのようにして実現したいかを正確にブッシュは説明した。最初の丸一年をかけて、大統領とそのスタッフは選挙中の政策課題を統治のための政策課題へと変換させた。

大統領の主張を支持する

前章で論じた基本ルールはこの章でも同様にあてはまる。つまり、政権の主張を述べるのにもっとも重要な人物は大統領本人である。ブッシュ大統領は、自分のコミュニケーションに明らかに関心を抱いている。特にテロとの世界的な闘いに関しては、人々に、この問題と迅速な対応の必要性を理解してもらうという課題に関心があるのは明らかである。二〇〇一年九月一一日の直後、メアリー・マタリンはこう述べた。「大統領は我々を集め、こう述べた。『今回はコミュニケーションが決定的に重要である。何故なら、この戦争を闘うことは、米国や世界がこれまでに見てきたものとは異なるからである。浜辺からの襲撃といったものはない。CNNのカメラが夜間に粗い画像を中継することもない。陰に隠れて行われ、映像はなく、金融ネットワークを破壊し』、他の行動も戦争という劇場の外で発生する」[6]。

ブッシュは上級スタッフに対し、政権のコミュニケーション戦略が重要になることと、自分はその中心でありたいことを述べた。彼はスタッフに指示し、九・一一事件への対応に関する行動を大統領レベルに引き上げることを確認した。政権の行動の中心に自分を置きたいという大統領の関心についてダン・バートレットは論じた。「私は、大統領たちが話していることをスタッフが理解しているということを証明する最初の大きな機会で失敗したことを憶えている。翌週、彼らは大統領の署名をもらうため、キャンプ・デーヴィッドまでいくつかの文書を送った」。その文書は、政権が持つテロ組織リストに載っているグループの金融資産を凍結する内容であった。「大統領はカレンに電話した。彼女を日曜日に教会から中座させた」とバートレットは述べた。「彼女は私に電話してきた。ブッシュは怒っており、こう述べたそうだ。『どうして私はこの文書に署名するだけで、（ポール・）オニール財務長官がこれを明日発表するのか。今回の、テロとの新しい闘いで、これが最初の一撃である。ミサイルで戦うのでなく、ペンの一筆で戦うのである』」[7]。コミュニケーション活動により翌朝のローズ・ガーデンでの署名式が設定され、ブッシュ大統領が文書に署名した。ブッシュは、行動を取るのは閣僚メンバーではなく、彼一人であることを明確にした。テロとの闘いのキャンペーン当初、ブッシュは、責任を取るのは彼一人であることを主張したかった。

人物としての大統領、リーダーとしての大統領を支持する

大統領の政策の大半よりも総じて穏健である人々のため、大統領のコミュニケーション・チームは、彼の人としてのイメージ、リーダーとしてのイメージを発展させることに集中した。特に、九月一一日の攻撃とそれ以降のブッシュの対応について。ブッシュが第一期に確立したリーダーシップの役割は、再選キャンペーンの時に十分報われた。ブッシュ大統領は彼自身の話すスタイルについての限界についてよく冗談を述べる。しかし、ブッシュは、彼が何を意図しているか、もっと重要なことには彼が何者であるかを、人々が理解していることが重要であることを承知している。再選キャンペーンの最後の月、彼の株式キャンペーン演説（訳者注：61・62頁参照）で最も熱い拍手を集めたのは、国民が大統領について知っていることに関する一節であった。ブッシュはどの都市でも聴衆に対し、第一期で彼は多くのことを学んだと述べた。「この四年間、米国民もまた同じように私についていくらかのことを学んだ。私は少し率直な物言いをすることがある。（拍手）これは母親譲りである。時々、私は英語の文章がひどく乱れている。これは父親譲りである。（拍手）。しかし、私にあなたが賛成か反対かは別として、いつもあなたは私がどういう立場にいるか、この国をどこに導こうとしているかということを知っている[8]」。

彼の言葉において名詞、動詞、発音がどんなにもつれようとも、投票者は大統領の考えを知っており、彼流のリーダーシップを理解し、支持した。ブッシュが「私は、大統領というものはいかにリーダーシップを発揮する必要があるかということを知っている。リンカーンからルーズベルト、レーガンにいたる大統領が明確に示したように、大統領は風の中を漂流してはいけない。大統領は難しいことを判断し、それを守らなければならない」と述べたとき、国民は彼を理解していた。米国民に支持を求める彼の訴えは、九・一一事件への対応の際に構築

した彼流のリーダーシップにもとづいていた。

大統領の人となりやリーダーシップに焦点を当てる戦略は十分効果があった。彼の政策的立場よりもリーダーシップの質において彼は国民から相当高い支持率を得ていた。政策的立場については多くの米国人がブッシュとは異なっていた。二〇〇四年一〇月のCNN／USAトゥデー／ギャラップ世論調査では、ジョージ・W・ブッシュが「大統領が備えているべき人格とリーダーシップの資質を持っているか」という質問に回答者の五七％が賛成、四一％が反対した。同じ調査で、「あなたにとってもっとも重要な政策課題についてジョージ・W・ブッシュと意見が一致するか、しないか」という質問に一致、不一致とも四九％で同数であった[9]。

国民からの評価を高めることは、ブッシュ政権のコミュニケーション・チームの目標であった。ダン・バートレットは、大統領を一人の人間として記者に報道させるという戦略を論じた。「大統領のコミュニケーションディレクターとしての私の戦略目標、そして、大統領にとって最大の利益と私が考えることは、ホワイトハウスという組織でなく、大統領の人物を報道する記者が多ければ多いほど、コミュニケーションの観点からはより好ましいということである」。彼らはブッシュを一人の人間として見せたかった。それは、「彼の長所の一つは彼の人間性だからである」と述べた。

大統領と国民とを結びつける方法がいくつかある。その一部は新しいメディアの利用を意味する。コミュニケーション・チームのバートレットたちが使った方法の一つは、これまでとは違うメディアを使い、国民とつながることである。二〇〇四年の大統領選において、「数百万の読者を持つ、狩猟、釣り、自然保護に関するあらゆる雑誌」のホワイトハウス特派員により、彼らは、バートレットが「釣針と銃弾の集団」と呼ぶ人々とつながった。「我々は彼らを招き、大統領との円卓を設けた」。ランナーズ・ワールド誌、フィールド＆ストリーム誌など一部のメディアはホワイトハウスで一対一のインタビューを行った。スポーツ・イラストレーテッド誌やバイサイクリング誌はテキサス州クロフォードにあるブッシュの大牧場を訪れ、大統領と一緒に自転車に乗り、大統領と簡単な質疑応答を行った。他にも、報道機関の記者でいつも自転車に乗っている三人が同じように同行した。

「計画によって、誰に到達しようとしているのかを知ることによって、我々はできるだけ魅力的なメッセージを作り上げられるよう協力している。人々は立ち位置を変えることはできないが、語ることはできる。つまり、国民が何を考えているかを我々が大統領に説明し、大統領が知ることにより、大統領は、国民の関心に合わせて演じたり、彼らが懸念している課題に言及することができる」とバートレットは語った。新しいメディアとやりとりすることの利点は、通常よりも堅苦しくないことである。「因習にとらわれない話し合いの場では、会話がより個人的なものとなり、政治の中味や動きにそれほど集中しない。これについてどう思い、それはなぜなのか、という会話になる」。大統領選期間中、彼らは同じ取組を用い、ゴルフ・チャンネルのような非伝統的なチャンネルで広告を行った。

第二期において、スタッフは、伝統的なメディアでは伝えることが難しいような大統領メッセージを報道してくれる非伝統的なメディアを探しつづけた。大統領は、アフリカにおけるＡＩＤＳ撲滅運動、ミレニアム・チャレンジ・アカウント（訳者注：ブッシュ大統領が二〇〇二年三月に発表した二国間の開発援助プログラム）に取り組んでいたが、アメリカのメディアはほとんど関心をもたなかった。バートレットの説明では、彼らが直面する問題はテレビのニュース番組において外国のニュースに割く時間がないことである。「夜の番組の草稿において、また、朝のニュースショー、あるいは主要紙の記事の並びにおいて、対外政策について限られた余地しか残されていない。イラクについて報道するとき、イランまたは北朝鮮などに関連する要素も報道しなければならない」。このような実務的制約があるため、彼らは非伝統的メディアに焦点を当てた。「メディアによる我々の最高のＰＲは、ボノ（訳者注：ロックバンドＵ２のボーカル。貧困撲滅運動に取り組んでいる）を通じたものであった。その理由は、それが非伝統的なメディアだったからである。全国ニュースを通じたものではない。オプラ（訳者注：オプラ・ウィンフリーが司会をしていたCBS系列の午後の人気トーク番組）やその他いろいろを通じてのものである」。こういうところで、アフリカにおけるAIDS撲滅運動に焦点が当てられている[10]。

ホワイトハウスとしては、コミュニケーション活動のスタッフが国民をウェブサイト（www.whitehouse.gov）で得られる大統領情報に引き付けようと試みている。たとえば二〇〇二年のクリスマス期間中、ホワイトハウス周辺で大統領の飼い犬を追いかけるバーニーカム（BarneyCam）のような魅力的な要素のあるサイトに国民を案内することによって。「我々は国民の関心を引くため、非伝統的な方法を採ろうとしていた。このため、国民はウェブサイトに到達し、『おっ、教育について大統領は何と言っているのだろう』と言って、バーニーのビデオ画像の隣にある何かをクリックするかもしれない[11]」。

大統領の人となりを家庭に届けるもう一つの方法は、大統領のことを、特に地域コミュニティの人々のような他者に語ってもらうことである。この戦略は政権の初めの頃に採用された。大統領が国内を旅行するとき、彼は、訪問先の市や地域の職員から歓迎されるのが通例である。これに加えて、米国自由部隊（USA Freedom Corps）のメンバーが大統領に会い、大統領ボランティア・サービス賞（President's Volunteer Service Award）を受ける。大統領を歓迎する者は、ホワイトハウスの米国自由部隊室が大統領歓迎プログラムの一環として選抜する。彼らはコミュニティで働くボランティアであり、大統領訪問の前後を通じて地元メディアの関心の的となる。彼らはいつも大統領の訪問に関してとても肯定的に話をする。例えば、イリノイ州スプリングフィールドのフォスター・グランドペアレント（訳者注：特別な支援を必要とする子供たちへの高齢者ボランティアのプログラム）のボランティアであるデラ・エイモスは、ステイト・ジャーナル・レジスター紙の記事に取り上げられた。その記事はブッシュ大統領夫妻から賞が贈られたときから彼女の一日を追いかけるものであった。夫妻はエイブラハム・リンカーン大統領博物館の落成式に向かう車列に彼女を同行させた。「素晴らしかった」と彼女は旅について語った[12]。

ブッシュ大統領はインディアナ州サウスベンドを訪問したとき、ビジーハンズ(Busy Hands)(訳者注：ボランティア団体)に対して縫い物で貢献しているルーシー・B・クミンセズにボランティア賞を与えた。「彼女はブッシュ大統領からのキスを大事にする」という見出しの地元紙の記事は、彼女の活動と彼女の大統領との会見を中心にしていた[13]。小都市の新聞と同様に大都市の新聞も地元のボランティア賞受賞者についての記事を書く。ミルウォーキー・ジャーナル・センチネルは、ビヴァリー・クリスティ＝ライトについての記事を書いた。彼女は、Northside YMCA（訳者注：YMCAのミルウォーキーにある支部）のBlack Achievers Award（訳者注：有色人種の高校卒業を支援するプログラム）に協力したことを理由としてボランティア賞を得た。クリスティ＝ライトもブッシュ大統領との会見について語った。「大統領は、『良い働きを続けてください』と語った。また、彼は私がコミュニティで行っていることを本当に気に入っている」と彼女は述べた[14]。シアトルではイラク、アフガニスタンで奉仕している三人の息子がいるシェリル・シェファーがブッシュ大統領との会見について語った。彼女の大統領との会見は「エアフォースワン（大統領専用機）がボーイング・フィールド（訳者注：ワシントン州シアトルにある、ボーイング社と関係の深い空港）に到着するとき、ブッシュ歓迎パーティに参加することを通じて長年の願いを実現することになるでしょう」。彼女は記者に述べた。「ブッシュ大統領と会見することをいつも夢見ていた[15]」。ボランティアに対する広報記事は賞を受ける日だけに限られていない。大統領が訪問した後の数日、何らかの紹介記事が流れる。ロサンゼルスのルー・ダンツラーが亡くなったとき、彼の死亡記事は、彼が一九九二年にジョージ・H・W・ブッシュ大統領から「たくさんの灯賞」（訳者注：社会貢献に対して贈られる賞）を受賞したことととともに、二〇〇四年にブッシュ大統領から「米国自由部隊の奉仕への呼びかけ賞」を受賞したことについても紹介した[16]。

二〇〇二年に大統領歓迎プログラムが始まって以来、五五〇〇人以上のボランティアが大統領と会い、賞を受けた[17]。このプログラムはコミュニケーション室が担当している。

大統領主導でコミュニケーションを行う――規律を構築する

第一期政権でコミュニケーション室の企画担当部長となり、後にヘンリー・ポールソン財務長官の首席補佐官を務めるジム・ウィルキンソンは、コミュニケーターとしての大統領の目標は「自分自身が主導してニュースを発表する」ことだと述べた[18]。政権が採っている戦略の多くは大統領とそのスタッフが望むタイミングと方法で大統領が行動できるように政権が行っている努力から産み出されている。情報発表戦略の基本は、政権の中心に大統領がいることである。報道側であまり付け足さずに、大統領が発表を行うことである。スタッフがイベントを組み立てるとき、記者の質問に対して自分たち主導で対応することも含め、自分たちにとって効果的な方法で行う。

何よりもまず、大統領自身が、大統領のコミュニケーションの中心である。スタッフや閣僚ではない。アリ・フライシャーは、大統領の要求を具体的な言葉で定義した。「大統領が本当に確信していることは、ニュースとなるのは大統領でありスタッフではないということだ[19]」。このため、ホワイトハウスのニュースに関する方針が二つの手法に表れる。一つ目として、ニュースでスタッフが取り上げられることを大統領は望まない。大統領の政策を発表する際には大統領が中心でなければならないため、記者会見室で政策のスペシャリストが政策に関する背景情報を提供するやりとりをテレビ中継に用いられることは稀である。このことは、ブッシュ以前の政権とは相当異なっていることを意味する。それまでの大統領の多くは彼らの取組についての説明の補足として、閣僚を含む政策スペシャリストに公式な場で大統領のプログラムを説明させていた。

例えば、クリントン政権では、ドナ・シャララ(保健・福祉長官)、リチャード・ライリー(教育長官)、ヘンリー・

シスネロス(住宅・都市開発長官)がホワイトハウスの記者会見室で、定期的に公式な記者説明を行っていた。経済アドバイザーのジーン・スパーリング、国内政策アドバイザーのブルース・リード、行政管理予算局長のジャック・ルーも同様であった。大統領にとってのメリットは、記者が、ホワイトハウス発の日々の記事に記者会見室で得た材料を取り入れることであった。

ブッシュ政権では、閣僚が、ホワイトハウスの記者会見室を使って大統領の取組を説明することはない。第一期は、国家安全保障アドバイザーのコンドリーザ・ライスだけが記者に説明を行った。第二期も、彼女の後任であるスティーヴン・ハドレーだけが説明を行った。しかし、政権の最近の行動をみると、いくつかの階層にあるホワイトハウスのスタッフがかつて大統領の考えや政策目標を説明していた以上に、彼らの関与が強くなっている。閣僚は大統領の政策を説明する初期段階の声というよりも、大統領が既に述べたことと同じことを「こだま」させる役割として考えられている。彼らは、大統領の政策を掘り下げるというよりは、維持させるために使われる。

政策を最初に発表するのは大統領であったことから、最初の四年間、大統領の発表に付け足すことはほとんどなかった。アリ・フライシャーは、彼が政権にいた第一期、発表にどのように取り組んだかを説明した。「発表前の事前リークはほとんど見られない。発表すべきことがある場合には、大統領が発表し、人々は大統領から聞くのが初めて、ということが通例である。米国民は大統領から最初に聞く、というのが我々の方針である[20]」。

第二期では、第一期と比べ、ブッシュはスタッフに政策への取組をあらかじめ発表させるようになった。スコット・マクレラン報道官は、大統領が発表する前夜にホワイトハウスのスタッフが通信社に時間的な制約の下で情報を与えることもあったと述べた。「我々は通信社のところに行き、『いいかい、我々はこれが明日の新聞に載ることは望まない。しかし、通信社は夜間の配信に入れることができる』。つまり、通信社は夜中の二時、三時に、すべての朝刊が一段落した頃に配信する。大統領が発表する前に、記事は外に出ている」とマクレランは述べた。新聞と異なり、通信社には物語を展開するだけの余白がない。彼らは、取組を説明する余地は持っているが、様々な取材源からの反応を取り入れるほど余裕はない。情報を通信社に発表することは「情報が他人のペースで流れだし、違う枠組みで捉えられ、望ましくないメッセージが広まる前に、物事の枠組ができ上がることにつながる[21]」。

次に、彼自身の意向に沿った扱いで大統領が報道されるということは、コミュニケーションの目標が何であるか、大統領とそのスタッフはどの情報を記者に提供するか、誰にいつそうするか、を政権が決めることを意味する。この規律がブッシュのコミュニケーション戦略の核心である。その理由は、ホワイトハウスが立案した計画に適さないことはメディアの都合に応じることには消極的である。ダン・バートレットによると、ブッシュ政権が多いからである。バートレットは、ブッシュ政権がいかにニュースサイクルを重視しているかを説明した。「その日、見出しを飾る別のことがあるなら、あるいはテレビ中継が他のニュースとぶつかっていたら、我々は取材の申し出を断る」。彼は続けた。「我々は、その週やその月、あるいはその四半期などの、我々の戦略的コミュニケーションの目標を実行できなかったり、あるいは目標と合致しないのなら、何かに飛び乗ってその波に乗りたいとは思わない[22]」。

記者とは、問題があればホワイトハウスからの回答を求めるものであり、大統領やその政府が話したいことを求めるものではない。このため、議論をコントロールすることは一部の記者を驚かせるが、それでもブッシュ政権は計画に執着する。「だから我々は、この点でニュースサイクルと少し違った提案を行うこととなり、記者団にとっては苛立たしい。というのは、彼らはそのニュースサイクルの中におり、そうであるから記者なのである」。バートレットの見方としては、記者は彼らのニュースの優先順位に対応してほしいと考える。このことを彼は「奥底」までひきずられる、という。「彼らはニュースサイクルの中におり、そこで行動したいと考え、人を奥底まで招こうとする」と彼は述べた。「我々は中期、長期の目標を見る傾向があり、『そうすることは我々のコミュニケーションの重要事項と合致しているか』と考えるんだ」。

第二期、支持率が下がったのを見て、大統領とそのスタッフは、以前よりもコミュニケーション上のリスクを取るようになった。二〇〇六年、大統領の支持率は低く、彼らにはリスクを取ることにより失うものはほとんどなかった。政権は、自分たちが所属する政党を含め、様々な政治関係者からの批判に直面していた。主な世論調査では支持率は三〇％台であった。第二期に彼らは、焦点を当てるべき問題として社会保障改革の目玉である個人退職勘定、総合移民改革を選択した。これらの問題は一般国民、議員を含む共和党有力者からの強い反対に遭った。

彼らはリスクを取り除くどころか、それを取ろうと努めた。望まない質問をするような聴衆からの質問にスタッフと大統領が答えることとした。二〇〇六年春、大統領は、政権や地元の政党スタッフが選んだわけではない聴衆の前に登場した。第一期後半で彼が避けた状況であった。大統領は、彼や彼のスタッフが焦点を当てたくない論点に関する質問に直面した。ホワイトハウスのスタッフは、報道機関が、彼らが排除していない人々を含む聴衆からの質問に大統領が答えるのなら、大統領の発言を報道するようになることに気付いた。地元の共和党の聴衆や、友好的であるビジネス界の人々の前に現れるだけでなく、大統領は、ジョンズ・ホプキンス大学の高等国際問題研究大学院のような場所も会場として加えた。二〇〇六年四月一〇日、大統領は同院で演説を行った後、聴衆の学生からの厳しい質問に直面した。米国のイラン政策、ジョゼフ・ウィルソン大使の妻であるヴァレリー・プレイムに関係する情報漏洩問題、そして大統領の民主主義への取組などに関する質問であった[23]。

台本なしのイベントは、聴衆が厳選された政党イベントと比べ、報道機関にとってより魅力的であり、国民の関心も高まる。こういうやりとりの方が「絶対、国民や記者の関心の水準を引き上げる」と、コミュニケーションディレクター代理（テレビ番組担当）のスコット・スフォルツァは述べた。彼は大統領のイベントのときに舞台装置を整える。「記者が尋ねる。『何が起きる予定なのか』。聞かれても、大統領すらわからない[24]」。こういう状況のほうがテレビは放送しやすい。また、政権にとっても好都合である。こういうイベントは、大統領は、自分と異なるかもしれない意見を聞くことを行動で示せるという利点を持つ。

二〇〇六年五月一八日、大統領がアリゾナ州ユマを訪問し、国境管理問題に関連して移民政策を論じた際、コミュニケーション担当のスタッフは、特派員は現地で大統領と個々に短いインタビューを行う機会が与えられるだろうと五大テレビネットワークすべてに予告した。まったくスタッフが予想したとおりに、記者は移民問題にとどまらず、大統領に対し、支持率が低いことや政権が言及したくなかったであろう他の問題について質問した。移民に関するブッシュ大統領へのインタビューで、NBCのホワイトハウス特派員デーヴィッド・グレゴリーはイラク問題や大統領の低支持率を持ち出した。CNNのスザンヌ・マルヴォーも同様であった。

大統領主導でニュースを報じさせるブッシュ政権の取組の第三の要素は、計画である。ブッシュ大統領は、ビジネス・パーソン時代やテキサス州知事時代の日々における一連のマネジメント原理に従った。その核心は、目標を定め、その目標に到達するための計画を立案し、作業の責任を割り当てて、それからスタッフに計画を実施させるということである[25]。カール・ローヴはブッシュが従ったこのシステムを「目標を定め、皆を団結させ、目標に集中させる。A地点からB地点に行く方法を考えさせる、方法、哲学、目標について明確にする。活動範囲を定めるが、その範囲は広く大きくしておく」。この原理はピーター・ドラッカーに由来することをカール・ローヴは示唆し、ブッシュはこれを実践した。「後天的に習得したものであろうが、天性のものであろうが、いずれにしてもこれがブッシュが実施していることである[26]」。ここで重要なのは、大統領はシステムを自ら管理するというより、システムの機能の仕方を確立するということである。ブッシュ大統領は、人々が、彼や首席補佐官、その他のスタッフから割り当てられた課題を実施することを好む。大統領は自らが望んだときだけ関与する。

カレン・ヒューズは、大統領のマネジメント・システムがどこでコミュニケーション・システムに当てはまるのかを説明した。「彼は計画を知ることを求める。『計画はどうなっている。どうやって展開する』[27]」。このことについてメアリー・マタリンはこう表現した。「彼は大きなプロジェクト、大きな目標を提案する。そして人々はそれを分解したものを持って戻ってくる」と彼女は述べた。「集会と討論が行われるが、課題が割り当てられ、分担が決められる[28]」とローヴは述べた。「我々の出発点は本当に(ブッシュ)大統領のテキサスの事務所、そして選挙キャンペーンだった。そのとき、政策、政治、広報が密接に統合された[29]」。第一期も第二期も、この三つの要素はカール・ローヴの領域で一体化した。その領域は、大統領のプログラムのための広報を練るという重要なものであった。

いかにして政治、政策、広報が一体化するかという良い例は、ローヴが創設し、管理した計画グループにある。ローヴは、彼がストラテジェリー（strategery）・グループと呼ぶ集会を、一、二か月に一回、開催した。この名前は、テレビのコメディ番組であるSaturday Night Liveでの寸劇から拝借された。同番組は、ブッシュが演説や言葉遣いが苦手なため、strategy（戦略）をstrategeryといったことを風刺したのであった。二〇〇二年五月上旬、ローヴは、彼のストラテジェリー・グループが行ったことを、この先一年のことを予測することにより説明した。「例えば、直近で我々は戦略ミーティングを昨夜開き、八月のことについて話し合った。我々は、何を達成しようとしているか、目標が何かということに関して八月から年末にかけての予定を持っている」。より短期については、彼らは三、四か月先のスケジュールを埋めていた。「しかし、例えば、大統領の訪問を計画し、メッセージに取り組み、テーマに集中し、八月の時間を理解させるという観点から、我々は六月に良いきっかけを持っている。

我々は七月の予定を持っている。我々は八月の枠組みを持っている。すぐに七月は埋まるだろう」。

　彼らはずっと先のことを計画する一方で、計画しても簡単に予定が狂うことを知っている。「つい昨年、我々が出発したとき、我々は八週間先のことを計画していた。そして、四週間先のことを計画しているときも、一二週間先のことを計画しているときもあった。我々は、九月、一〇月、一一月について綿密に計画を立てていた。そして、何があったと思う？」。二〇〇一年九月一一日がそうであったように、たとえ予期せぬ出来事で道をはずれても、長期の戦略を立案することにより、最優先の方向という安定性が得られる。ローヴの言葉によると「ある一日を迎え、『これが予定だけど、廃棄することになる』と言う方が、『今日の予定はどうなっているでしょうか。何をすることになっていますか』と言うよりましだ」。彼らは計画されている主要な出来事を確認する総合計画書にもとづいて動く。「その日のテーマ、POTUS (President of the United States) の特定の行動、そして緑で書かれている、訪問が予定されている日」。サンプルの計画書を思い浮かべながらローヴは述べた。「これは一種の総合的、長期的な立案のためのカレンダーさ。このような日々の一つひとつについてもっと詳細な記述があるんだ[30]」。

　カレン・ヒューズは総合スケジュールのコミュニケーション部分について関与した。ダン・バートレットは彼女の後、その役割を引き継いだ。政権が発足したとき、ヒューズは毎週、水曜日と金曜日にコミュニケーション計画会議を開いた。このため、上級スタッフは翌月からの三、四か月間の大統領のスケジュールに関し、重要な点を綿密に計画することができた。大統領とその最も親しい友人たちが計画した総合的な目標にもとづき、彼らは広報の行事を計画した。その行事で、大統領はより具体的な目的について説明し、働きかけ、詳しく述べることができるのであった。スケジュールが決まるとすぐに、ホワイトハウスの様々な部局からおよそ二十数名のスタッフが、関係する省庁の担当者や、州、地域、地方の政府や非政府組織の支援スタッフと一緒に、イベントの実施に向けて取り組む。イベントがいったん予定に入れられると、一人の上級スタッフに作業チームと一緒に働く責任が与えられ、その代理者たちが詳細を描くよう監督することとなる。この上級スタッフは、コミュニケーションか、あるいは政策に関する人物である。このストラテジスト(戦略家)が、イベントの目的を明確にし、提案されている演出が目的を効果的に達成することを確かにするのであった。同じプロセスが首席補佐官のジョシュア・ボルテンの下で続く。「どの案件もホワイトハウスに責任の所在がある……賛同者、後援者がいてそして、たった一つの責任の所在が」とボルテンは述べた。「多数の人々が関与しだす。何らかのちゃんとした関心を持つ誰もがプロセスに関与しだす」と彼は続けた。「政策を前に進める責任を持つ人物とその組織は、関心を持つ誰もが関与することを確かにする責任を負う。また、大統領に向かう道はただ一つであることを確かにする責任を持つ」。彼が第一期ブッシュ政権の勤務で学んだことは、あまりにもいろいろな道があるので、ある問題がどうすれば大統領執務室に到達するかを発見することは困難であることが少なくないということであった[31]。

ホワイトハウスのブッシュ・チームの規律は伝説的であった。スタッフ・メンバーは演説がいつ、どこで、誰により行われるかを決定する段取りをしっかりと守る。最近の政権の中では望ましくないリークがもっとも少ない。レーガン政権、ジョージ・H・W・ブッシュ政権を含め、ブッシュ以前の政権は「ホワイトハウス内に分断された陣営があった。そして、記者を通じ、違いを強調した」。ジェームズ・ベーカー首席補佐官に率いられた勢力によるリークと、エドウィン・ミースに忠実な人々が記者に提供したリークとがあった。バートレットは、ブッシュ政権でもそのようなことを免れえなかったと述べた。『『行ったり来たり』する最も顕著な例として国務省と国防総省の間、つまりパウエル対ラムズフェルドがある。こんなことはいつでもある[32]」。しかしブッシュ政権ではこんなことは少ない。その理由は、長い間、ブッシュのために働いてきた人々を集め、かつ、そのような人々を補うために、ワシントンの経験がある一部の人々に加わってもらっているからである。

ホワイトハウスの規律は、ある程度、ブッシュ大統領がコントロールを重視していることと、ホワイトハウスの上級スタッフは二〇〇〇年の大統領選で一緒に働いた経験があることに関係している。ジョシュア・ボルテン首席補佐官は、二〇〇〇年大統領選において政策活動のトップを占めていたが、ブッシュの規律と組織についてこう述べた。「ブッシュ大統領のホワイトハウスは最初の数週間から強力であり、このようなことは例外的である。理由の一つに、ブッシュはいつもこのスタイルであり、大統領選とほとんど同じチームをホワイトハウスに連れてきて、大統領選のときと同じことをやっているということがある」。親しい側近としてホワイトハウス入りした人々のグループは、ボルテン、カール・ローヴ、ダン・バートレット、そしてもっと以前からのカレン・ヒューズであるが、彼らはいずれも二〇〇〇年大統領選のときに働いていた。ボルテンは、ブッシュ知事は大統領選の早期に、「最初の実質的な指示」を行ったと述べた。ブッシュはボルテンに述べた。「私は大統領選を、政権を運営するのと同じようなやり方で進めたい」。ブッシュはボルテンに「(大統領選において)政策過程を、やがて政権で実際に行うのと同じ方法で進めたい」と話した。その結果、彼らがホワイトハウスの組織を組み立てるときに、「彼は、選挙中に述べたすべてのこと、彼が構築した構造を取り込み、ホワイトハウスに入ったときに、移植したいと考えた[33]」。規律、方向、人々の構成が合わさって、「強力なホワイトハウス」ができた。

コミュニケーションのための組織の立ち上げ

ジョージ・W・ブッシュは、コミュニケーションの専門家と政治の専門家を上級の戦略的ポストに据えたため、彼の政権において広報関係の体制はそれまでに例がないレベルまで傑出した。二人の専門家は、お互いに密接に効果的に協力しあった。カレン・ヒューズとカール・ローヴは、大統領の政策課題のための効果的な広報をいかにして計画するか、実務を担うスタッフとどのように協力して強力なイベント計画の要素を束ねるか、いかにして実施部分を管理するか、ということを他の上級スタッフに示した。計画を実行に移すため、彼らは伝統的に責任を担う四つの部局を主に信頼した。つまり、報道官室、コミュニケーション室、メディア問題室、そしてスピーチライティング室である。これらが一体となり、ブッシュのコミュニケーション活動の活動要素を構成している。

表3−1が示すように、これらの部局で必要な職員の数はブッシュの就任以降ほとんど同じである。一九九八年はクリントン政権の六年目であるが、三九人の職員がいた。二〇〇一年、ブッシュ政権の初期の日々までに職員の数は四三人に増加した[34]。しかし重視されている部分が変化していた。ブッシュ政権が長期間の計画活動に大きく投資した一方で、クリントン政権は日々のプレス対応に焦点を当てた。

ブッシュ政権では、ホワイトハウスの広報はカレン・ヒューズ大統領法律顧問の責任のもとにあった。彼女の在任中、すべての部局の担当者は彼女に報告した。その後は、コミュニケーション担当大統領補佐官であったダン・バートレットに報告することとなった。二〇〇五年、彼は大統

表3-1　ホワイトハウスの広報部局の職員

ホワイトハウスの広報部局	クリントン政権	G.W.ブッシュ政権	G.W.ブッシュ政権	G.W.ブッシュ政権
	1998年7月	2001年6月	2002年7月	2005年5月
顧問室	−	4	5	4
コミュニケーション室	8	8	8	12
スピーチライティング	8	11	13	16
メディア問題室	報道官室の一部に	10	10	10
グローバル・コミュニケーション室(2002年7月創設、2005年3月移転)	−	−	2	−
報道官室	23	10	12	12
報道官室の職員で、かつてのメディア問題室事項を扱っている者*	13	−	−	−
コミュニケーション関係職員の合計	39	43	50	54

*：コミュニケーション・スタッフとして集計していない。
出典：ホワイトハウスの電話帳などから著者作成。

領法律顧問になった。しかしクリントンのホワイトハウスでは、すべてのコミュニケーション部局に対して責任を持つ者はいなかった。その代り、報道官室と、コミュニケーションディレクターは首席補佐官と大統領にそれぞれ、報告した。

ストラテジスト――カレン・ヒューズとカール・ローヴ

ローヴとヒューズに代表されるように政治の専門家とコミュニケーションの専門家が結びついたことが大統領にとって役立っているのは、内部の人間から見て明らかであった。カレン・ヒューズは大統領法律顧問という官職に就いたため、ホワイトハウスのすべての広報の責任者となり、また、このほかにブッシュ大統領から割り当てられた追加的な職責を与えられた。カール・ローヴは上級アドバイザーという肩書だったので、大統領が興味を抱き、彼に割り当てた事項や政治問題に集中することができた。これらの肩書が示したものはスタッフの誰もがわかっていることであった。ヒューズとローヴはホワイトハウスと行政府の活動に関し広範囲に従事した。

二〇〇二年春、その秋の中間選挙で共和党の議席を増やしたいという大統領の計画について、ある上級スタッフは述べた。「カールは選挙を担当しており、上院を取り返し、可能なら下院を維持する予定である。カールは中間選挙で勝利するため、たくさんのことをやっているが、それが目下の彼の目標である」。このスタッフはローヴの卓越した知識と大統領という資源の上手な使い方について述べた。「彼は、選挙で使える可能性のあるものはどんな道具でも使う。大統領の時間がある。彼をどこに置くか、どんな関係が構築されるのか、共和党や政府の中でどの機関が資金集めに有益か、投票者にとって有益か、勝ってほしい候補者のために十分な票を集めるのに役立つか。そんなことをカールは考えている。彼は政策を徹底的に検討し、それから目的に目を向ける。その目的とは、大統領と議会中間選挙のための政治支援を確保することである」。

このスタッフによると、カレン・ヒューズはより広い視野を政権の戦略計画に持ち込んだ。「カレンの役割はもっと大きい。米国民のメッセージは何か。我々は何について国民を、いやもっと広くいうと世界中の人々を教育すべきか。大統領の政策は理解されているのか。大統領の政策は支持されているか。彼女はもしかすると政策キャンペーンで使うかもしれないすべてのものを支配下に置いている。スピーチライティング、メディア問題、テレビ、報道官、コミュニケーション[35]」。アリ・フライシャーは、彼女がもつ大局観に加え、政権内で何がどう動くかということについてのコントロールを語った。「カレンは本当に大局観を持っている。カレンは、動いているものの進んでいる方向を微調整し、あるいは、何かが動いているときにそれを加速させる[36]」。

二人の上級スタッフの性格はお互いに相互補完的であった。このスタッフは、二人の性格が彼らの仕事にいかに適しているかを論じた。「カールは言わば非常に厳しいタイプであり、カレンは優しい、ここに座ってあなたの考えを教えてもらえないかしら、というスタイルである。少し異なっている。そして、おそらく、この非常に賢い二人が違うスタイルと方法で物事に当たっていることが、大統領のためになっている[37]」。

ローヴとヒューズは大統領が最も信頼し、長い期間頼りにしている政治とコミュニケーションのアドバイザーである。この事実だけでなく、彼らの相互補完的な視点を自由に使えるということがあるため、大統領は自分が見たい、やりたいと思うことについてもっと具体的な絵を手にすることができる。年間を通じて大統領は、文化的環境の中だけでなく政治的環境の中で活動しなければならない。前者は党派性によらない。後者は強固な政治を必要とする。メアリー・マタリンが述べるように「大統領は、二つの環境にいることを理解している。人は自分の環境にいるべきである。今は政治的環境である。そして人々が理解できるような方法で議論しなければならない[38]」。大統領が二〇〇二年、二〇〇六年の議会選挙や二〇〇四年の大統領選の前の数週間、国土安全保障について論じていたとき、完全に政治の言葉で彼の政策課題を表現した。しかし、一般教書演説のとき、ここでは超党派性が大いに期待されているので、大統領は国民、全米、あるいは世界中に向けて発言した。

第一期ブッシュ政権では大統領が主催する戦略会合から始まる日が多かった。「我々は毎朝会合をもち、戦略の方向性、課題と取組について話し合う」とカレン・ヒューズは述べた。ホワイトハウスを去り、テキサスに戻る前の二〇〇二年のことであった。「今朝の議題は広範囲にわたる事柄であった。だから、私とアンディ――（訳者注：カード首席補佐官）、カール、大統領、副大統領が出席した。そしてコンディ（訳者注：コンドリーザ・ライス補佐官）は外交政策案件があるとき、時々出る。外交政策について論じるときコンディは参加する[39]」。

この最初の会合に続き、合意された目標を実施し、作業に落とし込むための会合がある。コミュニケーションを担当しているのでヒューズ本人が、後には、彼女の代理であるダン・バートレットがこのフォローアップ会合の司会を務めた。

カール・ローヴは、この過程における運営について、二〇〇二年五月にウィスコンシンで開かれた行事を例に使って説明してくれた。この行事の目的は、大統領の教育政策を展開させることであった。「我々は、一つのイベントについてたくさんのワーキング・グループを持っている。イベントには、プロジェクト・オフィサーと呼ばれる者が参加する。プロジェクト・オフィサーになれるのは大統領補佐官だけだ」と彼は始めた。大統領補佐官が、各イベントの運営担当である。「だから例えば、今日、ウィスコンシンでは（国内政策担当補佐官の）マーガレット・スペリングズと私が、教育イベントの共同プロジェクト・オフィサーであった。そして我々は代理人と仕事をする。代理人はコミュニケーション担当や他の必要なことを調査する者と会議を行い、イベントやメッセージについて手配を行い、我々がそこで得ようとしているものは正確には何であるか、案内記事も含め、結論を出す」。

二人の最高戦略家（Chief Strategist）は、予定された行事のテーマが効果的な言葉で広報されることを確実なものにしたいと考えている。ローヴが説明したように「一般的に、担当グループで計画中のテーマの目的はどれも、例えば今日のウィスコンシンの我々の目的は、ウィスコンシンには成績の低い学校が一一六あるが、新しい教育改革法の下、この秋、これらの学校の七万人の子供たちが別の近くの公立学校、成績の良い学校に通えるようになると述べることであった。そして、数えきれないほどの子供が —— その数字はやがて明らかになると思うが —— 追加サービスを受けることができる。というのは、彼らが通う学校は三年連続で成績が低下しているからだ」。彼は結論を述べた。「目的は、これらのことをあらかじめ十分調べておくことだ。そうしておけば、ぎりぎりになってから調子を変更できる。今日、我々は、パキスタンやパキスタンの爆破犯人について声明を発表する必要がある[40]」。

ヒューズの週二回のコミュニケーション計画会議は、三か月も先のイベントの計画を立てた。そのイベントを実施するために必要な人員をまとめるプロセスをあらかじめ発動させるためであった。一方、彼女の毎日のコミュニケーション会議は、準備を完了させたり、また、急な変化に対応するための直前の修正を行うために開かれていた。この毎日の作業レベルでは、戦略がどのように実行されているか、複雑さが異なる物語がいかに広報されるかということに関して決定が行われた。

国土安全保障省のコミュニケーション部長であるスーザン・ニーリーは、同省に関する情報の発表を扱うときのプロセスを詳しく説明した。「我々の日常の業務内容の一部は、淡々としていて複雑であり、そして活字メディアに向いているように思われます。このため、我々はたくさんのことを行いました。適切に扱ってもらうため、翌朝の独占記事のため前夜に適切な記者を選び概況報告書や背景情報を渡しました。活字メディアの方が向いていると考えて。そして放送局が追いかけるような」。

一部の情報は活字メディアによる広報が向いている。他の情報はテレビでの広報がふさわしい。「物語が複雑で、絵にならないものであればあるほど、活字メディア向きなのは明らかです」とニーリーは述べた。「そういうときに、この記事は国民にどう関係するの？　ということが、テレビやラジオを使ってどれくらいうまく伝えられるかを決めるのに役に立ちます。というのも、もしもその記事が国民と結びつくことになるなら、たいていは、よりやさしいメッセージ、国民と本当に関係ある何か、に変えてあらわすことができるのです。そして、朝のニュースショーを使うことができます。ニュースショーは、多数の国民に伝える有効な方法であり、他の誰もが見る記者説明のようなものです。それからＣＮＮとＦＯＸが続き、午前中に始まったメッセージのコダマを一日中放送するのです[41]」。

ヒューズは、通常、朝八時半に始まる毎日の会議に約二〇人のコミュニケーション担当のスタッフを集めた。「報道官室からの出席者、アリ（・フライシャー）か、彼の代理であるスコット（・マクレラン）又はクレア（・バカン）が、その日のニュースを取り上げる。何が話題となっているか、これから先の一週間に何があるか、大統領はどんな演説を予定しているか」と毎回参加しているスタッフの一人が述べた。「一日、あるいは一週間を基本としている。それから、周期的に、場の流れに応じ、みんなの忙しさにもよるが、カレンがより広い観点からコミュニケーション上の関心を述べる」。このスタッフによると、ヒューズは、政権のすべてのメッセージをいかにして一つにするか、彼らのメッセージがコミュニケーションの目標を達成していないのはどの部分であるか、をとらえる感覚を持っていた。二〇〇二年にこのスタッフが語ったところによると、ヒューズはコミュニケーション・チームに次のように述べた。「最近、我々はあまりにもたくさん小さい行事ばかり行っているように思われるのです。結果として何も伝わっていません。我々は本当に多くのメッセージを伝えなければならないのに、一つのメッセージも存在しないのです。私は米国民に今伝えるべきことは何か断言できるのでしょうか」と彼女は尋ねた。「というのは、メッセージが何なのか私はわからないからです。皆はこの予定表を見てメッセージは、健康、早期幼児教育、航空安全、そしてこの全体と述べます。彼女は言わばリラックスした態度で議論を引き起こし、人々にアイデアを求める[42]」。

中心となるメッセージを一日に一つしか訴えないことは、競合するメッセージで情報の流れに負荷をかけ過ぎるリスクを減らすための一つのアイデアである。「ポイントは、記者に報道するものを一つ与えることである」とメッセージ関係を担当するホワイトハウスのスタッフは述べた。「大統領の言葉が一日に一つ。彼らが記事を報じる予定なら、大統領の言葉を使わなければならない。そして、彼らが大統領の言葉を得るだけなら、簡単なことに思われるし、カレンが非常に得意とすることだが、大統領の言葉をもっともやさしい言葉にかみくだく[43]」。

政権第二期では、ニュースサイクルが第一期の頃よりも大変速い。その結果、メッセージを持続させることは一層困難となる。インターネットを情報源とするニュースが急速に成長したため、二〇〇六年は、二〇〇一年と比べて情報が流布される場所が多く存在する。さらに、ホワイトハウス特派員の多くが、彼らが行っている報道業務が多様になっているため、情報の必要性をより大きく感じている。報道官代理のダナ・ペリノは、個々の記者に対してホワイトハウスが常時情報を提供しなければならないことを語った。記者は活字記事の執筆だけでなく、ブログに原稿を書いたり、テレビに出演したりするかもしれない。今では多くの記者が、通信社の記者と同じように情報を必要とする。通信社の記者は、臨時ニュースの記事を書いたり、ホワイトハウス情報を絶え間なく必要とする。彼女は、タイム誌のマイク・アレンに言及した。「雑誌記者の働き方を変えた人物の例として。彼はウェブを頻繁に更新する。ブログを書いている。テレビ、ラジオに出演する。このことはすべてのジャーナリストたちがすべてのことをしているようなものだ[44]」。

大統領の決断と行動を説明する

コミュニケーション担当アドバイザーがホワイトハウスによる説得活動の長であるのに対し、報道官は、大統領の決断と行動を説明する情報について責任を負う。ブッシュ大統領は、トニー・スノーを報道官に任命することを発表したとき、スノーは大統領の決断を説明する人物であると記者に述べた。「私の仕事は決断することであり、彼の仕事は、この決断を記者団と米国民に説明することを助けることである。彼は、私と同様に、民主主義にとって報道が不可欠であることを理解している。トニー・スノーはプロのジャーナリストとして、政府と、政府について報道することが職務である者との関係の重要性を理解している。彼は、私の哲学、優先事項、そして政策課題を実施するために我々が取る行動について、時宜にかなった情報を記者に提供するため一生懸命働いてくれるはずである[45]」。報道官は、大統領の哲学、優先事項、行動を説明するために、公式発表の方法について大統領とよく相談する必要がある。「私が定期的に行っていることの一つは、大統領の執務室に行き、あることを説明するためにどういう方法を採るべきかについて、彼と検討することである。私は、考え、政策、背景を正しく把握したい。彼はいつも喜んでそうしてくれる。私は、問題をどう捉えるべきかについて疑問を持っているとき、じっと座ってはいない。行って尋ねる……。『これはこう言うべきだと私は思う』と言われたことがこれまでに二回あるが、たいていは私にまかせてくれる」。スノー報道官は、大統領の考えについての感じを得るだけでなく、彼とそのスタッフは、記者のための情報集めに相当程度足を使う必要があることを示した。「ホワイトハウス記者団に特有のことがある。それは、誰もが閉じこめられているということである。ホワイトハウス記者団は議会担当の記者団と異なり、執務室をふらふらと出入りすることはできない。彼らは、大統領や政権の上級職員に対して簡単にアクセスしたり、何度も続けてアクセスすることはできない。したがって、いろいろな意味で記者団は報道官室が提供するものにかなり依存しなければならない。報道官室が提供するものとはファクトシートだけでなく、政権内の人々へのアクセスをも含む[46]」。このように、説明は報道官室で勤務する人々にとって重層的な職務である。

大統領のメッセージに焦点をあてながら、イベントを説明する

説明することとは支持することとは異なる。記者、大統領に反対する人、それぞれの国民には、情報について重要と考える部分や必要とする部分がある。ホワイトハウスのスタッフはそのことに対応しなければならない。「私の責任の一つは、政府が行う決定や追い求める政策に関して国民が正確な姿を理解できるようにすることである」とスコット・マクレランは説明した。ホワイトハウスと記者は、この正確な姿が行き渡るための「共有のコミットメント」を持っていると彼は述べた。しかし、「何が正確な姿か」をめぐって「論争」が生じる。報道官という立場から見ると、スタッフは「いくつかの事項が記事やニュース放送になることを望む。そして、これらの点について私が繰り返し述べない限り、必ずしも取り上げられないかもしれない[47]」。

報道官の記者説明は今ではテレビ放映される。このため、大統領のコミュニケーション・チームは毎日の記者説明を彼らが話したいと思うことについて論じる機会であると見ている。かつては、記者の質問に対応するためのやりとりであった。ダン・バートレットは、テレビ中継されるやりとりと、記者会見室の演台に立つ政権側の人物の立場の、二面的な性質について話をした。「記者の質問に答えるだけでなく、テレビを見る聴衆が存在し、彼らにメッセージを送っているのである。そしてしばしば、この二つの目標の間には緊張が存在する。コミュニケーションの目標と、記者への対応という目標がある[48]」。

テレビカメラが入っているので、ブッシュ政権は記者会見の場を利用して彼らが発言したいことに焦点を当てようとする。コミュニケーション・チームは、記者の質問により記者説明の方向が変な向きにそらされるのは見たくない。「我々の目標は、記者説明ではできるだけメッセージに忠実であり、質問に対しては演台から離れ、カメラから遠いところで回答されるようにすることである」とバートレットは述べた。大統領の行動を記者団に説明するのが記者会見室であろうと、ホワイトハウスのどこかであろうと、コミュニケーション・チームが関心を持つのはいかに情報が使われるかということである。バートレットにとって気が進まないのは、政策の専門家グループが記者会見室にきて記者の質問に答えるということ以上に、政策形成に関与した者が彼らの仕事や大統領の考えを説明するということであった。

バートレットにとって、記者に対応することは大統領の自由度を減少させるだけであって拡大することはない。彼は自分の考えをこう説明した。もしも政権がメディケアを論じるために記者を呼んで、政策の専門家と「メディケアの複雑さについて」や「メディケア論争で我々がどこに位置し、この問題は複雑だがいかに重要であるかということについて」議論させるなら、大変危険であろう。その理由は、政策の担当者は記者対応の訓練を受けていないからである。政策関係者が思ってもいなかった切り口でニュースになってしまうかもしれない。その理由はバートレットによると、記者は役人よりもこういう議論について経験があるからである。「記者対応に慣れていない政策関係者に対していかに質問をするか(ということについて)、記者は大変賢い。政策関係者は、ええ、ご承知のように、トミー(・トンプソン保健・福祉長官)は本当にこう考えていますが、こちらの誰かはこのような(対立する)考えを持っています、と言う」。

出来上がったニュース記事は、政権にとって有害となる可能性がある。大統領の選択肢を狭めるからである。バートレットは述べた。「翌朝、悲鳴をあげたくなるような見出しに出くわす。『メディケアについてホワイトハウスは分裂』、あるいは、よくあるように『ホワイトハウスでの対立』」。大統領もスタッフも、政策の選択肢に関するこんな記事は見たくない。特に、行事や大統領演説を準備しているときには。バートレットは「これは我々にとって課題であり、克服したい。報道を充実させたい。報道に意味内容を与えたい。一方でこれは難しいことである。特に政策形成に関しては。その理由は大統領が政策を決定する際に我々が彼のためにできる最善のことは、彼にできるだけ最大限の柔軟性を与えることだからである」と説明した。

第二期になると、ホワイトハウスのスタッフは以前と比べ、大統領の演説前に、その演説に関して事情を知る者が質問に答えることに多少とも関心を示した。二〇〇六年五月一五日、ブッシュ大統領は移民問題に関して国民向けの演説を行う準備をした。それに先立つ金曜日、政策の専門家ではなく広報を担当する上級スタッフが、電子メディアのグループと活字メディアのグループとそれぞれに記者説明を行った。この狙いは大統領の移民政策の基本的な内容を、情報を提供するスタッフに焦点を当てることなく、記者に知らせることであった。午後の演説が始まる前の時間になると、二人の政権スタッフが演説の要点を詳しく述べた。こうすることにより、ジェネラリストであることが多いホワイトハウスの記者も演説で計画されていることの詳細や含意を知ることができるのであった。ホワイトハウスは記者が書く記事を提供することに関心があるが、スタッフに注目を集めない方法でそうすることを望む。

演説の当日、大統領の演説が始まる少し前、演説の準備に関わったホワイトハウスの上級スタッフが記者に話をした。コミュニケーションディレクターのダン・バートレット、報道官のトニー・スノー、国土安全保障アドバイザーのフランセス・タウンゼンド、次席補佐官（政策担当）のジョエル・カプランという四人の側近が、記者の質問に一時間回答した。四人は、政策を深く論じるというよりも、演説そのものや大統領が実現したいことについて語った。

バートレットは、公の場で記者が閣僚に質問することを好まないことを明らかにしていた。しかし、移民問題について大統領が演説を行った次の日、政策の専門家たちが国境警備問題について論じた。その中には国土安全保障省長官、入国管理局、国境警備隊の長、国防次官補、州兵総局長が含まれていた。コミュニケーションのスタッフは、記者が政策の専門家たちにテーマから離れたことを答えさせようとするのを恐れて記者が彼らに話しかける機会を与えないようにするのではなく、四人の政策専門家とのイベントを設けることとした。どちらのやりとりにおいてもスタッフ・メンバーの冒頭発言に続き、三〇分以上が記者からの質問にあてられた。入国管理はPRすることがとても難しい問題であることがわかっており、ホワイトハウスは情報を送り出すためいろいろな努力を行ってきている。四人の政策専門家による説明は、広く報じられた。彼らの発言はニューヨーク・タイムズやワシントン・ポスト、また、テキサス、カリフォルニアの地方紙の移民関係記事で紹介された。

柔軟性を確保するためには、他者があなたにしてほしいことをあなたは無理にしなくてもよいように、情報のコントロールを維持することも必要である。バートレットは次のように述べた。スタッフが大統領に望む立場とは、「できるだけたくさんの選択肢を享受できる立場である。しかし、選択肢が公に知られたり、あるいは何らかの意味付けがなされると、たちまちその意味付けに人は囲まれてしまう。大統領の場合、政策の立ち位置に何らかの認識がなされることになったり、あるいは、公への伝わり方により、大統領がやりたいことを決定する際にフリーハンドでいることが一層困難となる[49]」。

毎日の報道業務

現代のホワイトハウスでは、ブッシュ政権もそうだが、報道官室の焦点は日々の業務に絞られている。業務の中心課題は、現在の大統領の活動と取組について説明情報を提供することである。来週、来月、来年のことはコミュニケーション室や、総合的戦略を計画している他の部署に属する。報道官室の主な責任は、報道官が行う午前中と午後の記者説明時や、一対一、あるいは少人数のグループと話している際に、記者に情報を提供することである。報道官室は、大統領訪問といった先の仕事に関与している部分もあるが、その業務の多くはホワイトハウス発の日々の情報に関するものである。

全般的なコミュニケーション戦略の策定に報道官はほとんど関係しない。そのわけは、毎日、報道官室が対応しなければならない業務量が多いことである。ブッシュ大統領の最初の報道官であったアリ・フライシャーは、そのことをこう述べた。「報道官室は、より現業に近い職務である。より実行に移していくことが仕事である」。「報道官室は、日々の記者との関係が扱われている職場である。他のどこかで企画された毎日の取材計画が実施されるところである」。

アリ・フライシャーは自分の仕事をヒューズに相談したが、彼女にいちいち指図されることはなかった。彼の説明によると、「ひとたびことが動き出すと、カレンは、『こういう言い方をして』と言うタイプではなかった。私は重要な事項について質問や疑問があると、いつもカレンのところに行ったし、今後ともそうである。というのは、彼女は本当に素晴らしいから。彼女は私が考え抜くことに協力してくれるし、どこまで言ってほしいか、あるいは何を言わない方がよいか、整理してくれる。カレンと私が実際に言葉を探して『こんな感じ。こう言って。こうは言わないで』と話したことが何回くらいあるかは、多分、片手で数えられる[50]」。

ブッシュのホワイトハウスでは報道官室は少し規模が削減された。クリントン時代、マイク・マカリー報道官の下、二四人が雇用されていた。しかし、二〇〇一年には一〇人のスタッフ、二〇〇五年には一三人となった。クリントン時代と違う理由の一つは、今日、メディア問題室として知られる業務を当時は報道官室が行っていた。今日、その業務はコミュニケーション担当大統領補佐官に帰属している。その理由は、この業務は支持を求めてアピールする作業で中心的な役割を果たすからである。

地方の報道に対応する

報道官室が対応するのはホワイトハウスの記者団とワシントンに駐在する記者たちである。ワシントン以外の記者はメディア問題室を通じて対応される。メディア問題室は、ブッシュ政権の取組をできるだけ遠くまで、できるだけ広く伝える。同室が交流するのは地域、地方のメディア、特定利益団体のメディア、特定民族のための報道機関である。メディア問題室は、特定のテーマ、メッセージを、新聞、ラジオ、テレビ、ホワイトハウスのウェブサイト経由で展開する。ブッシュ政権では同室は大統領イベントのフォローアップ取材を重視する。例えば、ブッシュ大統領が地方に出かけて重要な演説を行うときには、イベント前後の地方紙の取材にメディア問題室が対応する。

メディア問題室の活動は地域ポートフォリオに分解される。特定の地域を担当する者は、決められた地域内の報道機関に情報を提供するだけでなく、政権の取組がその地域でどのように報じられているかを調べる責任も有する。メディア問題室の室長の責務の一つは、特に、重要な演説やイベントが開催されるときに、ホワイトハウスのスタッフと地域報道機関の代表との間で、話し合いが行われるよう手筈を整えることである。

閣僚と一緒に活動することは、大統領の広報活動を大きく遠くまで「響き渡ら」せるという重要な側面を持つ。二〇〇二年夏の住宅政策のとき、メディア問題室は住宅・都市開発省のメル・マルチネス長官に対し、さまざまな記者と話をするよう求めた。「住宅政策の発表に関し、我々は住宅・都市開発省の活動を誘導、指示した」と第一期ブッシュ政権のメディア問題室長を務めたニコル・ディヴニッシュ・ワラスは述べた。「我々はマルティネス長官にヒスパニック系報道機関にはたらきかけてほしいと頼んだ。ある次官はアフリカン・アメリカン系報道機関に対応した。我々は全米中の記者と電話会議を行ったと思う。それはちょっとローテクといいたくはないが、たくさんの記者が電話に出てくれた[51]」。

ホワイトハウスのコミュニケーション・チームは地方の取材に焦点を当てる。その理由は大統領が地方を訪問するときは総じて好意的な報道が行われることと、人は地元の新聞やテレビのニュース番組に対して高い信頼をおいているからである。大統領が地方を訪問するとき、地元空港にエアフォースワンが着陸するところから始まり、訪問のすべてを取材されることがよくある。大統領の公的発言はテレビで放送され、同様に大統領と会う人々も放映される。ケーブルテレビは大統領の訪問と発言を短く編集して放送したり、放送しなかったりする。地元テレビはそうではなく、演説を全部放送し、行事に関係する人々にインタビューを行う。例えば、本章の始めに述べた、自由部隊のボランティア賞受賞者がその例である[52]。このような報道のおかげで地元の視聴者は、全国紙の報道と比べてより完全な大統領の人物像を知ることができる。これは大統領とそのスタッフが求めていることである。

地元メディアの報道が重要であるのは、全国紙や全国放送のテレビよりも信頼性の高い情報源だからである。ダン・バートレットは述べた。ブッシュのスタッフがそれ以前の政権で勤務したことのあるコミュニケーション・スタッフと話したとき、「民主党、共和党の過去の政権から受けたアドバイスでもっともよく言われたことは、地方メディアを無視するな、むしろ全国メディアよりも重視しろ、ということであった」。その理由は人々はニュースを地方メディアから得るからである。「人々が出てきて手に取るのは地元紙であってニューヨーク・タイムズではない。いつもCBSイブニングニュースばかり見るのではなく、彼らが信頼する地元のニュース・キャスターを見る。地元ニュース・キャスター、地元紙、地元記者といった、人々がより信頼を寄せる媒体を通じて彼らに到達するなら、メッセージを行きわたらせるために一層良い機会が得られるであろう。そして我々はそれを実践した。それは真実だから、多くの時間を使って地域メディア活動、地方メディア活動に焦点を当ててきた[53]」。

世論調査のデータはバートレットや彼の先任者たちの発言を裏付ける。実際に、全国メディアよりも地元メディアの方が、人々が受け入れ、信頼する度合が大きい。このことは**表3-2**と**表3-3**に示されている。表3-2の二〇〇四年一二月のギャラップ調査は国民のニュースの志向性を示した。質問は「あなたは次の選択肢からどれくらいニュースを得るか、示してください。毎日、週に数回、時々、ない」。

世論調査のデータが示していることは、ホワイトハウスのコミュニケーション組織は正しいということである。すなわち、国民は地元メディアを信頼している。Pew Research Center for the People and the Press の調査(表3-3)は国民の信頼レベルに焦点を当てている。調査の回答者は「大変好ましい、概ね好ましい、あまり好ましくな

表3-2　メディアの種類別に見た人気度（2004年）(%)

メディアの種類	毎日	週に数回
地元テレビ	51	19
居住地の地方紙	44	14
ケーブルニュース：CNN、FOXニュース、MSNBC	39	16
夜のネットワークニュース	36	16
朝のニュースとインタビュー番組	27	12
ラジオのトーク番組	21	12
ニューヨーク・タイムズ、ウォール・ストリート・ジャーナル、USAトゥデーなどの全国紙	7	4

出典：2004年12月5-8日、Gallup Pollを編集。

表3-3　メディアの種類別に見た国民意識（2004年）(%)

メディアの種類	好ましい	好ましくない	不明
地元テレビのニュース	73	20	7
最も親しんでいる日刊紙	72	18	10
ABC、NBC、CBSなどのネットワークテレビのニュース	68	23	9
ケーブルニュース：CNN、FOXニュース、MSNBC	67	18	15
ニューヨーク・タイムズ、ワシントン・ポストなどの全国紙	38	25	37

出典：Pew Research Center for the People and the Press/Project for Excellence in Journalism Survey Research Association International, 2005年6月8-12日。

い、全然好ましくない」でいろいろなメディア種別を評価するよう頼まれた。回答を「好ましい」と「好ましくない」に束ねたのが表3-3であった。

メディア問題室はホワイトハウスに駐在していない記者に情報を提供するが、狙いをつけている対象の一つがラジオのトーク番組である。彼らはラジオの保守的なトーク番組から強い支持を受けているため、政府は五〇人のラジオ司会者からのインタビューを三日間開催した。ラジオ司会者はホワイトハウスの北庭のテントで朝六時から夜七時半まで取材活動を行い、対応可能な政府高官と話をした。それらの政府高官にはホワイトハウスの上級スタッフ全員とほとんどの閣僚が含まれていた54。

映像を通したコミュニケーション

ブッシュのホワイトハウスのスタッフは、大統領のコミュニケーションに関して彼らが上手く管理できる側面に焦点を当てる。映像の中で大統領がどう描かれているかということはホワイトハウスが能力を注ぎ、関心を向ける分野の一つである。ホワイトハウスは何を提供するかという点で能力があるし、そうすることに関心を向ける。コミュニケーション・スタッフは、大統領の言動をどう説明するかを考え抜き、人々がテレビでどういう映像を見たがっているかまで考える。ブッシュ以前の政権、特にレーガン大統領とクリントン大統領の時代がそうであったのと同様、ブッシュのホワイトハウスのコミュニケーション・スタッフは印象的な映像を撮ることに大変力を注いだ。今日、ケーブルテレビは大統領の姿を最初から最後まで生中継するため、そのようなイベントの細部の一つひとつがメッセージを運ぶ効果に影響を与えうる。

カール・ローヴは、この点においてメディア対応がもっとも洗練されるようになったのはレーガン政権に遡るとする。「一九八〇年以降は、すべての者が(マイケル・)ディーヴァーの影響を受けている。彼は、『テレビの音を消せ。これこそが人々がいかにしてその日勝ったか負けたかを決める方法である。映像の質だ』」。ローヴは説明する。「映像こそがメッセージを伝える。音を完全に消して。シンプルだが重要な洞察だと思う。古い諺の、百聞は一見に如かず――どう見えるか、どう聞こえるか、どんなイメージにうつるか――が重要であるのには理由がある。映像を見せることは重要なんだ。大統領が、メッセージの力強さを押し広げ、輝かせるのに適した人々と一緒にいることも重要である。(彼が)前向きで、暖かく、強く見えるような」55。

どんなテーマを伝えたいかホワイトハウスのストラテジストが決定すると、それを実施する人々が、役に立つイベントをいかにして構築するかを決める。そして実務に当たる人々がすべてを整え、企画する人、実施する人が伝えたいと思うことを広報するための映像の骨組を作る。スコット・スフォルツァ・コミュニケーションディレクター代理は、テレビ番組の制作に関わったことがあり、また、ホワイトハウスの政策立案者と一緒に勤務した経験がある。彼はその経歴を活用し、記者と政策立案者の双方がきちんと扱われることを確実なものにする。彼が言うには、「私は幾分、経験則を用いる。もしもテレビの音が消されていたとして、あなたはテレビの側を通り過ぎようとするとき、見て大統領のメッセージは何なのかわからなければいけない。もしも店の正面を通り、ウィンドーの中のテレビを見るとき、あるいは、キオスクの近くを通り過ぎるときなど、たいていの状況のもとで大統領のメッセージをぱっと見て捉えられるようにするべきである」。

特に、スフォルツァは、大統領が屋内で演説を行う際の、大統領の後にある背景幕を設計するスタッフである。カンザスシティで行われた国土安全保障に関する演説のときは「国土を守る」という言葉に消防士の横顔が組み合わさった「壁紙」が並べられた。ホワイトハウスにおいてはこのようなメッセージの垂れ幕はごくたまにしか使われない。ホワイトハウスの建物内あるいは近くの絵になる場所が好まれる。スフォルツァは自分が思う通りの映像を産み出すために、成り行きに任せることはしない。大統領の背景はテレビカメラがもっとも好む「大写し」の効果を最大限に活かすよう選ばれる。そして大統領は、「Falcon（ハヤブサ）」と呼ばれる特別な演台から演説を行う。「Falcon」といわれるのは、細い脚の上に頭部がおおいかぶさっているように見えるからである。この演台も、選ばれた背景と同様、テレビのクローズ・アップが最も映えるように造られている。

スフォルツァによると、「Falcon」は「あなたが（映像の）下の部分を見ることができるように設計されている。あなたは演台の周囲を見ることができる。そうすれば、我々のために本当にショットが撮影され、『Falcon』の後のプロセスを理解できる」。彼は続ける。「『Falcon』は非常に重要なイベントで役に立つ。写真を見ると、本当に顕著な差があることがわかる。本当にすごい結果を出している。メッセージの垂れ幕がある場所でも立派な結果を出している。垂れ幕もずっとよく見ることができる。その理由は演台が低い部分に位置するから。背景幕に本当に映える。そして、演説に影響を及ぼさない[56]」。

二〇世紀末まで、大統領が生中継でテレビ演説を行いたいと思ったとき、ほとんど選択肢はなかった。舞台として大統領執務室が使われることが多かった。クリントン大統領は在職中の八年間、議会で一一回演説を行い、これに加えて、一九回の国民に対する公式演説を行った。そのうち一五回は執務室から行われた[57]。ブッシュは、六年目である二〇〇六年の一二月一五日までに、二回の就任演説と七回の議会演説を除き、「国民に対する演説」を二〇回行った。二〇回のうち執務室で行われたのは五回だけであった。七回は、ワシントン以外の場所であった。テキサスのクロフォード、ニューヨーク、シンシナティ、アトランタ、ニューオーリンズ、ノースカロライナのフォートブラッグ、そして航空母艦[58]。残る八回はホワイトハウスの異なる場所であった。閣議室から三回、クロス・ホール（ホワイトハウスの一階にあり、イースト・ルームとステートダイニングルームをつなぐ横断廊下）から四回、そして条約調印の間（トリーティ・ルーム）から一回。

大統領に当選するまでの間に光ファイバー回線が設置されたことにより、また、クリントンのコミュニケーション活動のおかげで、ブッシュ大統領は、数分間の準備でホワイトハウスの様々な場所からテレビに生出演できるようになった。ウエスト・ウイングや南庭（サウス・ローン）やイースト・ガーデンなどの地上から。クリントンのコミュニケーション・チームはこの技術を導入する責任を負っていたが、クリントンが退任したとき、接続されていたのは記者会見室とイースト・ルームだけであった。

二〇〇一年一〇月七日、ブッシュ大統領は国民に対し、アフガニスタンのアルカイダとタリバンを標的として軍事攻撃を行うと発表した。このとき、大統領はホワイトハウスの条約調印の間から演説を行った。この部屋は、ここでマッキンリー大統領が米西戦争を終結させる条約に署名したことからこう名付けられた。ブッシュは演説を午後一時に開始した。彼の後ろには、窓を通してコンスティテューション・アベニューの真昼の車の流れが見えた。

それまでにこの部屋で大統領が演説を行うことはなかった。ブッシュ大統領とそのスタッフがここを選んだのは、彼らは、光景そのものが重要なメッセージを伝えることを感じたからであった。「大統領は、それまでとは違う方法で演説を行うことを心の底から求めた」とスフォルツァは回想した。「大統領は条約調印の間の歴史と、その部屋に関係するものすべてを享受した」。彼は背景の車の流れも求めた。「我々は世界にメッセージを発したかった。我々はここで現在なお執務を行っているというメッセージを」。

以前であれば、テレビ放送を行うには衛星中継トラックがイベント前日に到着していることが必要であったし、必要な機材を組み立てるのに相当時間を要したであろう。光ファイバーのおかげで、「一〇年前の古い方法よりもはるかに早く放送できるようになった」とスフォルツァは述べた。「こんな風にとても短いケーブル回線だ。差し込めば放送の準備ができている。特に演説に関し、テレビネットワークに通知するための時間が短くてもよくなった」。以前は一時間半前の予告が必要であったが、「放送前の一五分から二〇分に通告すればよくなった」[59]。

「いい絵を撮る」ことはいかなる政権にとっても重要である。しかし、ブッシュのコミュニケーション・スタッフは、テレビを通して国民の特定層に到達する必要性に関して、ブッシュ以前の政権のコミュニケーション・スタッフよりももっと敏感であった。インターネットが多くの利用者を惹きつけていても、テレビを見る人にとってはテレビが重要な情報源であることが多い。省庁は、ホワイトハウスと大統領が行っていることを踏まえて政策を施行しているが、これと同様に、「いい絵を撮る」という目標は省庁が大統領の政策を示す方法に影響を与えている。省庁と契約した外部機関により、国レベルだけでなく地域や地方のレベルで放映されるビデオ・ニュースの配信の仕組が設けられた。これは、新聞の報道を形作るための伝統的な努力にもとづく事業である。

「映像」はホワイトハウスが技術の進化を活用できる分野の一つである。放送される大統領の像が二〇〇二年と二〇〇六年でどう違うかをスフォルツァに尋ねたところ、彼はいくつかの変化を指摘した。「衛星の信号を送り出すことはとても簡単になっている。ビデオの編集もずっと簡単になっている。今では多くの全国ネットワーク、地方放送局が、はるかに迅速に物語を作り直すことができるようになっている。それは、編集能力や手に入るソフトウェアが進化しているからだ」。このような変化のため、スタッフは、テレビの時間を最大限得ることができるよう、全国ネットワーク、地方放送局がいかに放送するかを見積もることができなければならない。

ブッシュ大統領が、彼の政権がイラクにおける軍事行動の終結と考えていることを発表したとき、彼とそのスタッフはドラマチックな場所でそれを行った。ビデオ技術の進化により、彼らは太平洋を航行中の米海軍航空母艦エイブラハム・リンカーンから生放送を行うことができた。かってはできなかったことであったとスフォルツァは述べた。太平洋を航行するときは、伝送が「必ずブラック・ホールに吸い込まれる」ためであった。エイブラハム・リンカーンのイベントに、ブッシュ大統領は海軍のS−3B艦上対潜哨戒機「ヴァイキング」で着陸した。技術の進歩により、鮮明で安定した信号により、大統領の到着と夕暮れ時の演説を伝送することができた。「このとき、新技術としてSea-Tel社のアンテナを初めて使った。このアンテナは移動中でもＫｕ帯の衛星信号を捉えることができる」。このことが意味するのは、サンディエゴに向けて航行中、すべての報道機関にロスなく信号を伝送することができるということであった。

米海軍エイブラハム・リンカーンのイベントは問題も示した。コミュニケーション活動がイベントの技術面にすっかり夢中になると、もっと大きなコミュニケーション問題を見逃すおそれがあるということである。ホワイトハウスはブッシュ大統領が演説を行うときに使う、垂れ幕の代わりのサインボードを作った。そのサインボードには「任務完了」と書かれていた。スフォルツァは、サインボードを作ることとなったのはエイブラハム・リンカーンの艦長の依頼によるものであった、と述べた。艦長は、乗員が一か月間海にいたので、このボードを求めたのであった。大統領を批判する人は、このボードをイラクにおける戦争は終了したという、現実とはまったく異なることの大統領声明と見なした。スフォルツァは、ボードが「一人歩きした。今日でも、彼らは『任務完了』演説の記念日のようにボードを利用している」と述べた。大統領は戦闘の終了を宣言するようなことに乗り気ではなかったが、ボードは、大統領が宣言したことを示すようにとられた。コミュニケーション・スタッフは「イメージは真実すら覆すことがある」ことを学んだ[60]。

予期せぬ事態や選択した政策を説明する際の困難

ブッシュのホワイトハウスは、長期計画を必要とする状況やそれに見合ったイベントを構築する状況においてで本領を発揮した。予期せぬ状況に対応する場合には、コミュニケーション活動は決して成功と言えるものでなかった。このことは、チャンスを示す状況や、対応する必要がある批判が浮上する状況にも当てはまった。さらに、一定の政策分野においては一連のイベントを行っても政権にふさわしい評判は得られなかった。特に、ブッシュ大統領は、強い経済に対して国民からの評判は得られなかった。彼のアフリカ政策に関しては、アフリカ系米国人のコミュニティですらほとんど注目を示さなかった。

リビアが大量破壊兵器プログラムを廃棄したとき、ブッシュのコミュニケーション・システムは真の勝利を利用することに失敗した。二〇〇三年一二月一九日、ブッシュ大統領は午後五時三〇分に記者会見室に登場した。そのとき、リビアの指導者であるムアンマル・カダフィ大佐が核、生物、化学兵器を廃棄することと、国際査察を受け入れることに同意したことを発表するために一〇分間が予定されていた。この同意は英国と米国の努力の結果得られたものであり、「米国をもっと安全に、世界をもっと平和にする」ものとなるだろう、とブッシュは宣言した[61]。

実際のところ、これが素晴らしい同意であることは民主党ですら理解していた。クリントン政権で防衛次官補として勤務したアシュトン・B・カーターはニューヨーク・タイムズにこう語った。「米国がイラクで行ったことが、米国は拡散防止に本気で取り組んでいるという警告をリビアのような国々に与える効果となることを、人々が希望しているのは確かである[62]」。この同意は本当に重要であったが、同意が得られたことについて政府は称賛をほとんど求めなかったし、得られなかった。勝利についての広報はほとんど行われなかった。その理由は、記者に対する事前予告や、物語の報道を促すホワイトハウスの補足記者説明がなかったからであった。悪いニュースに対するのと同様、ホワイトハウスは作業計画を立てていなかったニュースに対応するのは苦手であった。

コミュニケーション・チームは問題が大きくなっていることに気付くのも不得手であった。二〇〇四年の大統領選において、ブッシュ大統領は、彼の在任中に生じた主要問題の一つとして企業の社会的責任に一貫して言及した。しかし、二〇〇一年にエンロンが破綻し、続いてワールドコムが破綻したとき、ブッシュ政権は企業の社会的責任の問題がいかに重要であるかをなかなか理解しなかった。また、しっかりとした実績がある政策にもかかわらず、効果が現れるまで時間がかかるために大統領が評判を得られない事項もある。

二〇〇一年秋のエンロン破綻から数か月間、新聞記事やテレビのニュース番組は、問題の深刻さについて詳しく報道した。例えば、企業関係者がホワイトハウスと持っていたコネクションなどである。ワシントン・ポストに一月に掲載された「エンロンの影響は政権中枢に達していた：関係は人と政策に影響した」などの記事は、その後、随分後になってから回答が行われるまで質問が放置されたままであった[63]。七月に大統領がそのことについて話した時には、成功のためにジャンプする高さを示すバーはかなり上まで上がっていた。大統領のウォール・ストリートでの演説後、最初の日の記事は、大統領の弁舌に関するものが多かった（「企業の不正に対するブッシュの取り締まりは新しい時代を示唆する」）。二日目と三日目の記事は、演説が、実効的な強制メカニズムに欠けているとするものが多かった（「いかにして、明確な戦略がすっきりしない結果を得ることになったのか[64]」）。八月、彼は、テキサスのウェーコで開かれた企業問題に関する一日の会議で、この件について再び発言した。

大統領を守る

動きの速いニュースサイクルの中で活動することはブッシュのホワイトハウスが得意とするところではなかった。ダン・バートレットは、ニュースの速さに対応するのは民主党がはるかに上手である様子を描写した。「このことを表現するのに一番の方法は、毎日の周期の中で、民主党は言わばデイ・トレーダーであり、共和党はもっと長期の投資家である。民主党は、我々よりもはるかに上手にニュースサイクルを扱う。彼らは柔軟で、素早い[65]」。ブッシュ政権のコミュニケーション活動は、計画と調整という強みを持っていた。彼らは政策課題を設計し、その政策課題を堅持した。そのかわり、大統領を守るような彼らが集中している課題以外についてはあまり時間を費やさなかった。

三年後の二〇〇六年秋、バートレットは、彼の意見は進化したと述べた。デイ・トレーダーか長期投資家かということに関し、「二者択一ではいけない。混成でなければならない。このニュース環境の中で、自分のメッセージについてもっと統制がとれていなければならない。そうでないとあなたのメッセージは拡散し、決して相手に浸透しない。このことを今でも私は強く感じる。ニュースのチャンネルやメディアの種類が多ければ多いほど、インターネットであろうと他の何かであろうと、集中し、統制がとれ、メッセージがぶれていないことがますます重要になる」。速いニュースサイクルには良い面もある。良い物語と同様、悪い物語もすぐに燃え尽きることになるからである。「物語の燃え尽きる速度は、大変速い」と彼は述べた。ニュースサイクルがさらに速くなっている環境において、「私は、その日のニュースにもう少し柔軟に対応しないといけないと思う」。彼は、二〇〇六年一〇月中旬に、学校での銃乱射事件が何件も大々的に報道されたときの政府の対応を例に挙げた。彼は、政権の最初の数か年との違いに言及した。「第一期のブッシュ政権であったなら、四日間で急旋回し、何かを集め、銃器の安全な取扱いについて会議を開催することは恐らくできなかっただろう。今回、このように我々が行動したという事実は、ニュース環境への対応について我々の考えが進化していることを示す」。流れているニュースに対して、彼らは、「少し関心をもとうとするようになったし、また、ニュースを形作るために少し積極的に関わるようになった。水曜日に大統領は記者会見を開いた。我々は(多くの)記者会見を開くようになっている」と彼は述べた66。

政権の多くにあてはまることだが、ブッシュ・チームも苦い経験をして教訓を学んでいる。あるとき、彼らは問題への対応が遅かったため大きな犠牲を払った。ブッシュのコミュニケーション・チームが大統領を守る際のうまく対応できなかった課題の一つに、二〇〇三年の一般教書演説における大統領の発言の正確さの問題があった。大統領は、サダム・フセインがアフリカでイエローケーキ状のウラン精鉱を買い求めようとしたと述べた。「英政府は、サダム・フセインが最近、アフリカから相当量のウランを入手しようとしたことを知った」(The British government has learned that Saddam Hussein recently sought significant quantities of uranium from Africa[67])。大統領とそのスタッフは、不正確な情報を発表したと認めることは避けたかった。この論点は重要であった。というのは、サダム・フセインはどんな種類の武器を保有しており、買おうとしていたか、という、より大きな問題の一部になったからであった。

二〇〇三年夏、大統領の発言の正確さに疑問を投げかけるメモが明るみに出始めた。始めは、ＣＩＡ長官のジョージ・テネットが誤りの責任を認めた。彼は「その箇所を削除するようＣＩＡが明確に要請するべきであった」と述べた。しかし、同時に、ＣＩＡはホワイトハウスも誤りだという認識を共有していたというメッセージを発出した。ワシントン・ポストは同じ記事で「ＣＩＡ長官は、疑問の余地がある情報をブッシュ演説の原稿に盛り込むよう提案したのは国家安全保障会議のスタッフであったことを明らかにした。イラクがニジェールからウランを購入しようとしたと言われていることについて、ＣＩＡと国務省が既に疑問をはさみ始めていたにもかかわらず、である」と伝えた[68]。

記者はアリ・フライシャー報道官に対し、記者会見室で、誰の責任なのかという質問を来る日も来る日も浴びせていた。その後、夏に行われた彼の最後の記者説明でも、一般教書演説の「16語」として知られるようになった問題に関する質問が多数を占めた[69]。この問題が最初に現れてから数週間後、ホワイトハウスの高官は毎日の記者説明からこの件を除外し、この件に関する三〇分間の記者説明で政権高官が質問を受け付けることを決めた[70]。彼らは、この問題を論じた国家情報評価の該当するページを配布した。それでも流れを止めることはできなかった。

結局、四日後、スティーヴ・ハドレー国家安全保障問題担当補佐官代理が、広報担当補佐官のダン・バートレットと一緒に行った記者説明の中で、責任を負った。記者説明で、彼らは「イラクがアフリカでウランを購入しようとしたという同様な主張を削除するよう、昨年一〇月、ジョージ・J・テネットCIA長官が政権に重ねて求めていたことを示す、それまで知られていなかった二通のメモの存在を明らかにした[71]」。その後、この問題は目立たなくなったが、数週間の間、ホワイトハウスの記者発表に影響を与えたのであった。

結局、一般教書演説事件をめぐってはしこりが残り、ホワイトハウスと記者の間の関係に影響した。記者は、ホワイトハウスが売ろうとする「製品」にうんざりした。二年後の二〇〇五年一〇月、ある日の記者説明で、この問題が登場した。スコット・マクレラン報道官は、その日行われていたブッシュ大統領イラク演説に関連してたくさんの質問を受けた。ニューヨーク・タイムズのホワイトハウス特派員であるデーヴィッド・サンガーは、テロリストが攻撃を試みたが治安部隊が阻止したことが一〇回あるというブッシュの表現についての根拠は何かマクレランに尋ねた。サンガーは、「少し前の『16語事件』の後、我々はいつもより、演説に伴う補足情報を見ることにも心を砕くようになっている。信用維持の問題として、(テロ行為事件に関する)説明の少なくとも概要を手に入れられればよいであろう[72]」と述べた。

ウラン問題に深く関連することとして、大統領の側近であるカール・ローヴと、チェイニー副大統領の首席補佐官を務めるルイス・リビーとが、CIA工作員のヴァレリー・プレイムに関し、マシュー・クーパー、ジュディス・ミラー、ロバート・ノヴァックという記者に言ったことをめぐる問題があった。来る日も来る日も、この件に関してホワイトハウスの他の担当者が言ったこと、行ったことの信頼性を保証するため、報道官は追い詰められた。また、大統領の州兵時代の記録を公開するように、あるいは、チェイニー副大統領が友人を誤射したウズラ狩りの際の事故についての質問に答えるように、その他の記者の要求が毎日浴びせられた。結局、これらの記者説明で正確な情報が出てこないことがスコット・マクレランの信用を傷つける主な原因の一つとなった。

同盟国情報拠点

ブッシュのホワイトハウスは、防衛のための行動計画を立て、外交問題に対応した。ホワイトハウスは九月一一日以降の数日間に、緊急即応チームを試行した。タリバンがパキスタンのイスラマバードの拠点から反米国の声明を発しており、これに対抗するため行動計画を設けたときであった。最初の取組が、同盟国情報拠点に関する行動計画であった。この行動計画がもはや不要と思われるようになると、大統領とコミュニケーション・スタッフは、ホワイトハウスの恒久的な行動計画を展開した。この行動計画は、米国の行為に関する誤った主張に対抗するため、また、アラブ世界に対する特定の関心事項がうまくいくように立案された。

九月一一日以降、アフガニスタンや他のイスラム諸国における広報対応が米国にとって決定的に重要となり、このため、ブッシュ政権は同盟国情報拠点を設け、政権のコミュニケーション活動を世界的規模のものにした。その目的は、アフガニスタンや周辺諸国からの情報に同じニュースサイクルで対応することであった。九月一一日の攻撃のとき、メディア問題室の責任者であったタッカー・エスキューはロンドンに行き、トニー・ブレア首相のスポークスパーソンであるアラステア・キャンベルと協力して新しい広報の取組について調整を行った。この計画は攻撃・防御の活動を含んでおり、米政府と同盟国はタリバンを始めとする敵と同じニュースサイクルで、ニュースを流し、対応するというものであった。

エスキューは既存のコミュニケーション活動を拡大する理由を説明した。「アフガニスタンの爆撃が開始されてからというもの、我々はニセ情報、誤報、まったくの嘘に苦しんでいる。これは主としてイスラマバードに駐在するタリバンの広報官によるものである」と彼は述べた。彼の説明によると、ブレア政権のスタッフがホワイトハウスに対し、米国はニュースサイクルで遅れをとっていると述べた。「我々はもっと積極的に、迅速に対応し、世界的なニュースサイクルの中で自分たちを擁護し、そして、イスラマバードの朝とワシントンDCの朝の一〇時間の経過を放置しないよう迅速に行動することの必要性を理解していたと私は思う」。ひとたび議論が始まると、「アラステア(・キャンベル)とカレン(・ヒューズ)は、もっと効果的、迅速に対応し、また、米政府内の省庁間、同盟国の政府間の情報資源が調整されることを目的とした同盟国情報拠点という考えを急いでまとめた。こうして、ホワイトハウスで記者説明が行われ、同様に(ダウニング街)一〇番地で記者説明が確実に行われる、ということになった」。

タリバンがイスラマバードで行っている記者説明による広報に対抗することが課題であった。このため、キャンベルとヒューズは、記者説明を行う者をイスラマバードにおくことを決めた。「我々はこうしなければならなかった。記者はタリバンの情報官から説明を受けているからであった。作戦は大変成功し、タリバンをアフガニスタンからほとんど駆逐し、さらに、イスラマバードから追い出した。メディアのすべてに対応する必要は幾分減ったが、依然として国際的メディアや地域メディアに対応する必要があり、これらのメディアは陰謀論に影響を受けていたり、ある意味しばしば反米的であった。そこで、一一月、一二月を通して、何度も定期的に、事実上は毎日、記者説明を行い、いくつかの物語を論破した[73]」。

同盟国情報拠点が設けられて四か月後、より長期的な活動を行うために同拠点は解散された。同拠点が行っていた受け身の活動よりも、政権の見解をもっと総合して広報するためであった。同拠点は国際コミュニケーション室(global communications)に引き継がれた。

初期の望みと壮大な期待にもかかわらず、国際コミュニケーション室は、相当量のメーリング・リストに対して政権に好ましい情報を含んだｅメールを毎日送ることくらいしかせず、ほとんど何もしないまま二〇〇五年までに終わった。概して、一通のeメールに二つの情報が入っていた。一つは「今日の事実」であり、アフガニスタンやイラクにおける進展についての事実や逸話が含まれた。もう一つは「国際メッセンジャー」であり、大統領演説の引用を楽観的な戦争報告と一緒に掲載していた。例えば、二〇〇五年三月一一日、国際メッセンジャーの部分は、イラクの状況に関する国防総省、国務省の見解に関する情報を提供した。一つの項目は、「ブッシュ大統領とそのカウンターパートは、イラクについて頁をめくっただけでなく、新しい章を書いたのであった。二六のNATO同盟国すべてが、現在、イラクにおけるNATOの訓練任務に貢献している[74]」。二〇〇五年三月一八日、メッセージは突然止まった。国際コミュニケーション室の室長、室長代理は、他の任務に就くため去った。組織は国家安全保障会議に静かに移った。国際コミュニケーション室を設置する大統領令一三二八三号は、二〇〇三年一月二一日に署名され、二〇〇五年九月三〇日に正式に破棄された。

同室の廃止はカレン・ヒューズのブッシュ政権への復帰と同時であった。コンドリーザ・ライスがジョージ・W・ブッシュの第二期政権始めに国務長官となり、カレン・ヒューズは三年ぶりにワシントンに戻り、広報外交担当国務次官の職に就いた。彼女の仕事はイスラム世界における米国のイメージを改善することであった。広報担当補佐官のニコル・ディヴニッシュ・ワラスが示唆したことは、ホワイトハウスの国際コミュニケーション室が海外での米国のイメージに責任を持って以来、この取組が不必要なまでに重複しているおそれが十分あったということである。政権はイメージに関する機能を移動したいと考えた。「私は、ライス長官がこの仕事は国務省にとって重要であると考えたのだと思う」とワラスは述べた[75]。ライス長官は、ヒューズの任命を発表したとき、彼女の任務の概要を述べた。「カレン・ヒューズほどこの仕事に適している人物は他に考え付かない。彼女が行うのは、米国の物語を世界に語り、米国と世界の対話を豊かなものにし、世界にとって普遍的な価値を推進するという仕事である[76]」。イスラム社会において理解と信用を構築することは、カレンの前任者たちと同様に、カレンにとっても難しいことであった。彼女が国務省に来る前に、ＰＲ関係の実業家であるシャーロット・ビアーズ、ジョージ・Ｈ・Ｗ・ブッシュ政権末期に広報担当補佐官を務めたマーガレット・タトワイラーが広報外交の領域を管理しようとしたが、彼女らにとって難しい仕事であった。これまでのところカレン・ヒューズにとっても勝利を見つけ出すことは同様に困難なものとなっている。

ホワイトハウスの成功を測定する

コミュニケーションの努力

コミュニケーションの成功について測定する方法は、ある意味で、どの政権にとってもだいたい同じようなものである。クリントン政権であろうとブッシュ政権であろうと、スタッフは報道論調を知るためにテレビの夜のニュースを見たり、録画し、新聞・雑誌の物語を評価し、ホワイトハウスのコメント・ラインに寄せられた大統領宛の電話やｅメールの要約を得る。望んだとおり報道されているか？　新聞はどんな記事を伝えているか？　大統領とその政策について世論調査は何を語っているか？　政権と別組織による世論調査の結果は？　「我々はさまざまな意見や活動結果のすべてを見ようと試みるし、我々のメッセージがある程度まで浸透しているかどうか、編集協力が不足していないか、を判断する」とダン・バートレットは述べた。クリントン政権もブッシュ政権も、国民に届くプロセスとは、対立するメッセージがごちゃ混ぜになっているところを「突き抜ける」ことであると見ていた。そのごちゃ混ぜのメッセージは、議会において大統領に反対している人、利益団体を代表する個人を含む、政治システムの内外の者が発信しているものである。

彼らの取組の成功度合の評価は、大統領とそのチームがコミュニケーション活動を行っているのが選挙運動の周期か政権運営の周期かによって異なる。ダン・バートレットはその違いを、彼らが取り組んでいるときの視野の範囲と、彼らの目標の性質とが異なると説明する。選挙運動のときの視野の範囲は、投票日である。「あなたのコミュニケーションの目標は私が言うところの三メートル前の標的である。目標はあなたの真正面にある。あなたはできるだけ多くのニュースで扱われるよう努めるようになる。あなたは敵と闘い、競争する。あなたは一定のニュースサイクルにおいてできるだけたくさんの勝利を積み重ねようとする」。政権運営のときの成功の評価はもっと異なる。なぜなら政権運営のプロセスは、日々の勝利や敗北と結びつかない。「統治におけるコミュニケーションはもっと長期的視野を持つ」とバートレットは述べた。「ある目標を遂行しようとするとき、その目標が法律を施行すること、一定期間をかけて世論を動かすこともあれば、あるいは大統領の任期よりも長期のこともある[77]」。

選挙期間中、評価はもっと具体的である。その日勝利したか？　ブッシュ大統領の再選キャンペーンのときに広報を総括していたニコル・ディヴニッシュ・ワラスは勝利と敗北の毎日の周期を説明した。「カール（・ローヴ）は夜八時頃、毎日の終わりに電話をかけてきました。一日の最後ではないがネットワークのニュースが終わってから。そして、『我々は今日、勝利したか？』と言うのです」と彼女は述べた。「毎日、誰かが他の誰かより数インチ前にいる。修辞的なディベートや、世論調査や、各州で得ている人気に関して[78]」。ネットワークのニュースは一日の周期の最後であり、始まりは朝の日刊紙である。彼女が追っている新聞には、ワシントン・タイムズの五大全国紙が含まれ、他に三〇の地方紙とテレビ市場を追っていた。ニューヨーク・タイムズ、ウォール・ストリート・ジャーナル、USAトゥデー、ワシントン・ポスト、

地方テレビ放送における成功の評価に関し、技術の発達のために成功を測ることがかつてより簡単になっている。情報を集約し、ホワイトハウスの政治・コミュニケーションのスタッフに対して送付することは地方の人に

依存しなければできなかったが、今では、放送後、全米中の地方のニュース番組を追うことが可能になっている。今日、ホワイトハウスはShadow TVを利用している。Shadow TVはキーワードや放送日時ごとにテレビを検索し、録画する能力を持つ民間企業である。インターネットを通じ、即座に視聴し、接続し、ビデオ資料をeメールで送付できる。Shadow TVはあなたが与えたキーワードにもとづき、生放送や録画から重要な記事や広告を探しだすことができる[79]。また、Shadow TVはビデオの該当部分や場面の原稿をeメールで送付する。「Shadow TVをはじめ似たようなサービスがあるので、地方の放送を取り出したり、地方の市場でのニュースがどのようなものであったかを知ることができる」とスコット・スフォルツァは語った。彼はホワイトハウスのためにテレビ番組の制作を行っている[80]。

成功を測定するもう一つの方法は、ある特定の日にコミュニケーション・スタッフが大統領のメッセージを何人の人々に届けたかを集計することである。ラジオを例にとると、「ラジオ番組の数を足し合わせる。番組はそれぞれ聴取者がおり、我々はその数を知っている。ショーン・ハニティ（訳者注：政治評論家）は数百万人が聞いているし、NPRはいつでも数万人が聞いているし、そしてこれらをすべて足す」とバートレットは語った[81]。「例えば、『この日、我々は少なくとも二千万人以上の、あるいは三千万以上の人々に到達した』とする。これだけで、我々にとっては成功を測定する方法となる」。ラジオはバートレットが言うところの「長期利益」をもつ。というのは、トーク番組の司会が政府高官にインタビューすると、それから数日間、そのインタビューに言及することがあるからである。

ホワイトハウスのコミュニケーション活動を調整する

コミュニケーション・スタッフは、民間セクターから採用された援助者の協力を得て、ホワイトハウスの広報活動を他の政府機関の広報活動と調整する。ホワイトハウスを起点に、彼らは制作物を政府の省庁、議会や州、地方の協力者と調整する。利益団体は政府の取組を支援し、ホワイトハウスと一緒に特定の支持層、報道機関、他の経路に政策を展開する。

首席補佐官

アンディ・カード首席補佐官は二人の補佐官代理と、自由度の高い官職に就いているカール・ローヴ上級顧問、カレン・ヒューズ法律顧問とともに、システムを整えた。スタッフ・メンバーは具体的な任務と責任を負っていたが、ローヴは何でも屋であり、政策、政治、広報の三分野にわたって活動できた。カードのシステムでは、ローヴ以外のメンバーは一つの分野で働き、三つともということはなかった。

カードはこのシステムを、「分担管理」システムと表現した。「私の仕事は、スタッフ長(chief of staff)であり、このため、スタッフ組織について責任を有する。私はスタッフ組織(staff)に責任を持つ一人のスタッフ(staffer)に過ぎない」。カードはスタッフ組織の情報共有に関し、個々のスタッフ・メンバーが行うことについて互いに関係があるとカードが決めた情報だけを共有することが基本だと説明した。「まず、私はスタッフ組織の人々と良好な関係を持ちたい。しかし、情報共有は、『知りたい』ではなく、『知る必要がある』ことが基本である。そして、テロとの闘いが始まった直後、私は上級スタッフ全員と話をして、『知る必要がある』と『知りたい』について厳しく統制するつもりであることを説明した。誰もが皆すべてを知りたいだろう。私はあなた方に、自分を律し、次のことを認識するようお願いする。あなた方に伝えられるのは、知る必要があることだけである。もしもあなたが私のところに来て、他の何かを知る必要があることを主張するなら、それが本当に必要なら、あなたには知らせる。しかし、与えられた任務に集中してほしい。あなたがやりたいと思うことに立ち入ろうとするのではなく[82]」。「知る必要がある」ことを強調したシステムにより、人々は与えられた課題だけに取り組んだ。このことは、広報分野においては、大統領のメッセージを構築し、前進させることを意味した。

このシステムは、スタッフの任務の重複を避けるという観点からは効率的であったが、いくつか重要な課題に関し、大統領を含め、スタッフが予期しないことで驚かされるシステムであることが判明した。重要課題には、法案の状況、辞職、指名人事の障害、そして計画に関する問題が含まれていた。このシステムは、大統領の優先事項についてメッセージを発出することには効果的であった。しかし、ホワイトハウス内外の問題に気付くことが困難となっていたのであった。明確な警告があったにもかかわらず、システム上に上がらなかったため、ホワイトハウスにとって当惑する二つの大きな問題が発生した。一つはバグダッドのアブグレイブ刑務所における囚人の状況、もう一つは、ドバイ・ポーツ・ワールドによる米国のいくつかの港でのコンテナ作業の管理請負を政府が許可したことである(6〜8頁参照)。アブグレイブの実態に関する国際赤十字の詳しい報告が、ホワイトハウスの国家安全保障会議まで到達していたのに、大統領レベルまで上がらなかった。どちらの状況も重要な問題であり、できるだけ早期に扱われるべきであった。

バグダッドのアブグレイブ刑務所における米国人看守の捕虜虐待の実情を国民が知ったのは、二〇〇四年四月二八日のCBS番組、60ミニッツⅡにおいてスコット・ピースが紹介した写真からであった。ホワイトハウスも同様であった。「私が知る限り、ホワイトハウスのスタッフ全員は、60ミニッツⅡで放送されてからこのことを知った」とスコット・マクレラン報道官は述べた[83]。ホワイトハウスは、画像によって既に形成された非常に悪い話に追いつこうとしている状況であった。この画像により、国民は、米国人看守がイラク人捕虜に屈辱を与えているのを見た。コミュニケーション・スタッフは放置されており、赤十字の国際委員会による二四ページの報告書の記述に国家安全保障会議のスタッフが気付いていたにもかかわらず、どうして大統領は状況を知らなかったのか、説明することが求められた。報告書には、申し立てられた拷問技術がどのようなものかを描写する図も含まれていた。

大統領の側近は、ワシントン・ポストの記者であるマイク・アレンに対し、虐待の「画像のイメージ」は「大統領をあぜんとさせた」と述べた[84]。囚人虐待のひどさについて大統領が知っていようがいまいが、このことは悪い話であったろう。しかし、問題に非常に遅く着手したことにより、大統領とホワイトハウスのチームは、記事に反応するほか手がなかった。そして記事は他者により既に形が造られていた。システムが基本的に大統領を失敗させた。「ホワイトハウスのスタッフは、驚くことがないようにするためホワイトハウスにいるのである」とレーガン政権で、コミュニケーション担当の上級顧問を務めたトム・グリスコムが指摘した[85]。

統治機構の他の部分における問題もホワイトハウスを驚かせた。証券取引委員会のハーヴェイ・ピット委員長が、追い詰められ、辞表を提出したとき、ワシントン・ポストは「ホワイトハウス筋は、タイミング的には驚いたが大変ほっとしたと述べた」と報じた[86]。メリーランド州のクリストファー・ヴァン・ホーレン民主党議員が提出した競争的アウトソーシングを修正する法案が下院を通過したとき、行政管理予算局のクレイ・ジョンソン副長官は、この法案についてワシントン・ポストに述べた。「ジョンソンは、ヴァン・ホーレン修正案は政府を驚かせたことを認め、また、彼は、職を得るための競争をめぐる議論が『多くの誤解とさまざまな間違った情報』のもとに行われていると述べた[87]」。ヴァーモント州のジェームズ・ジェファーズ上院議員が共和党から無所属に移ったとき、ホワイトハウスは驚いたと言われている。また、国連大使にジョン・ボルトンを指名することに、オハイオ州のジョージ・ヴォイノヴィッチ共和党上院議員が反対したときもホワイトハウスは驚いた。

行政府の省庁を調整する

ホワイトハウスがどのようにして行政府の部局と協力して仕事を行っているかを検討することにより、ブッシュ政権でどういった調整が行われているかを見ることができる。行政府内の調整はいくつかの要点を含む。二〇〇五年の社会保障の論争において政権の人々が動員されたことを前に見たが、大統領が計画を国民に伝えるとき、大統領とそのスタッフは、関係省庁の幹部を利用する。大統領と閣僚のこのような出演はあまり効果がなかった。

社会保障の論争や他の課題に関し、ホワイトハウスは行政府内のコミュニケーション・チームを利用した。行政府のどの機関にもコミュニケーション・チームがあるため、様々な省庁の広報に関する職への任用をコントロールし、行政府のコミュニケーション・スタッフとホワイトハウスの高官を調整し、そして、省庁から発表される声明が政府の計画や大統領の目標と合致することを確認するのであった。

ブッシュのホワイトハウスが初期に決めたことの一つは、省庁レベルのいくつかの人事を上級スタッフがコントロールすべきであるということであった。広報関係はホワイトハウスが総合的にコントロールしたいと考える五官職の一つであった。その五官職とは、長官、副長官、議会担当、法律顧問、広報担当である。誰が広報担当官として勤務するかをコントロールすることは、記者説明をホワイトハウスに結び付けてホワイトハウスのスタッフが満足できるということかと問われ、カードは答えた。「そうだと思う」。広報の人間がホワイトハウスのテーマと関心を知っていることを確かにするために、「閣議を構成する省庁のすべてのコミュニケーション・チームから毎朝電話がある。そして、ジョシュア(・ボルテン政策担当次席補佐官)は政策通のスタッフと、(大統領法律顧問の）アル・ゴンザレスは弁護士（訳者注：各省庁の法律顧問の弁護士）と連絡をとる。ホワイトハウスとの関係を務める人々は非常に重要である[88]」。このように、政府全体でメッセージの一貫性を設けるという意味で、コミュニケーションもホワイトハウスと省庁を結ぶ取組の一つであった。毎日の電話に加え、ホワイトハウスのコミュニケーション・チームはルーズベルトの間で定期会合を開き、省庁の広報担当官と一緒に政府のプログラムや計画を議論する。

省庁の広報取組に対してこのように管理することの目標は、政府の人員を最大限利用し、調整されたメッセージと取組を確保することである。最近の政権はすべて同じように試みている。しかし、ジョージ・W・ブッシュ政権はそれ以前の政権と比べてより多くの人員を特に広報分野に進んで投入している。ニューズデーのトム・ブルーン記者によると、二〇〇〇年九月から二〇〇四年九月の間に、「人事管理庁の統計によれば、行政府の省庁で、広報担当官の数は九％増加し、四三二七人から四七〇三人となった。この間、連邦政府の公務員数の増加は六％であった」。さらに、コスト意識と予算管理が問われているにもかかわらず、広報予算は増加した。「記録では、広報担当の人件費は五千万ドル以上増加し、二〇〇〇年の二億七九〇〇万ドルから二〇〇三年には三億三二〇〇万ドルとなった。二〇〇三年が数字が入手できる最新の年である[89]」。

ブッシュ政権は第二期になると、広報担当官の活動に対する批判に直面した。広報担当官は必死になるあまり、大統領のメッセージの一貫性を強制しすぎていると見られていた。海洋大気庁、米国地質調査所、航空宇宙局で勤務する科学者は、政府の取組により彼ら自身の発見の公表が妨げられていることに公然と苛立っていた。その一つに、地球温暖化問題がある。ワシントン・ポストは、科学者が「メディアの取材はすべて、政権スタッフの承認を得ることが必要であり、二〇〇四年夏までこんなことはしなくてよかった、と述べている」と報じた[90]。海洋大気庁の職員であるケント・ラボルドは、インタビューの了解を得る方針は前からあり、彼らはこの方針を推進しているだけであると述べた。「この方針は常に存在したが、実施されていなかった」とラボルドはワシントン・ポストのジュリエット・エイルペリンに述べた。「上層部が、何がメディアに登場するかを知ることは重要である。というのは、大きな影響があるからである。どんなことが書かれるか、放送されるか、上層部は論調を知る必要がある」。

他の科学者は記者との接触の監視について公然と不満を述べた。航空宇宙局の場合、科学者のジェイムズ・ハンセンが二〇〇五年は記録上最も暖かい年かもしれないことを示唆する情報を同局のウェブサイトに掲載したところ、「事前に政権のチェックを受けていないからという理由で[91]」削除するよう言われた。やがて議会民主党が議論を始め、批判的記事が見られるようになった。

広報担当官が、大統領のメッセージと一致するメッセージを伝えるだけでなく、省庁は、特定のプログラムを展開するための広報契約の締結を推進した。いくつかの契約は政権にとってトラブルとなった。さまざまな省庁の優先事項や活動を監視する責務を担う議会委員会と、長い間、軋轢のもととなっており、このような省庁の行為は非常に怒りをかったので、一部の行動は終わらせざるを得ないと大統領本人が感じた。

ブッシュ大統領は、テレビ・ラジオの番組司会者との政府契約について反対であることを表明した[92]。司会者はお金をもらって放送していることを公言せずに、政府の政策を推進していた。もっとも激しく批判されたのは、保守的なトーク番組の司会者であるアームストロング・ウィリアムズとの契約であった。ウィリアムズは教育省から二四万ドルをもらって、政権の「一人の子供も取り残さない」事業を宣伝していた。彼はテレビやラジオに出演してその事業を論じることもあった。彼は政権の事業を宣伝するとき、政府から支払いを受けていることを決して言わなかった[93]。グレッグ・トッポがUSAトゥデーでウィリアムズの契約の存在を明らかにした後、テレビ、ラジオで評論家として活躍するマギー・ガラハー、マイケル・マクマナスとの契約も破棄された[94]。その後、大統領はメディアの司会者に対する支払行為をやめることを求めた。

エドワード・ケネディ上院議員（民主党、マサチューセッツ州）、フランク・ローテンバーグ上院議員（民主党、ニュージャージー州）が会計検査院に依頼して作成された報告書によると、アームストロング・ウィリアムズへの支払いは違法であり、一方、マギー・ガラハーとの契約は許容されるものであった。教育省はスポークスパーソンのスーザン・アスプリーを通じ対応した。「過去六か月述べているように、今回の件は愚かで、間違っており、軽率であった[95]」。

テレビ、ラジオの司会者との契約に加え、省庁の中にはテレビ局のためにビデオテープを制作、配布することに出資しているところもあった。そのビデオテープはニュース記事に見えるよう制作されていた。地方のテレビ局に送付されたビデオテープは制作者を特定していたが、テレビ局がそのビデオテープを編集し、最初に政府が制作したものであることを削除することがあった。その結果、そのフィルムが政府の制作によるものだと視聴者はまったくわからないのであった。国家薬物取締政策局、保健福祉省で見つかったこのような事業について、会計検査院長は批判した。会計検査院は報告書の中で、法律で定められているプロパガンダ禁止に言及した。「テレビを見ている視聴者は、政府についてのテレビ・ニュース番組で見た物語が、実際には政府により準備されていたことを知らなかった[96]」。しかしながら、ビデオのニュース配信は依然として続けられた。その理由は、大統領とそのスタッフは、彼らは情報の発信源を明らかにしていたと判断したからである。政府職員は、過ちがあったとするならそれは地方テレビ局であり、政府に責任はないと論じた。

省庁の人員を大統領の政策課題のために展開することに加え、省庁の広報担当官を支配することにより、大統領とそのスタッフにとって、省庁の広報が大統領の目標よりも閣僚の目標を優先することを回避できるようになる。このような支配を行う際は、選挙戦で働き、大統領とその目標に対する忠誠心を実証している人々を省庁に置くことを基礎にすることが多い。第一期ブッシュ政権で国防総省の広報担当官を務めたトリー・クラークは、ジョージ・H・W・ブッシュとジョージ・W・ブッシュの大統領選に従事していた。マインディ・タッカーは、二〇〇〇年の大統領選結果が争われたため、フロリダに移動して作業していたことがあるが、司法省の広報業務に配置された。第二期には、数名のスタッフがホワイトハウスから出て省庁に向かった。ホワイトハウスの報道官代理であったクレア・バカンは商務省に、チェイニー副大統領室のジェニファー・ミラーワイズ・ダイクはCIAで広報の職に。大統領や副大統領に忠実な人物を送り出すことにより、政権は省庁から発表されるメッセージがホワイトハウスのメッセージと共鳴することを確実なものにした。

組織構造において分担管理が決定的な要素である中、広報は重要な分野横断的な力である。「広報が重要なのは、このことにより人々は優先事項、メッセージに専念できるからである」と元首席補佐官のジェームズ・ベーカーは述べた。「広報により、人は自分の領域に専念できる。閣僚が脱線したり、あるいは、何かをして、その結果、他の人の物語を破壊したり、競争したりしなくてすむ[97]」。

ブッシュのコミュニケーション活動の強みは、第一期においては優先事項を定め、先のことを計画し、政府内の部局で調整を行う能力であった。大統領とそのスタッフは自分たちが話したいことに集中し、また、それが大統領の言葉でニュースになるようにした。第一期にあまり成功しなかった分野は、予期せぬ状況や、大統領への批判への対応の仕方であった。どちらについても、状況をすぐに調査することができるスタッフと迅速な対応とを必要とする。そして、調査に対応するコミュニケーション・チームを任命することにより問題に対処する能力が必要となる。ホワイトハウスのコミュニケーション・チームは、州兵記録問題のときや、また、サダム・フセインがイエローケーキ状のウラン精鉱をニジェールから求めたと大統領が二〇〇三年一般教書演説で発言したことについて事実を誤って述べたとの攻撃があったとき、これらの資質を発揮しなかった。そのような批判についてすぐに対応しなかったために問題が大きくなり、副大統領に仕えている者を含めすべての上級スタッフが巻き込まれることとなった。

第二期では、コミュニケーション・チームはかなりの困難を経験した。というのは、大統領のイラク政策に対する国民の支持が減退し、また、社会保障プログラムの一環としての個人退職勘定、移民法案におけるゲスト・ワーカー・プログラムなどについての大統領の署名問題に関する支援が不足していたからであった。民主党だけでなく、大統領と同じ共和党の議員からも批判され、コミュニケーション・チームはホワイトハウスのスタッフの大半と同様、非難の的となった。四月の始めにすべての主要全国世論調査で支持率が三〇%台となった。このとき、大統領は首席補佐官を交代した。秋になると、下院と上院の多数党が共和党から民主党に代り、問題は何倍にも大きくなった。そして、ほどなく、民主党の委員会委員長が、イラク戦争を支援する契約を含め、ブッシュ政権の政策とマネジメント問題を調べる公聴会の予定を決める事態となった。

注

1　Karl Rove, 著者インタビュー, Washington, D.C., February 5, 2007. 彼らの政権移行の目標については次を参照。Clay Johnson, "The 2000-2001 Presidential Transition: Planning, Goals, and Reality," *PS: Political Science and Politics* 35, no. 1 (2002): 51-53 and Terry Sullivan, "Assessing Transition 2001," in *The Nerve Center, Lessons in Governing from the White House Chiefs of Staff*, ed. Terry Sullivan (College Station: Texas A&M University Press, 2004), 125-66.

2　Ken Herman, 著者インタビュー, "The President, the Press, and Democratic Society," University of California, Washington Center, February 14, 2005.

3　Ken Herman, 著者インタビュー, Washington, D.C., October 5-6, 2005.

4　Ken Herman, "Bush Trip Steeped in History; Governor Asked to Clarify Remarks on," *Austin American-Statesman*, December 1,

1998.ブッシュの発言を報じたこの記事で彼は次のように描かれている。「ブッシュは、スーパードームのホテル廊下をじっと見て、エレベーターを待っているとき、自分を犠牲にして笑いをとろうとしているのは明らかだったが、こう述べた。イスラエルのユダヤ人に最初に言う言葉は、彼らは皆『地獄に落ちる』であろう。ブッシュは機知に富み、ジョークを言うタイミングも概ね適切だが、オースチン・アメリカンーステイツマンの、ブッシュの宗教信念に関する一九九三年の発言を報じたのと同じ記者にその発言を行った」。

5 Ken Herman, 著者インタビュー, Washington, D.C., October 5-6, 2005.

6 Mary Matalin, 著者インタビュー, Washington, D.C., October 3, 2002.

7 Dan Bartlett, 著者インタビュー, Washington, D.C., May 22, 2002.

8 "President's Remarks in Orlando, Florida," October 30, 2004. 以下のサイトで入手可能。 www.whitehouse.gov/news/releases/2004/10/20041030-12.html

9 CNN/*USA Today*/Gallup poll, October 22-24, 2004. 以下のサイトで入手可能。 www.pollingreport.com

10 Dan Bartlett, 著者インタビュー, Washington, D.C., October 27, 2006.

11 Dan Bartlett, 著者インタビュー, "The President, the Press, and Democratic Society," University of California, Washington Center, March 8, 2004.

12 Jason Piscia, "Pawnee 'Foster Grandparent' Earns Award for Her Efforts," [Springfield, Illinois] *State Journal-Register,* April 20, 2005.

13 Christie Bolsen, "She Cherishes Kiss from President Bush," *South Bend* [Indiana] *Tribune,* April 12, 2005.

14 Meg Jones, "Takes Five: Beverly Christy-Wright: Volunteer's Above-and-Beyond Service Recognized by Bush," *Milwaukee Journal Sentinel,* February 24, 2006.

15 Mike Barber, "Sacrifice in Iraq Leads to Visit with President; Servicemen's Families Will Greet Bush on Visit Here," *Seattle Post-Intelligencer,* June 16, 2006.

16 "Funeral Services for Founder of Challenger Boys and Girls Club," [Los Angeles] *City News Service,* July 14, 2006.

17 White House, USA Freedom Corps, "Presidential Greeters Program," November 17, 2006. 以下のサイトで入手可能。 www.usafreedomcorps.gov/about_usafc/newsroom/local_vols.asp

18 James Wilkinson, 著者インタビュー, Washington, D.C., July 3, 2002.
19 Ari Fleischer, 著者インタビュー, Washington, D.C., March 7, 2001.
20 Ari Fleischer, 著者インタビュー, Washington, D.C., March 7, 2001.
21 Scott McClellan, 著者インタビュー, "The President, the Press, and Democratic Society,"University of California, Washington Center, May 6, 2004.
22 "The White House and the Press: Competitors in a Dependent Relationship," panel hosted by the American Political Science Association and the White House Historical Association, Washington, D.C., October 9, 2003.
23 President Bush, "Remarks at the Paul H. Nitze School of Advanced International Studies and a Question-and-Answer Session," April 10, 2006.
24 Scott Sforza, 著者インタビュー, Washington, D.C., May 9, 2006.
25 ブッシュ大統領のマネジメント原則と、第1期ブッシュ政権においてコミュニケーション活動がどうであったかという当時の描写は次を参照。Martha Joynt Kumar, "Communications Operations in the White House of President George W. Bush: Making News on His Terms," *Presidential Studies Quarterly* 33, no. 2 (June 2003): 366-93.
26 Karl Rove, 著者インタビュー, Washington, D.C, May 8, 2002.
27 Karen Hughes, 著者インタビュー, Washington, D.C., June 13, 2002.
28 Mary Matalin, 著者インタビュー, Washington, D.C., October 3, 2002.
29 Karl Rove, 著者インタビュー, Washington, D.C, May8, 2002.
30 Karl Rove, 著者インタビュー, Washington, D.C., May 8, 2002.
31 Joshua Bolten, 著者インタビュー, Washington, D.C., November 17, 2006.
32 Dan Bartlett, 著者インタビュー, "The President, the Press, and Democratic Society," University of California, Washington Center, March 8, 2004.
33 Joshua Bolten; 著者インタビュー, Washington, D.C., November 17, 2006.
34 次の資料にもとづき著者集計。Bureau of National Affairs, "Daily Report for Executives," White House Phone Book, no. 155, August 13,2001, and no, 140, July 22, 2002.

35 背景説明(background interview), 2002.
36 Ari Fleischer, 著者インタビュー, Washington, D.C., July 11, 2002.
37 背景説明(background interview), 2002.
38 Mary Matalin, 著者インタビュー, Washington, D.C., October 3, 2002.
39 Karen Hughes, 著者インタビュー, Washington, D.C., June 13,2002.
40 Karl Rove, 著者インタビュー, Washington, D.C., May 8, 2002.
41 Susan Neely, 著者インタビュー, Washington, D.C., May 2, 2002.
42 背景説明(background interview), 2002.
43 背景説明(background interview), 2002.
44 Dana Perino, 著者インタビュー, Washington, D.C., November 17, 2006.
45 "President Announces Tony Snow as Press Secretary," White House, April 26, 2006. 以下のサイトで入手可能。 www.whitehouse.gov/news/releases/2006/04/20060426.html
46 Tony Snow, 著者インタビュー, Washington, D.C., October 4, 2006.
47 Scott McClellan, 著者インタビュー, "The President, the Press, and Democratic Society," University of California, Washington Center, May 6, 2004.
48 Dan Bartlett, 著者インタビュー, "The President, the Press, and Democratic Society," University of California, Washington Center, March 8, 2004.
49 Dan Bartlett, "The White House and the Press" panel.
50 Ari Fleischer, 著者インタビュー, Washington, D;C., July 11, 2002.
51 Nicolle Devenish, 著者インタビュー, Washington, D.C., July, 2002.
52 Scott Sforza, 著者インタビュー, Washington, D.C., May 9, 2006.
53 Dan Bartlett, 著者インタビュー, "White House Communications Operations" course, Towson University, Towson, Maryland, March 8, 2004.
54 ラジオの日は、二〇〇二年一〇月三〇日と二〇〇四年一月二一日の二回開かれた。次を参照。Judy Keen, "Bush's 'Radio

Day' Gets Static from Democrats," *USA Today,* October 3, 2002, and Bob Deans, "Low Frequency Radio, Usually Taciturn White House Figures Face Mikes," *Atlanta Journal Constitution,* January 22, 2004.

55 Karl Rove, 著者インタビュー, Washington, D.C., May 8, 2002.

56 Scott Sforza, 著者インタビュー, Washington, D.C., June 27, 2002.

57 *Public Papers of the Presidents of the United States, William Jefferson Clinton* (Washington, D.C.: Government Printing Office). 数字は"Document Category"の「国民に対する演説」のそれぞれを集計している。

58 the *Weekly Compilation of Presidential Documents* from 2001 to January 2005の次のカテゴリーを集計。"Adresses to the Nation," "Addresses and Remarks," "Radio Addresses," "Bill Signings - Remarks," and "Meetings with Foreign and International Leaders."

59 Scott Sforza, 著者インタビュー, Washington, D.C., June 27, 2002.

60 Scott Sforza, 著者インタビュー, Washington, D.C., May 9, 2006.

61 David E. Sanger and Judith Miller, "Libya to Give Up Arms Programs, Bush Announces," *New York Times,* December 20, 2003. 次も参照。Robin Wright and Glenn Kessler; "Two Decades of Sanctions, Isolation Wore Down Gaddafi," *Washington Post,* December 20, 2003. President Bush, "Remarks on the Decision by Colonel Muammar Abu Minyar al-Qadhafi of Libya to Disclose and Dismantle Weapons of Mass Destruction Programs," December 19, 2003, *Public Papers of the Presidents of the United States.* 以下のサイトで入手可能。 www.presidency.ucsb.edu/ws

62 Sanger and Miller, "Libya to Give Up Arms Programs."

63 Dana Milbank and Glenn Kessler, "Enron's Influence Reached Deep into Administration," *Washington Post,* January 13, 2002.

64 Jeanne Cummings, Jacob M. Schlesinger, and Michael Schroeder, "Bush Crackdown on Business Fraud Signals New Era," *Wall Street Journal,* July 10, 2002, and David E. Sanger, "How a Clear Strategy Got Muddy Results," *New York Times,* July 12, 2002.

65 "The White House and the Press" panel.

66 Dan Bartlett, 著者インタビュー, Washington, D.C., October 27, 2006.

67 George W. Bush, "Address Before a Joint Session of the Congress on the State of the Union," January 28, 2003, *Public Papers of the Presidents of the United States.* 次で入手可能。 www.presidency.ucsb.edu/ws

68 Walter Pincus and Dana Milbank, "Bush, Rice Blame CIA for Iraq Error; Tenet Accepts Responsibility for Clearing Statement on Nuclear Aims in Jan. Speech," *Washington Post,* July 12, 2003.

69 Dana Milbank, "Fleischer's Final Briefing Is Not Quite a Grand Slam, " *Washington Post,* July 15, 2003.

70 背景説明(background briefing), July 18, 2003.

71 Dan Balz and Walter Pincus, "Why Commander in Chief Is Losing the War of the 16 Words," *Washington Post,* July 24, 2003.

72 Scott McClellan, press briefing, Office of the Press Secretary, White House, October 6, 2005.

73 Tucker Eskew, 著者インタビュー, Washington, D.C., June 13, 2002.

74 White House Global Messenger, "Key Points," March 11, 2005.

75 Nicolle DevenishWallace, 著者インタビュー, "The President, the Press, and Democratic Society," University of California, Washington Center, May 9, 2005.

76 Secretary of State Condoleezza Rice, March 14, 2005, http://www.state.gov/secretary/rm200543385.htm

77 Dan Bartlett, 著者インタビュー, "The President, the Press, and Democratic Society," University of California, Washington Center, March 8, 2004.

78 Nicolle Devenish, 著者インタビュー, "The President, the Press, and Democratic Society," University of California, Washington Center, May 9, 2005.

79 次を参照。 www.shadowtv.com/PDF/ShadowTVmonitoring.pdf

80 Scott Sforza, 著者インタビュー, Washington, D.C., May 9, 2006.

81 Dan Bartlett, 著者インタビュー, "The President, the Press, and Democratic Society," University of California, Washington Center, March 8, 2004.

82 Andrew Card, 著者インタビュー, Washington, D.C., November 30, 2001.

83 Scott McClellan, 著者インタビュー, "The President, the Press, and Democratic Society," University of California, Washington Center, May 6, 2004.

84 Mike Allen, "Management Style Shows Weaknesses: Delegation of Responsibility, Trust in Subordinates May Have Hurt Bush," *Washington Post,* June 2, 2004.

85 Thomas Griscom, 著者インタビュー, Washington, D.C., May 3, 2006.
86 David S. Hilzenrath and Mike Allen, "Embattled Pitt Resigns as SEC Chief, Latest Controversy Cost Him White House Support," *Washington Post*, November 6, 2002.
87 Stephen Barr, "Bush Team Plays Down Recent Setbacks," *Washington Post*, September 14, 2003.
88 Andrew Card, 著者インタビュー, Washington, D.C., November 30, 2001.
89 Tom Brune, "Cadre Grows to Rein in Message," *Newsday*, February 24, 2005.
90 Juliet Eilperin, "Climate Researchers Feeling Heat from White 'House," *Washington Post*, April 6, 2006.
91 Juliet Eilperin, "Debate on Climate Shifts to Issue of Irreparable Change; Some Experts on Global Warming Foresee 'Tipping Point' When It Is Too Late to Act," *Washington Post*, January 29, 2006.
92 "President Addresses American Society of Newspaper Editors Convention," White House, April 14, 2005. 次で入手可能。www.whitehouse.gov/news/releases/2005/04/20050414-4.html
93 Greg Toppo, "Education Department Paid Commentator to Promote Law," *USA Today*, January 7, 2005.
94 Jim Drinkard and Mark Memmott, "HHS Said It Paid Columnist for Help," *USA Today*, January 27, 2005.
95 Christopher Lee, "GAO Issues Mixed Ruling on Payments to Columnists," *Washington Post*, October 1, 2005.
96 Christopher Lee, "Prepackaged News Gets GAO Rebuke," *Washington Post*, February 21, 2005. Emphasis in GAO report.
97 James A. Baker III, 著者インタビュー, Houston, Texas, May 14, 2001.

第4章　バラク・オバマ大統領のコミュニケーション活動

ジョージ・W・ブッシュからバラク・オバマへの大統領の交代により、ホワイトハウスと報道機関との関係について、普遍的な部分と変貌する部分とを見ることができる。大統領は、政策の嗜好やコミュニケーション力において異なるけれども、ホワイトハウスのコミュニケーション組織の構造や、大統領にとって記者との関係が必要であることは、どの政権においても同じである。すべての大統領は彼らが利用できる材料を使って選挙民に対する情報の流れを構築、維持する必要がある。その材料には、ホワイトハウスに常駐する報道機関、大統領の広報を企画し、扱うコミュニケーション活動などが含まれる。お互いに相手を必要とするという理由のため、政権が国民への主要な伝達手段としていかに報道機関を利用するかという点や、また、ホワイトハウスの広報活動の形は政権の戦略を設計し、実行するために組み立てられるという点は、大統領が代わっても同様のものとなる。

一方、自分のメッセージを国民に伝える際に報道機関をどのように利用するか、質問に回答するのはどのようなときか、記者からの質問に回答するときに使う場所はどこか、ということについては大統領により違いがある。クリントン政権、ブッシュ政権、オバマ政権の初期を見ると、ホワイトハウスと記者との関係についてのこれらの政権における類似点と相違点がわかる。コミュニケーション活動をどう組織化するか、有権者への通路として報道機関をどう活用するか、という点について類似点と相違点のバランスを見ることができる特定の三分野がある。まず第一に、大統領の任期の特定の時点において大統領が行っていることと、報道機関が関心を持っていることとが、大統領のコミュニケーション戦略やイベントに対して違いをもたらすということである。報道機関にとっては、誰が大統領であるかにより、記事の対象としての大統領への関心の大きさや注目の程度が異なる。大統領が、国民の前に登場して頻繁に演説を行う積極的な者であれば、記者は、イベントを報道し、政策を分析する。第二に、政策の説明責任についての考えは大統領によって異なる。このことが、演説をどれくらいの頻度で行うか、記者の質問に対応するときにどの場所を選ぶか、ということに影響する。大統領は、記者に対応するために同じような行動様式をとるが、自分の目標、政策課題、強みに応じて、さまざまな方法で行動様式を混ぜ合わせる。第三に、大統領はホワイトハウスの広報活動を変更することができる。その理由は、ホワイトハウスの部局は恒久的に設置されていないものが多いからである。新しく就任する大統領はホワイトハウスの組織を変更できる。そう望むなら組織を廃止することも、まったく新しい組織を作ることもできる。しかしそういうことは起こっていない。報道官室とコミュニケーション室という、ホワイトハウスの広報部局の基本構造は、クリントン政権、ブッシュ政権、オバマ政権で変わっていない。これらの三部局を見ると、大統領やその政党が変化することにより、大統領が変更した構造や活動、大統領が交代しても継続されたところがわかる。

大統領職を報道することに報道機関が置く優先度

大統領が国民の前にどのくらい登場し、そのときに何が起きるかということは、時の状況次第であろう。国民の関心を集める経済危機のときかどうか、大統領とそのチームがアピールしようとする事柄に報道機関や国民がどれだけ関心をもつか、などによる。報道機関は、大統領の日々を最初から最後まで報道する。しかし、大統領に国民がどれだけ関心があるかにより、報道機関の注目度合も異なってくる。ジョージ・W・ブッシュ政権の最後、オバマ政権の最初は、大統領という職に報道機関が持つ関心の大きさを示す一例である。ブッシュ大統領は、最後の年、最初の頃と比較して演説の頻度が減少し、記者の質問に答える場面も減少した。民主党と共和党の双方で興味深い大統領選が展開されていたので、ブッシュ大統領の残された日々を報道するためにホワイトハウスに滞在する記者の数は減少した。ほとんどの報道機関は、新聞社やテレビ局などの種類によらず財政的に苦しくなる環境にある一方、両党の大統領候補者の決定に向けて選挙戦を担当するスタッフを増員する必要があった。インターネットでニュースを見る国民が次第に増え、新聞読者数は急速に減少し、テレビの視聴者数も同様である。こういう中で、報道機関はホワイトハウスのために増員する余裕はなく、また、十分な取材チームを動員させることはできなかった。例えば、NPRは、計画された重要なイベントが催されていない限り、ホワイトハウスに記者を置かなかった。NPRの二人の記者は大統領選を追っていた。しかしながら、オバマ政権発足当初の数か月、報道機関は際限ないと思われるくらい、彼や、彼の政策、目標、家族を特集した。ブッシュ政権最後の二〇〇八年、メディアは大統領職にほとんど関心を持っていないように思われたが、まもなく二〇〇九年冒頭になると、新大統領に関する記事が無限に続いた。

経済に関する大統領発表を例にとると、ブッシュ大統領が任期最後の年にメディアの注目を集めるのがいかに難しかったかがよく理解できる。二〇〇八年一月二四日、ブッシュ大統領はヘンリー・ポールソン財務長官とともに記者会見室に登場し、経済成長に関する提案について下院の両党の幹部と合意したことを発表した。報道官室は、大統領が記者会見室に登場することを一五分前に記者に通告したので、ホワイトハウスの外にいる者が到着するには時間がなかった。大統領を報じるためにそのときホワイトハウス内にいた記者だけが時間に間に合った。その結果、その頃常時ホワイトハウスにいた記者の数について面白い絵が描かれることとなった。ブッシュ大統領とポールソン長官が記者会見室に現れたとき、部屋には椅子が四九あるが、記者は一八人しかいなかった[1]。二〇〇八年、報道機関は大統領の動きについて関心を持たず、また、ブッシュ大統領の最後の年であったため、それまでの七年間と比較し、ブッシュ大統領が記者の前に姿を現す頻度が減少した。彼は二〇〇八年に記者との交流が八七回あったが、二〇〇一年には二一一回の交流があった。演説や発言も同様で、二〇〇八年には二九九回しかないが、それまでの年は少なくて三九〇回、多くて五三五回であった[2]。しかしながら、九月に財政問題が生じると、国民も報道機関も彼が言わなければならないことに関心を持った。九月二四日、彼は全米向け演説を行った。ニールセン社の調査では五二七〇万人が視聴した[3]。

ブッシュ大統領は大統領としての最後の一年間、彼の行動についての注目が概ね減少していくことを経験した。一方、オバマ大統領は、最近では例がないくらい大きな報道の扱いを受けた。報道機関と国民が彼に関することであれば何にでも関心を持ったからであった。これに加え、二つの戦争と一つの経済危機があったため、オバマ大統領は最近のどの大統領よりも多くのメディアに報じられた。テレビ局は、クリントン政権やブッシュ政権の初期の日々よりもオバマ大統領に対して強い関心をよせた。メディア・広報センターによると、三大全米ネットワーク(CBS、NBC、ABC)の夜のニュース番組がオバマ大統領を報じたのは、一〇二一話、二七時間分四四分に達した。このことは、平均して毎日七話、夜のニュース番組が伝えるニュース部分の半分強を意味した。クリントン大統領は政権当初、テレビで相当取り上げられたように思われたが、彼が報道されたのは一五時間二分であり、オバマ大統領よりもはるかに少なかった。ジョージ・W・ブッシュ大統領の数字と比較すると差はもっと大きくなる。彼が大統領になって最初の一五日間で、テレビの夜のニュースで彼が報道されたのは七時間四二分であった[4]。

オバマ大統領の行動、取組、説明、人物像に対する関心が強いため、報道官による午後の記者説明の参加者も増大している。二〇〇九年の四月から一二月中旬にかけてロバート・ギブズにより行われた二九回の記者説明を抽出すると、報道官と記者の午後のやりとりには固定的な参加者がいることがうかがえる。伝統的に、政権当初は平時以上の出席者が参加するため、最初の三か月間の会見を除くと、一年の残る九か月間は平均して五三人の記者が参加している[5]。この数字は、ジョージ・W・ブッシュの第一期に彼の最初の報道官が記者会見室で午後のやりとりを行っていた頃の非常に小さい数字と対照的である。二〇〇二年と二〇〇三年に行われた四三回の会見で、フライシャーの公式会見に参加したのは平均二五人の記者であった[6]。オバマ大統領の最初の一年が終わろうとしているが、ロバート・ギブズの会見への参加者が減少していることを示すものは何もない。

これらの数字は、二人の大統領に対する、また、大統領就任時に彼らが取り組んだ課題に対する国民の関心の違いを反映している。同時に、広報を指揮したり、できるだけ多くの報道を得ることについて大統領の関心のあり方が異なっている。例えばブッシュ大統領は、彼が望むときだけ報道されることを意図的に求めた。ホワイトハウスの側近は、大統領が就任して最初の数か月に、大統領とコミュニケーション・チームが「(大統領の)都合次第でニュースに取り上げられることを求めている」ことを学んだ。「早い時期に、私にとっては非常に明確であったことは、大統領は、大統領主導でニュースになるということだ」とホワイトハウスのコミュニケーション・スタッフのジム・ウィルキンソンは述べた。ブッシュ大統領は、彼の前のクリントン大統領や彼の後のオバマ大統領と比べ、報道の扱いがとても小さかった。そのことは偶然ではなかったのである。

大統領になると、相当量の報道が行われる。しかし、大統領が誰であるか、課題は何であるか、大統領に国民はどれだけ関心を持っているか、そして、広報の機会を政権がどれだけ活用しているかにより、報道量が異なる。オバマ大統領とそのスタッフは、政権発足当初の時期は国民の注目を集める時期であり、また、財政危機やイラク、アフガニスタンにおける戦争に関連する課題に取り組む機会となる時期だと見ていた。オバマ大統領の首席補佐官であるラーム・エマニュエルは、政策を動かすために危機を利用することの重要性を述べた。「深刻な危機を無駄にしてはいけない」と、エマニュエルはウォール・ストリート・ジャーナルが開催したCEO（最高経営責任者）会議で語った。「米国があまりにも長期間先送りしていた課題や長期の課題は、目下、目前にあり、対処しないといけない。この危機により、かつてはできなかった物事を米国が実行する機会が得られる[7]」。今度就任する大統領が財政危機をどう見ているか、その状況にどう対応するか、ということの広報は、一一月四日の選挙後数日のうちに始まった。

大統領が報道でどの位扱われるかは、一つには、大統領が人前で話をする頻度次第である。大統領は、最初の年は演説を行うことが多い。その理由は、大統領はどういう人物であるか、政権運営の課題は何であるのかについて、国民との関係を構築する必要があるからである。最初の数か月、大統領は多くの演説を行う。一つひとつの演説は、記者にとって政策やスタッフの特徴を描く機会となる。直近の三人の大統領はいずれも、積極的に演説を行っており、毎日、平均して一回以上、人前で話をしている。就任してからの一〇か月、主な演説、発言、特定の聴取者に対する毎週のラジオ演説の合計で、三人の大統領は驚くほど似ている。オバマ大統領は最初の一〇か月で四六二回、人前で話をしている（国民向け演説三回、毎週のラジオ演説四五回、演説・発言四一四回）。同時期にブッシュ大統領は四七二回（国民向け演説七回、毎週のラジオ演説四三回、演説・発言四二二回）、クリントン大統領は四三二回（国民向けラジオ演説七回、毎週のラジオ演説四四回、演説・発言三八一回）[8]。大統領の発言には、国民や議会に対する公式演説から、国益に関する重要演説、あまり重要でない発言までさまざまな種類がある。発言には、毎日の日課である短い一言が含まれている。それはホワイトハウス周辺の大統領執務室、ローズ・ガーデン、外交の間（ディプロマティック・ルーム）、閣議室、ルーズベルトの間、米国内のホワイトハウス外、外国で行われているものである。大統領の発言はケーブルテレビが放送してくれるため、大統領はこの機会を利用して全米中の視聴者に姿をみせる。

大統領が記者と会見する場所

オバマ大統領のコミュニケーション・チームは、それまでの大統領のコミュニケーション・チームとは状況が異なると考えられている。その理由は、報道の世界が変化しているからである。新しいメディアの形態が増え、新聞、テレビはプレッシャーにさらされており、コミュニケーション・スタッフは、自分たちがこれまでとは異なる世界で活動していると考えている。「八年前のブッシュ就任時とは劇的に、クリントンの就任時とはまったく、報道が変わっている」とコミュニケーションディレクター代理のダン・ファイファーは述べた。彼は、オバマが大統領選を始めた二〇〇七年一月からオバマのために働いている。「報道機関の情報伝達経路(outlet)の数が減少しているのに、ニュースサイクルは速まり、インターネット、ケーブルテレビが広く普及し、そしてYouTubeやEメールを通じて物事をメディアの周囲で動かす位能力が向上しているという意味で」大きく変化している。これまでと異なる動的な力があると私は思う[9]」。ビル・バートン報道官代理は、これらの変化が報道官室にどのような効果を与えるかについて説明した。「我々は、メディアが大きく変化しているさなかにホワイトハウスの報道官室にいる。このことが意味するのは、一面の記事が丸一日話題となることがめったになくなった衰退する活字メディア産業に対応するとともに、かつ、ますます多くの情報を求めてどんどん増殖する情報伝達経路(outlet)に対応するということである。夜のテレビニュースと朝の新聞の締め切りに向けて集中していればよかった報道の日々は過ぎ去った」。コミュニケーション活動は、日々のニュースの固定された回転周期に沿って業務をこなすのではなく、一日中絶え間なく、さまざまな伝統的メディアや新しいメディアと協働する必要がある。「今は、テレビ番組や新聞に情報提供するだけでなく、毎日、既存メディアより迅速な、新聞社のブログ、ケーブルテレビ、そのブログ、他の特別なブログ、同様なツイッター、そして種々のニュース提供元に対して情報を提供する時代である[10]」。しかしながら興味深いことに、後ですぐわかることだがオバマ大統領は選挙期間中、ホワイトハウスが「新型メディア」（例えば、米国のオンライン出版物やブログ）と呼ぶものよりも、全国規模の報道機関や伝統的なメディアを代表する記者の応対に時間を費やした。就任後一〇か月間で、「新型メディア」の誰もオバマ大統領へのインタビューを行っていない。

様々なメディアがあるおかげで、ホワイトハウスは情報をどのように配布するか選択できる。一方、インターネット上のニュースがあるために、絶えず情報をウェブサイトに掲載する者に対して情報を提供しなければならない重圧がホワイトハウスにかかる。最も重要なものの一つはポリティコ（Politico）により運営されるウェブサイトであり、特に、マイク・アレンのプレイブック（Playbook）は、毎朝早く更新される。ポリティコは印刷版があるが、ワシントンでよく知られているのはウェブサイトである。アレンの「プレイブック」は朝のニュースの推進力である。新聞、通信社、電子上の情報源などの広範な情報を横断的に整理し、的確な記事を掲載している。七時半に発行され、夜間の出来事やニュース記事についてワシントン・コミュニティの人々が最初に読むものであることが多い。

一日を通してホワイトハウスに関する記事は「ポリティコ44　ホワイトボード」に掲載される。これを管理しているのはキャロル・リー記者で、彼女は大統領とそのスタッフに関するニュースを収集するためにホワイトハウスに常駐している。他にもポリティコにはジョナサン・マーチン、ジョシュ・ガースタインなどの記者がいる。彼らはホワイトハウスの政策やオバマ大統領の法律面について報道しているが、リーのようにホワイトハウスに常駐しているわけではない。ニューヨーク・タイムズやワシントン・ポストのような代表的な活字メディアでは、ホワイトハウスにいる特派員が記事の早版をウェブサイトに書き、朝の新聞にはもっと練った版が掲載される。多数の記者が一日中大量に書いているため、ホワイトハウスの記者対応は、大統領やホワイトハウスに関する絶え間ない記事や解説を追いかけることで一日中忙しい。

オバマ大統領が六月四日にカイロで行った演説の配信は、ホワイトハウスの活動と、省庁の活動や新旧メディアとを結びつける多方面の広報活動の例である。ホワイトハウスは国務省と協力して、この演説が世界中の視聴者に届くように対処した。米国放送管理委員会（BBG）は、ボイス・オブ・アメリカ（VOA）、中東放送ネットワークを始めとして、政府のすべての放送活動に関わっている組織である。同委員会は、この演説の前後に世界中の視聴者と交流するための戦略を新しいメディアを使っていくつか開発した。彼らの説明によると「VOA視聴者は演説が始まるまでの間、Eメール、ツイッター、YouTube、そしてmyVOA.comを経由して交流している。VOA特派員は世界中のイスラム教徒に対し、どうすれば米国は関係改善ができるか尋ねた。また、オバマのカイロ演説に対する視聴者の期待を収録したビデオを編集し、インターネットで見られるようにした。オバマの発言は英語でテレビ、ラジオ、インターネット上で生中継される予定である。演説後の解説や、カイロ、エルサレム、ロンドン、そしてカブールからのライブ映像とともにである[11]」。国務省は演説を一七言語に翻訳した。演説は国務省によりビデオ配信されるだけでなく、whitehouse.govのサイトでも配信された[12]。ロバート・ギブズ報道官は、カイロ演説はホワイトハウスが情報を世界中に発信する取組の一つになるであろうと述べた。「けれども、重要なことは、これは多くのイベントの一つであり、継続的な対話が行われる必要があると理解することである。これは一度限りのイベントではない[13]」。

オバマ政権はインターネットを積極的に活用して国民とつながろうと努力しているため、ホワイトハウスのコミュニケーションに関する技術は重要である。大統領の写真はホワイトハウスのFlickerサイトで見ることができるし、大統領のラジオ演説その他の演説はホワイトハウスのYouTubeサイトで見ることができる。大統領はMySpace、ツイッターとともにFacebookのページを持っている。政権はまた、特定のイベントのためにインターネット技術を活用する。大統領はホワイトハウスのイースト・ルームにいながら、インターネットでタウン・ホール集会を開催した。そこで、イースト・ルームにいた参加者からの質問と、インターネットで質問を書き込んだおよそ一〇万四千人と、どの質問が自分たちにとって大変重要か、大統領に取り組んでほしいことは何かについて投票した三六〇万人からの質問に回答した[14]。インターネット上のやりとりは重要なイベントである一方、オンライン活動を悩ましくするような問題も少し生じた。インターネットによる投票参加者の間でもっとも人気があった質問の一つであり、また、このために大統領が自分が取り組むべきと感じた質問は、マリファナ合法化に関するものであった。「利害団体が数字を押し上げたと、ホワイトハウス職員は後に述べた」とワシントン・ポスト記者のマイケル・フレッチャーとホセ・アントニオ・ヴァーガスは書き留めている[15]。ホワイトハウスのイベントを団体や個人が自分たちのために利用することを止めるようなうまくできたフィルターを準備できなかったため、オバマのホワイトハウスは国民とコミュニケーションを行うために伝統的メディアに依存した。

メディアの世界はすっかり変わったが、大統領と記者がどう付き合うかについては継続性がある。オバマ大統領が就任した後、記者と会うときには同じ場を使った。だが、三つの基本的な場の配分についてはそれまでの大統領たちとは異なった。クリントン大統領、ジョージ・W・ブッシュ大統領、オバマ大統領の最初の一〇か月間をみると、彼らがどのようにしてコミュニケーションの基本的な道具を使い、その道具を自分たちのニーズに合わせて大きさと形を適合させたかがわかる。記者と会見するとき、場の種類について大統領には三つの選択肢がある。すなわち、大統領記者会見(単独、共同)、記者との短い質疑応答、そして、個々の記者又は記者グループとのインタビュー。記者会見は、単独会見と共同会見の二つに区分される。単独会見では大統領だけが記者の質問に答える。このような会合はウッドロー・ウィルソン大統領の時に始まり、一九一三年三月以降、大統領という職の特徴となっている。単独会見の形式に種類はあるがアイゼンハワーが大統領に就任した一九五三年以降、一貫して公開されている。やりとりはたいてい三〇分以上続き、大統領とホワイトハウスを担当する記者に開かれている。共同会見は大統領が他の高官と、もっとも多いのは外国首脳であるが、一緒に質問に答えるものである。近年、共同会見形式がとられることがもっとも多い。冒頭、両首脳によって両者の会談についての声明が出され、両首脳は記者からの限られた数の質問に回答する。

　クリントン大統領、ジョージ・W・ブッシュ大統領、そしてオバマ大統領は記者とのやりとりに関し、三種類のすべてを利用している。単独記者会見は記者がもっとも評価する種類の会見である。その理由は、質問への回答を助けたり支えたりする人なしに、大統領が単独で登壇するからである。しかし、単独記者会見は大統領にとって最も準備が必要となる会見でもある。就任してから一一月三〇日までの一〇か月間、オバマ大統領が行った二五回の記者会見のうち、単独が一〇回で共同が一五回であった。ブッシュ大統領は、一九回のうち、単独が四回、共同が一五回であった。クリントン大統領は三六回のうち、一一回が単独で二五回が共同であった。オバマ大統領の単独会見のうち四回は、プライムタイムにホワイトハウスのイースト・ルームで行われた。テレビ局はオバマ大統領とその政策、特に経済刺激策、ヘルスケア政策に高い関心を抱いていたので、この四回の記者会見と、議会に対する経済演説、ヘルスケア演説については一時間中継を行った。大統領とそのチームは記者会見の冒頭七分程度に特別な価値を置く。その時間は大統領にとって、重要な課題やテーマに関して大統領が直接、視聴者の国民に話せるときである[16]。「プライムタイムの記者会見は、一度に二千万人、三千万人、四千万人に話しかけられる方法であり、我々はこれを利用する予定である。……しかし、大きな特徴の一つは、冒頭の五ないし七分である。この間に、大統領は自分の主張を展開することができる。その瞬間、我々にとってもっとも重要なことを話せる。例えば、経済再生法（recovery act）、予算、あるいはその時に我々が取り組んでいる他のすべてである」と、オバマ大統領のコミュニケーションディレクター代理であるダン・ファイファーは述べた17。

記者とのやりとりの二つ目のタイプは、短い質疑応答形式である。この質疑応答は、主に、大統領執務室、ルーズベルトの間、閣議室、そして外交の間で行われる。これらの空間は貴重な場であり、記者団全体の代表によるプール取材が行われる。この質疑応答の予定が知らされるのは、通常、前日か当日である。大統領は二、三名の記者を指名するが、通信社の記者であることが多い。この短時間のやりとりは基本的に状況変化に対応するものである。大統領が、強調したい政策課題の詳細を論じるというよりも、当日の最新のニュースを話題に取り上げるものである。また、記者が再質問を行うことも稀である。オバマ大統領にとってこのようなやりとりは、さまざまな観点から自分の政策を説明したいという彼の意向に沿うものでない。ブッシュ政権時の拷問メモの公開に続き、拷問調査委員会を設置するかどうかについて考えを問わ

表4-1　大統領と記者とのやりとり、2009年1月20日～11月30日

大統領	記者会見			短い質疑応答	インタビュー	やりとりの合計
	合計	単独	共同			
バラク・オバマ	25	10	15	40	129	194
ジョージ・W・ブッシュ	19	4	15	136	44	199
ビル・クリントン	36	11	25	233	51	320

表4-2　大統領インタビューの種類

大統領	テレビ	ラジオ	活字	ミックス*	合計**
バラク・オバマ	78	7	37	6	128
ジョージ・W・ブッシュ	17	0	26	1	44
ビル・クリントン	14	18	19	0	51

* 複数メディア
** オバマ大統領が行ったインタビューのうち、オンラインのみの組織（All.Africa.com）は含まれていない。

れたとき、オバマ大統領は七一八語の回答を行った。続く二週間、ロバート・ギブズ報道官は、記者発表の際に問われた質問の多くにこの七一八語にもとづいて回答した[18]。議会が拷問調査委員会を設置する動きについて大統領の立場がどうであるかを数日間連続して問われたとき、ギブズはホワイトハウスの高官は仮定にもとづく事柄は扱わないと述べた。FOXニュースのメージャー・ギャレットが大統領は過去に仮定の状況に対応したことがあると指摘したとき、ギブズは「信じていただきたいのだが、この政権では任期の残りの間にもうこのようなことはしない」と回答した[19]。

最近の三人の大統領は皆、記者との短い質疑応答を行ったが、短い質問をどう使ったかについては大きな違いがある。クリントン大統領は最初の一〇か月で二三三回行なった。ブッシュ大統領は一三六回、オバマ大統領は四〇回であった。クリントン大統領は、政権発足当初、記者は非常に簡単に会うことができた。伝統的なホワイトハウスの場で質問に回答するだけでなく、ワシントンでジョギングに出たときに質問に答えた。ブッシュ大統領も、最初の一〇か月は一、二日ごとに、記者の質問に積極的に回答した。しかしながら、オバマ大統領はそういうやりとりを避けた。彼は、自分の計画について幾分詳しく論じたり、自分の説明ができる、より長時間の形式の記者とのやりとりを好む。彼は、政権初期、どこで記者と会うかを選択することにより、自分の好みをはっきり示した。

記者が大統領に質問する最後の場は、記者単独か記者団とのインタビューである。インタビューは、概ね記者とのやりとりが長く、特定の案件について大統領は詳しく話すことができる。オバマ大統領が重視しているのは記者会見と、大統領が公の場で議論したい事項を詳細に論じられるインタビューである。バラク・オバマ大統領は最初の一〇か月間で一二九回のインタビューを行った。この数字はクリントン大統領、ブッシュ大統領と対照的である。彼らは、長時間のやりとりをオバマ大統領ほど重視しなかった。クリントン大統領は最初の一〇か月間で五一回、ジョージ・ブッシュは四四回のインタビューであった。オバマ大統領がインタビューを好むのは、例えばラテン系や黒人のコミュニティなど特定の人々を念頭に置いて特別な話題にふったり、彼がそのときに関心を持つ話題を語ることができるからである。例えば、彼が最初にホワイトハウスで行ったインタビューは、アル・アラビーヤのヒシャム・メルヘムによるものであり、就任してから一週間も経たないときであった[20]。彼は、それまでの政権の例と異なる関係を構築したいというメッセージをイスラム世界に送りたかった。さらに、オバマ大統領は、ニューヨーク・タイムズのデーヴィッド・レオンハルトと経済討論を行ったように、話題を特定したインタビューを行った[21]。オバマは、その日の話題に翻弄されることを避け、自分が議論したいことを好きなだけ長く語ることに時間を費やすのであった。大統領のインタビュー報道を分析すると、どうしてホワイトハウスのスタッフがインタビューを勧めるのかがうかがいしれる。「例えば、地域の小会議では、誰に話しかけるか目標を定めることができる」とジョシュ・アーネスト報道官代理は述べた。『もしもアーカンソー・デモクラット・ガゼットを指名すれば、翌日、政策課題について語る大統領を主役とする記事が二つ、一面に掲載される」。ホワイトハウスからのプレス・リリースがあったかのような記事ではなく、記者がルーズベルトの間に招きいれられて大統領と会っていなければ決してありえないような報道レベルで記事が掲載される[22]。

三人の大統領が記者と会うときにどういう手段をとるかは内訳が異なっている。しかし、三人とも、過去の大統領たちが使っていた基本的な場を用いる。どの大統領も、自分の個性、長所、メッセージにもっとも適した方法で手段を組み合わせようとしている。

オバマ大統領が行うインタビューの種類は、国民全体を対象とし、新しいメディアよりも古いメディアを使うことを指向している。第一回、第二回の夜の記者会見で、彼はポリティコとハフィントン・ポストというインターネット組織の新しいメディアの記者を一人ずつ指名した。しかし、最初の一〇か月の間で、どちらの報道機関ともインタビューを行わなかった。実際のところ、オバマ大統領がインタビューを行った唯一のインターネット主体の報道機関はAllAfrica.comだけであった。彼は、七月のアフリカ大陸訪問に先立ち、数か国のアフリカの人々にメッセージを届けるため、この組織を利用した。

大統領の時間というのはホワイトハウスでもっとも貴重な財産であり、大統領が自分の時間をどう使っているかを見れば、政権がメディアをどれだけ重要視しているかがわかる。スタッフのメンバーは新しいメディアの重要性について話すかもしれない。しかし、オバマ大統領は、政権の高官や課題に関する特別の記事を書いているニューヨーク・タイムズ紙の記者と二〇〇九年一〇月三一日までにインタビューを直接五回、電話で三回、行った。これは、大統領が行ったインタビュー一二九回のうちの八回にあたる。別にニューヨーク・タイムズ紙のコラムニスト、ボブ・ハーバートと、エネルギー担当記者ジョン・ブローダーが、他の団体からの六人未満のジャーナリストから成るグループに含まれていた。

ロバート・ギブズ報道官も、テレビ中継される午後の記者説明で指名するのは、全国メディア、特にテレビとエリート新聞を好んでいることがわかる。会見室は七列の指定席があり、各列には七つの椅子がある。部屋の両横や後方には他の記者が立つ余地がある。通常、平均して五三人の記者が出席しており、ギブズは平均して二一人を指名する。概ね四四分ほど行われる。そのほとんどは会見室の前二列に座っている記者とのやりとりであり、その中には五大テレビネットワーク（ABC、NBC、CBS、CNN、FOX）、三大通信社（AP、ロイター、ブルームバーグ）、三大エリート全国紙（ニューヨーク・タイムズ、ワシントン・ポスト、ウォール・ストリート・ジャーナル）の記者や、全米ラジオ局（CBSラジオ、APラジオ）の記者が含まれている。四月後半から一二月中旬までの二九回のブリーフィングにおいて、ギブズが回答した時間の七三％は前二列の記者からの質問にあてられていた。これらの記者の割合は出席記者の二六％である。前二列の記者は常に、記者の比率よりも高い度合で対応されているが、ジョージ・W・ブッシュ政権の前半と比較してギブズの数字は上昇している。二〇〇二年と二〇〇三年の四三回の記者説明で、アリ・フライシャー報道官は前二列（当時は一列六席）の記者に対して五一％の時間をあてたが、前二列の記者の割合は会見室にいる記者の四三％であった。ただし、フライシャー報道官時代、出席していた記者の数は少なかった。平均して三八分間の記者説明に二五人の記者が出席していた[23]。

オバマ大統領は、政策を発表し、説明するとき、インタビューでそうすることを好んだ。そして、テレビのインタビューが好きであった。テレビはオバマ大統領にとって、外交、経済に関する自分の計画や考えを国民に届けるための代表的手段である。最初の一〇か月、五大全米テレビネットワークの一つ、あるいは複数が、夜の通常放送を中断して、オバマ大統領に一時間の枠を七回与えた。夜の記者会見が四回、連邦議会上下両院合同会議における演説二回、そして、ウエスト・ポイント米国陸軍士官学校で行われたアフガニスタン演説である。彼より前の五大統領で、就任一〇〇日以内にイースト・ルームで夜の記者会見を行った者はいない。ジョージ・H・W・ブッシュ大統領、ビル・クリントン大統領、ジョージ・W・ブッシュ大統領は、最初の一一か月間で一回だけそのようなことを行った。

オバマ大統領の夜のイベントはいずれも多数の視聴者を引き付けた。四回の記者会見は、夜のニュースで多くの視聴者がイベントを見ることになった。二月九日の会見は四九四〇万人、三月二四日は四〇四〇万人、四月二九日は二八八〇万人、そして六月二二日は二四七〇万人の視聴者を得た。一二月一日のウエスト・ポイント米国陸軍士官学校から行われたアフガニスタン演説は三二一〇万人の視聴者を得た[24]。また、ケーブルテレビネットワークは日々、オバマ大統領の演説を国内外に放送する。国民がテレビをつけるとさまざまな場で大統領を見ることになる。

ジョージ・W・ブッシュ大統領は、当初、オバマ大統領と比べると国民にメッセージを届けることにあまり興味はなかった。その理由は、国家の危機がなかったことと、毎日、政権がニュースになることに関心がなかったからであった。加えて、ジョージ・W・ブッシュ大統領とオバマ大統領とでは、自分たちの取組を説明するために国民に何を提供する必要があるかという点で、考えが異なっていた。ブッシュ大統領と新たに指名されたトニー・スノー報道官は、二人が政策形成プロセスのどの部分に関わるのかという違いを説明した。大統領は判断を行い、スノーはその判断を記者と国民に説明するのであった。ブッシュ大統領は述べた。「彼が国民のみなさんのための仕事に役に立つことを私は信じている。私の仕事は決断することであり、彼の仕事は、この決断を記者団と米国民に説明するのを助けることである。……彼は、私の哲学、優先事項、そして政策課題を実施するために我々が取る行動について、時宜にかなった情報を記者に提供するため一生懸命働いてくれるはずである[25]」。判断を説明する際の大統領の役割について、オバマ大統領の考えでは、大統領は正面や中心に位置して、大統領が何を考え、また、どうしてそう考えるのかを説明することとなる。

「私の考えでは、米国民は、複雑なことに関する説明に対して寛容であるだけでなく、それを欲している。また、厳しい問題を認識する用意がある。私は、ワシントンの人々が犯す最大の誤りの一つは、物事を国民に対してレベルを下げてわかりやすく噛み砕かないといけないと考えていることだと思う。私がこれまでにいつも驚いたことは、人々の集団と一緒に部屋に入ると、ある課題について私と激しく意見が食い違う人でさえ、時間をとって聞いてくれるという事実である。彼らは最後まで私と意見が違うかもしれないが、私が問題をどのように考え、どのように私が判断しようとしているかということを理解している。また、彼らは、私が彼らの考えの要点を理解しており、実際に彼らの主張を述べることもできることを理解している。そしてこれが意思決定プロセスの一部であり、少なくとも、彼らは自分たちの意見を聞いてもらった、と受けとめる[26]」。

三人の大統領はいずれも同じ手段を使ったが、自分のスタイルに適した方法でそれらを組み合わせた。オバマ大統領は、彼が何をするか、彼が直面する課題についてどう考えているか、について国民の注目を集めた。重要な時期であったことと、政治上の重要人物として新鮮であったことが組み合わさり、夜のイースト・ルームでの記者会見など、先任者たちが手に入れられなかった広報の機会が得られた。さらに、オバマ大統領は自分の考え、政策を説明することに関心を持っていたため、記者の質問に対応するためには異なる手段を選び、他の手段を避けた。

ホワイトハウスのコミュニケーション組織

最近の三人の大統領はいずれも、前任の大統領と所属政党が異なっていた。同じ党の先例に従う必要がないため、新任の大統領は、前任の大統領が行ったことに従うというよりも、新しい組織の道筋を描く機会があった。だが、実際にはそうすることはほとんどなかった。それどころか、最近のホワイトハウスのコミュニケーション活動はどの政権においても驚くほど同じような部局で成り立っている。主な活動を行う二つの部局は、大統領報道官を長とする報道官室と、コミュニケーションディレクターがコミュニケーション室と付随する組織を統括する。オバマ大統領は、就任時、コミュニケーションについて、クリントン大統領、ブッシュ大統領のときと基本的に同じ構造の組織とした。両大統領とも、記者や国民に対して日々のコミュニケーション活動を担当する報道官室と、長期計画に関与するコミュニケーション室とを設置していた。報道官室は、フーバー大統領が記者関係を扱うスタッフを最初に指名して以降、ホワイトハウスの重要な活動を担っている。一九二九年以降、後に報道官として知られるようになった職に常に誰かが指名されるようになった。コミュニケーション室は一九六九年に作られ、常に設置されていたわけではないが、クリントン大統領もジョージ・W・ブッシュ大統領も、広報計画のために使っている。オバマ大統領も同様である。どの場合でも、コミュニケーション室は、スピーチライティングと調査、ワシントン外のプレス、放送、そして新しいメディアを扱う部局を含んでいた。だが、徐々に、この二つの室はスタッフの数が増えてゆく。オバマはコミュニケーション活動について、ブッシュやクリントンよりも多数のスタッフを擁しているが、彼らはブッシュやクリントンの時代の広報スタッフと同じ構造の組織で働いている。オバマ大統領になり、これらの組織で働くスタッフは六九名となっているが、クリントン大統領のときには報道官室とコミュニケーション室で働くスタッフは四七名であり、ブッシュ大統領のときには、カール・ローブ上級アドバイザーのもとで働くスタッフを入れて五二名であった。オバマのコミュニケーション活動に従事する六九名のうち、四七名がコミュニケーション室、一三名が報道官室、三名がデーヴィッド・アクセルロッド上級アドバイザーのところに、そして六名が写真室にいる[27]。

大統領の広報活動に関してもう一つ類似していることは、コミュニケーション室を統括するポストの高い離職率である。現在のコミュニケーションディレクターであるダン・ファイファーは、このポストを占める二七人目の人物である。一方、ロバート・ギブズは大統領に報道官として仕える二八人目の人物である。この数字は似たように見えるが、二つのポストの違いは、報道官は一九二九年に始まり、コミュニケーションディレクターは一九六九年に始まったということである。オバマが大統領に就任して以降、ファイファーは三人目のコミュニケーションディレクターである。コミュニケーション室は、現代の大統領を取り囲む不安定な政治状況がホワイトハウスに与える影響を反映するので、ディレクターには圧力がのしかかる。大統領が批評家に攻撃されているとき、コミュニケーション室はその攻撃を中和できる広報を作り上げる責任を有する。

大統領のコミュニケーション活動を担当する部局の組織はかなり似かよっている一方、上級コミュニケーション・スタッフについては、過去三代の大統領でいくらか相違がある。しかし、どの大統領も、大統領のコミュニケーション活動に深く関わっているトップ・レベルのアドバイザーを抱えていた。オバマ大統領は、コミュニケーションの企画立案に関与する法律顧問を置くというブッシュ大統領の考えと、また、首席補佐官をコミュニケーションの意思決定に関与させるというクリントン大統領の考えを取り入れた。オバマ大統領のホワイトハウスでは、メッセージ作りにはデーヴィッド・アクセルロッド上級アドバイザーが重要であり、それを実行するにはラーム・エマニュエル首席補佐官が重要である。「アクセルロッドは課題の一部について創造的に、広い視野で考える人物であり、例えて言うと、ラームは予定通りに進行するように、最後までやりとげるように、という観点から全部まとめて考える人物である」とアーネストは述べた[28]。

ブッシュ政権ではその役割をカレン・ヒューズがこなし、その後、ダン・バートレット、エド・ガレスピーが続いた。政治戦略家のカール・ローヴもまた、コミュニケーションの企画立案に影響を持つ上級アドバイザーの職を占めていた。アンディ・カード首席補佐官はコミュニケーションの企画立案を上級アドバイザーたちに任せていた。一方、ラーム・エマニュエルはコミュニケーション活動の中心にいる。この二人の首席補佐官がコミュニケーションについて果たす役割が異なる理由は、一つにはどのような経験をもとに首席補佐官に就いたかということから生じていた。それまでの政権においてカードの役割は組織のマネジメント的なものであり、政治的であったり広報関係であったりということはなかった。エマニュエルはそれまでに、下院議員として何年も活動し、また、クリントン政権のホワイトハウスで務めた経験を持っていた。オバマ大統領の最初のコミュニケーションディレクターであるエレン・モランは、エマニュエルがコミュニケーションの企画立案に提出してきたものを論じた。「彼は、アイデアを考え出したり、記事の流れを発展させたり、記事を見ること、また、記事がどこに向かおうとしており、どこに向かうべきか、ということに大変関心があった。また、彼は、地政学的な環境に大変気を遣っている」とモランは述べた[29]。エマニュエルは土曜日に定期的に開催する九〇分間の上級スタッフ企画立案会議において、コミュニケーション計画に向き合う。その会議は、これからの週、月に予定されていることを考え抜くために集まるものである。

報道官室は、ホワイトハウスから公式に発表される情報の主な発信元である。報道官は、大統領と政権のための毎日のスポークスパーソンである。質問に応じて記者に正確で時宜に叶った情報を提供するのが彼の役目である。報道官の一日の大半は、毎日の記者説明の準備で占められる。報道官が情報を集めるには様々な方法がある。ロバート・ギブズは、オバマ大統領の報道官としての自分の役割を、報道官室に付随する通常の職務を超えて、大統領に対するアドバイザーとして仕えることも含めて考えている。「私は大統領に対するアドバイザーであるので、これまでの何人かの報道官よりも忙しい」とギブズは語った。「(私より前の報道官たちと比べ)、多分、より多くの日々の会議に出ていると思う。経済チームと一緒に毎朝、日毎の経済会議に出席している。ある意味、このことはアドバイザーとしての私の役目であり、これにより大統領が何を考えているか、経済チームが何を考えているかを、よりよく理解することができる[30]」。オバマ大統領を支援する活動の規模はブッシュの頃と同程度である。オバマ大統領は一三名のスタッフを擁し、一方、ブッシュ大統領は一二名であった。

オバマ大統領は野心的な政策課題を掲げており、その政策課題の実現にはコミュニケーションの計画と、その計画を説明し、受け入れてもらうための組織が必要である。彼は、自分の考えが共感をよんでいることと、同時に、彼の考えのように広く深い政策課題を説明するのは困難であること、を理解している。オバマ大統領は現代の大統領の中で、もっと積極的な最初数か月の政策課題を作り上げており、このために強い批判も受けている。国内外のさまざまな問題に一度に取り組むのは、対応を立案することも、それを受け入れてもらうことも、容易ではなかった。彼は強力なコミュニケーション活動を行っているので自分をリーダーとして受け入れてもらうことには成功している。しかし、ヘルスケアとアフガニスタンの部隊増強が試したのは、異なる次元の問題について国民を説得する能力の限界と、国民が受け入れたくないと考えているものを受け入れさせるための広報組織の限界とであった。彼は、ホワイトハウスのコミュニケーション部局に関し、クリントン大統領、ブッシュ大統領の先例にならったが、自分自身のスタイル、政策ニーズ、ニュースを出すタイミングに合わせ、ホワイトハウスのスタッフと機会を活用している。このように、オバマ大統領の状況は彼の先任者たちが直面した状況とは異なるかもしれないが、彼が持つスタッフの体制やアピールの機会と、国民が大統領に期待することについては、違いよりも共通することが多い。

注

1 その場における著者記録。
2 57頁表1-3参照。二〇〇八年の数字は著者により更新。
3 Nielsen Wire, "52.7 Million Watched President Bush's Economic Crisis Address," September 28, 2008. 以下のサイトで入手可能。http://blog.nielsen.com/nielsenwire/media_entertainment/bush-economic-address
4 Center for Media and Public Affairs, "Media Boost Obama, Bash His Policies," April 27, 2009. 以下のサイトで入手可能。www.cmpa.com/media_room_4_27_09.htm
5 数字は、二〇〇九年に著者が出席した二九回の報道官記者説明において著者が記録したもの。最初の三か月の記者説明は、大統領の行動についての関心が高いために出席する記者が多く、その数は一〇〇名を超えることもあるため除外した。
6 二〇〇二年と二〇〇三年に行われた四三回のフライシャー記者説明の著者記録。
7 Gerald F. Seib, "In Crisis, Opportunity for Obama," *Capital Journal*, November 21, 2008. 次で入手可能。http://online.wsj.

com/article/SB122721278056345271.html

8 演説、発言、ラジオ演説はthe Daily Compilation of Presidential Documentsの記録から得ており、次で見ることができる。www.americanpresidency.org

9 Dan Pfeiffer, 著者インタビュー, Washington, D.C., May27, 2009.

10 ビル・バートンから著者への電子メール。June 10, 2009.

11 Text of press release by U.S. Broadcasting Board of Governors, June 2, 2009, BBC Monitoring World Media Supplied by BBC Worldwide Monitoring, June 3, 2009, Wednesday BBC World Monitoring Service.

12 State Department, America.gov, “Engaging the World,” 次で入手可能。www.america.gov/Obama_cairo.html

13 Jeff Zeleny, “Obama Speech to Reach Multiple Channels,” The Lede, the *New York Times* blog, June 3, 2009. 次で入手可能。http://thelede.blogs.nytimes.com/2oo9/06/03/multiple-channels-for-obamas-cairo-speech/

14 次を参照。www.flickr.com/photos/whitehouse/, www.youtube.com/whitehouse/, and www.whitehouse.gov/blog/09/o5/01/WhiteHouse/ インターネットによるタウンホール集会については次を参照。James Oliphant and David Sarno, “Obama Connects from on High, Online; His Latest High-Tech Interface with the Public is a Town Hall,” *Los Angeles Times,* March 27, 2009.

15 Michael A. Fletcher and Jose Antonio Vargas, “The White House, Open for Questions,” *Washington Post,* March 27, 2009.

16 February 9, 2009, 演説8分。March 24, 2009, 演説6分。April 29, 2009, 演説6分。著者記録。

17 Dan Pfeiffer, 著者インタビュー, Washington, D.C., May 27, 2009.

18 Remarks Following a Meeting with King Abdullah II of Jordan and an Exchange with Reporters, April 21, 2009. 次で入手可能。www.presidency.ucsb.edu/ws/index.php?pid=86029&st=&st1=/

19 Press Briefing by Press Secretary Robert Gibbs, April 23, 2009. 次で入手可能。www.presidency.ucsb.edu/ws/index.php?pid=86029&st=&st1=/

20 January 26, 2009. 次を参照。www.america.gov/st/texttrans-english/2oo9/January/20090127161320xjsnommiso.705578.html/

21 David Leonhardt, “After the Great Recession,” *New York Times,* April 28, 2009. 次で入手可能。www.nytimes.com/2009/o5/03/magazine/03Obama-t.html?_r=1/

22 Joshua Earnest, 著者インタビュー, Washington, D.C.,April 2, 2009.

23 著者は定期的に報道官の毎日の記者説明に出席し、記録を取っている。記録しているのは、七列ある記者席のどの列の記者の質問に報道官がどれだけの時間を使って回答したか、出席記者の人数と性別、記者説明の時間、冒頭発言と質疑応答の時間である。

24 Nielsen Wire, December 1, 2009. 次で入手可能。http://blog.nielsen.com/nielsenwire/media_entertainment (Retrieved December 20, 2009).

25 President George W. Bush, "Remarks Announcing the Appointment of Tony Snow as White House Press Secretary," April 26, 2006. 次で入手可能。www.americanpresidency.org

26 Jon Meacham, "A Highly Logical Approach," *Newsweek*, May 25, 2009.

27 現在、コミュニケーション活動に従事している者の数についてのビル・バートン副報道官の説明。内訳はコミュニケーション室四七名、報道官室一九名（ロバート・ギブズが報道官室の傘下に移動させた写真室の六名を含む）。さらに、デーヴィッド・アクセルロッド上級アドバイザーの部屋に三名。著者との会話にもとづく。June 9, 2009. ブッシュとクリントンの時代については本書150頁参照。

28 Joshua Earnest, 著者インタビュー, Washington, D.C.,April 2, 2009.

29 Ellen Moran, 著者インタビュー, Washington, D.C.,April 1, 2009.

30 Robert Gibbs, 著者インタビュー, Washington, D.C.,May 1, 2009.

第5章　大統領のメッセージを伝えるために

さまざまな大統領が本書の冒頭で示した難題を解いてきた。その難題とは、大統領とそのスタッフには、独立した報道機関を通り抜けて、いつも自分たちの声を国民に届け、政権の取組と目標に対する支持を得るための方法を考え出すことが求められるというものである。報道は政府の一部をなすものではないが、大統領とホワイトハウスのコミュニケーション・スタッフは、報道を使って大統領のメッセージを国民や、政権が目標とする特定団体に届ける方法を発展させてきた。けれども、効果的なコミュニケーション・システムを構築することは簡単でない。また、ひとたび構築しても、そのシステムがうまくいくように維持することは簡単ではない。クリントン大統領、ブッシュ大統領について見たように効果的なシステムを構築するためには、適切な人々、組織、戦略を得て、大統領を支持し、その政策を説明し、彼の行動と考えを擁護し、また、政権内外の広報を調整することができる必要がある。

第二次世界大戦が終わって以降、第一期の任期を最後まで務めた七人の大統領のうち、再選されたのはアイゼンハワー、ニクソン、レーガン、クリントン、そしてジョージ・W・ブッシュであるが、彼らは政治的見解や政党が異なる。しかし、共通することが一つあった。それは、第一期のどこかの時点で、彼らの皆が効果的なコミュニケーション活動を展開したことである。どの政権の場合でも大統領とそのスタッフは、大統領の優先事項が何であるか、それをいかにして達成していくのか、についての他の人々の理解をうながすことが重要であることを認識していた。また、彼らは、第二期において、第一期の活動で強みであったものを試す挑戦も行った。

第一期を最後まで務めた大統領のうち、二人は再選を狙い、敗北した。共和党のジョージ・H・W・ブッシュと民主党のジミー・カーターに共通したのは、大統領職を統合する側面としての大統領のコミュニケーションに最小限の関心しかもたないことであった。二人とも、政策の取組と、それをワシントン・コミュニティや国民に受け入れてもらうための計画とを結びつけることができるコミュニケーション組織を設けなかった。再選ができた大統領にとっても、大統領とそのスタッフにとって、特定の取組に関して国民やワシントン・コミュニティのメンバーからの支持を得るのは簡単でなかった。彼らの人的・組織的資源は豊富であったが、特定の取組についてワシントン内外の有権者を政権が望む通りに反応させることは、大統領にとって困難であった。

本書の内容をまとめると、ホワイトハウスのコミュニケーション分野に関し、傾向と発展が見られる分野が四つある。第一に、効果的な大統領のコミュニケーションの基本要素である。第二は、コミュニケーション活動が目標を達成するために五つ以上の重要な要素がある。第二は、コミュニケーション活動が上手く行く場合に大統領が得られる利益である。第三は、ホワイトハウスのコミュニケーション活動が大統領のために行うことについては重要な制約があるということである。そして第四は、我々は、大統領のコミュニケーション活動を研究することにより、大統領という制度の特質について理解できるということである。

効果的な大統領のコミュニケーション活動の要素

大統領の考え、政策、行動について、支持を行い、説明を加え、擁護し、そして調整するというコミュニケーション活動を構築するためには、上記の四分野をいかに効果的に実行するかという観点にもとづく基本要素がいくつかある。この基本要素とは、政権が売り込もうとしている取組、大統領本人のコミュニケーション手腕、コミュニケーション活動の組織構成などである。いずれの要素も、大統領とそのコミュニケーション・チームが基本的機能を果たすためには重要である。このうち組織構成については、中央統制、絶え間なくニュースを求める記者のニーズに応える基盤、そして記者の行動を理解しているスタッフが必要である。

国民から支持される政策

就任一年目、ジョージ・W・ブッシュ大統領は重要政策の二つについて署名して法を成立させた。彼は二〇〇〇年の大統領選で重要な立法事項として六つの課題を主張していた。その課題には教育改革や減税が含まれていた。最初の年、「一人の子供も取り残さない」という教育改革法案について議会の支持を得た。この法案の特徴は、生徒に試験を受けさせることと、その結果で学校を分析することであった。税の改革計画についても、彼は相続税を廃止し、ほとんどの所得層に対して減税を行い、成功を収めた。選挙期間中、彼は、教育と税の改革について議会に何を制定してほしいと考えているか具体的に論じた。どちらの提案も選挙の前後を通して有権者に好評であった。

幻想を売り込むのは難しい。コミュニケーション活動を上手く行うには、政策がしっかりとしたものであり、それが効果的に実施される必要がある。大統領のコミュニケーション・チームがいかに素晴らしくとも、もしも政策の内容や実施がしっかりとしていなかったり、欠けているものがあれば、その政策が浮かび上がることは難しい。

ハリケーン・カトリーナの場合、連邦政府の防災計画と組織能力はこのハリケーンによりもたらされた問題に対処するには不十分であった。ブッシュ大統領の対応は明らかに遅かった。これは、報道機関が広く報じたように、連邦政府で災害対策を担当する省庁の対応が遅かったことが原因であるのは明らかだった。背景もまた重要である。二〇〇一年九月一一日以降、国土安全保障に数十億ドルが投じられている。このため、連邦政府が国内災害に上手く対応する能力がなかったということに、ワシントン・コミュニティと国民は驚き、当惑した。連邦政府の対応が成功であったと描写する術はなかった。メディアが様々なことを報じているため、あまりにも多くの人間が連邦政府が成功しなかったことを見聞きしていたからである。

二〇〇五年の社会保障改革も、ジョージ・W・ブッシュ政権にとって、受け入れてもらうことが難しいものであった。大統領、閣僚、そして省庁の長が、三月から五月にかけて人目を引くキャンペーンを行うために遊説に出た。「六〇日間で六〇都市を」というキャンペーンで、ブッシュの二つの考えを売り込むことが目的であった。一つは社会保障制度は危機的状況にあること、もう一つは個人退職勘定は国民に便益をもたらすこと、であった。このキャンペーンは、大統領は二〇〇五年一般教書演説において社会保障改革を提案しており、これに続いて政権としての行動を構築するために更新した取組であった。この課題について大統領が語れば語るほど、国民の不支持は増した。二月上旬のＣＮＮ／ＵＳＡトゥデー／ギャラップ調査では、ジョージ・W・ブッシュの社会保障制度についての取組に対する回答は四四％が支持、五〇％が不支持、六％がわからないであった。しかし、七月後半までに支持は二九％に低下し、不支持は六二％に上昇し、わからないは九％となった。

ワシントンや遊説先で社会保障の諸問題と個人退職勘定の重要性とが論じられて五か月が経過した後、大統領の個人退職勘定計画を支持する人は減少した。ＡＢＣニュース／ワシントン・ポスト調査では、個人退職勘定についての懸念は、キャンペーン前よりも後の方で大きくなっている。人々が社会保障への拠出金の一部を株式市場に投資できるという計画について、三月中旬には支持が五六％、不支持が四一％、わからないが三％であったのに、六月上旬までに支持が四八％に減少し、不支持が四九％、わからないが二％となった[1]。単に国民は個人退職勘定を受け入れない、いうことであった。

コミュニケーションに熟達した大統領

コミュニケーション活動は、その活動を行っているスタッフが仕えている大統領を反映する。ホワイトハウスのスタッフは大統領を補うものではなく、大統領を映すものである。大統領がコミュニケーションについて熟達しているなら、大統領の組織も同様である。もしも大統領がコミュニケーションに関心がないならば、そのことはスタッフの活動にも反映されるであろう。

レーガン大統領はショー・ビジネスの世界で数十年の経験を持っていたため、大統領の地位にあるコミュニケーターとして特別の成功を成し遂げた。ジェームズ・ベーカーは回想した。「我々の大統領は、コミュニケーションが好きな大統領だった。コミュニケーションが彼の手段であり、彼は素晴らしかった。いや、本当に。だから我々にとって簡単だったんだ[2]」。ジョージ・Ｈ・Ｗ・ブッシュは役を演じるような経験はほとんどなく、広報について疑問視していた。彼の政策プログラムのためにコミュニケーション計画を展開する体制はたいして整備されなかった。一時期、彼は、マーリン・フィッツウォーター報道官に対し、報道官室だけでなくコミュニケーション活動も担当するよう求めた。ブッシュの首席補佐官であるジョン・スヌヌも同様にコミュニケーションに無関心であった。このため、ホワイトハウスの他のスタッフが広報関係の取組を発展させ、実施するようなことは困難であった。

大統領が、「南北アメリカ大陸のための事業」という中南米諸国との協力事業を始める準備をしていたとき、スヌヌは事前に報道されないように求めていた。彼は関係国のジャーナリストやホワイトハウス記者団の記者に事前に準備させることも制限した。この差し迫ったイベントが上級スタッフ会合で議題に登ったとき、フィッツウォーターは尋ねた。「どうして今日、これだけなのか。ここに至るまで何か積み重ねはないのか。大使をこちらによこすよう関係国に伝えていないのか。関係国がこれを支持し、支持声明を発表し、ホワイトハウスの庭道で(driveway)記者と話せるようにするべきである。また、議会はどうなっているのだ。この政策を気に入り、我々に参加したいと思う委員会、委員長がいるはずだ」。

スヌヌは譲らなかった。彼はスタッフに述べた。「私はこのことをリークしない。あなた方に言うことは、我々はこれを一〇時に行う予定ということである[3]」。首席補佐官には自分のやり方があり、この取組について何の準備も行われなかった。その結果、報道の扱いは振るわなかった。ニューヨーク・タイムズはこの政策の発表について翌日こう報じた。「この取組についての説明は言葉が曖昧であり、南半球の貿易、産業発展、債務削減への潜在的影響を測ることは困難であった[4]」。

トップにおけるコントロール

大統領が民主党であろうと共和党であろうと、成功するコミュニケーション活動には管理の中心がある。この中心で首席補佐官あるいは他の上級スタッフ・メンバーが、大統領の政策の状況、政治的な長所・短所、そして目標など大統領のあらゆる要素について見解を持つ。このような活動の中央集権化にはさまざまな方法があるが、いずれにせよ上級スタッフ・レベルでコミュニケーションを調整するよう求められることがほとんどである。一般的に言えば、調整を行う最高責任者は首席補佐官である。首席補佐官だけが、情報収集、政策の形成、実施についてのすべての重要手段を管理する。ホワイトハウスの他のスタッフは、コミュニケーションが上手く機能するために必要なすべての要素に対してアクセスすることはできない。

政権のコミュニケーション活動を管理することに関心を持った首席補佐官が求めるモデルは三つある。第一のモデルでは、首席補佐官が自分で、あるいは次席を通して、ホワイトハウスのコミュニケーション活動を調整するだけでなく、記者への対応も行うものである。ジェームズ・ベーカーがレーガン大統領の首席補佐官であったとき、彼は、代理は必ずコミュニケーションの経験がある者にした。しかし、彼は政権の主張を述べるのも自分で行った。彼はリチャード・チェイニーを思い浮かべる。チェイニーはフォード大統領の首席補佐官を務めた経験があり、ベーカーにこう言った。「記者と一緒にいる時間を多くとり、記者に自分なりの解釈を伝えろ。どうしてこういうことをやっているのか、記者に語れ。けれども、絶えず、目立たないようにやるんだ[5]」。マイケル・ディーヴァーとデーヴィッド・ガーゲンの二人ともレーガン政権のコミュニケーション活動について現場で管理する責任を果たしていたが、ベーカーに報告した。クリントン政権のレオン・パネッタ首席補佐官もベーカーのモデルに続いた。パネッタもホワイトハウスのコミュニケーション活動について彼の代理を通して調整し、しばしば記者に自ら対応した。

コミュニケーションを集中管理する第二のモデルは、首席補佐官が代理を通じて行動するが、記者への説明はほとんど行わない、というものである。クリントン政権で勤務したアースキン・ボウルズは、自分の代理に記者対応させたが、自分自身は公の場でメディアに発表したり、記者に説明することは避けた。ボウルズは、ジョン・ポデスタ次席補佐官をコミュニケーション担当としていた。ポデスタが首席補佐官としてボウルズに取って代わったとき、彼は第一モデルに戻った。彼は、コミュニケーションを調整するとともに、日曜のニュース番組などで政権の主張を述べる責任を引き受けた。

コミュニケーションを集中管理する第三のモデルは、指名されたコミュニケーション・アドバイザーに情報の流れを管理させることである。ジョージ・W・ブッシュ大統領はこのモデルを選び、カレン・ヒューズにすべての広報活動を調整する責任を持たせた。アンドルー・カードが首席補佐官であった間、ダン・バートレットはすべてのコミュニケーション部局に対する責任を負った。カードに続くジョシュア・ボルテンの下でもバートレットの分担範囲は同じであった。

中核的なコミュニケーション・アドバイザーがいる場合には、首席補佐官はその役割に干渉しないようにする傾向がある。アンドルー・カードは日曜日のニュース番組にたまに出演した。また、タイム、ニューズウィーク、USニュース&ワールド・レポートの記者に状況説明をする伝統があり、ときどきの木曜日にそれを行った。しかし、彼は、かつて担当していた運輸問題のように自分自身が政策形成に関わっている場合を除いては、政策を説明することはなかった。このモデルにいちばん近いのはアイゼンハワー政権のジェイムズ・ハガーティ報道官のときである。ハガーティは報道官として仕えるだけでなく、今日の広報担当大統領補佐官の役割に近い機能を果たした。首席補佐官のシャーマン・アダムズは、記者への説明とコミュニケーション計画との両方をハガーティに委ねた。

これらの中央集権的なコミュニケーション・モデルにとって代わるモデルでは、大統領を国民に広報する役割を持つ首席補佐官やコミュニケーション・アドバイザーがいない。カーター政権やジョージ・H・W・ブッシュ政権の一時期には、コミュニケーションの最高責任者が置かれず、報道官がその場しのぎで広報機能を果たすことが期待された。

しかしながら、この二つの政権でわかるように、コミュニケーションに責任をもつ何らかの高官を設置する以外に方法はない。報道官は日々の活動に多くの時間を費やしており、先のことを効果的に計画することはできない。コミュニケーションの計画と実施を管理する者がいなければ、これらは場当たり的なものになるか、手付かずで終わってしまう。

利用可能な広報インフラ

政権がコミュニケーション活動を集権化する方法はさまざまだが、広報部局の基盤は時間を経るにつれてますます似たようなものとなっている。クリントン大統領は集権化したコミュニケーション構造を持ち、その構造は首席補佐官室が動かしていた。ジョージ・W・ブッシュはコミュニケーションの権威(czar)を置き、集権化した。しかし、どちらの構造も、ホワイトハウスにその前から置かれている部局を取り入れた。近年、どの政権でも報道官室は日々のメディア関係者への対応を行っている。コミュニケーション室は計画のための手段として機能しており、メディア室は地域、州、地方の報道機関に対応している。写真、スピーチライティングを担当する特別のセクションがある。カーター大統領時代にコミュニケーション室のない時期があったが、他の機能はすべてそろっていた。ジョージ・H・W・ブッシュ大統領時代は、コミュニケーション室は存在したが、ビル・クリントン政権、ジョージ・W・ブッシュ政権のときほど活動していなかった。

政権によって、誰が誰の指示を仰ぐということは変わりうるが、ある目的のためにどこに行く必要があるということは同じである。ホワイトハウスの広報装置の歯車の歯はすべて、その歯に依存する人々が存在する。もしもホワイトハウスの新しいチームが広報部局のどれかを廃止しようとすると、それを救うための組織化されたキャンペーンが起きるであろう。

報道機関の作業手順に精通したスタッフ

ニュース編集者がどんな種類の記事を割り当てるか、ニュース記者がどんな種類の記事を書くかはおおかた予想できる。彼らが取り扱うのは、紛争、災害、政策の失敗、人の変節、政治生命の破綻。とどのつまり、ニュース(news)という言葉は何か新しいもの(new)を意味している。

たとえそうでも、大統領のコミュニケーション活動をもっと賢く行えば、報道機関の関心を引いたり、維持したりすることは可能である。レーガン政権は主たる目的を広報への取組に集中した。一九八一年、レーガンが首都ワシントンDCに到着したとき、国民が急務だと感じていた課題は経済であった。レーガン政権は、大統領の公的な場での発言の大部分を経済問題に充て、それから減税プログラムなど大統領の経済計画における一連の具体的施策を続けることにより、記者が大統領の経済計画に焦点を当てたままにしておくことに成功した。それ以降の政権、特にジョージ・W・ブッシュ政権において一度にひとつの課題に注意を向けるというレーガン政権の戦略が手本とされている。イベントが計画に先行することもあるが、あらかじめ計画された戦略と予定にもとづき行動することが記者にニュースを追わせる最善の策であることに変わりはない。

報道機関の作業手順を知っているスタッフを採用することは、記者がいつ何をすることになりそうかを予期するのに最良の方法である。大統領の広報に従事するためには選挙戦で忠誠心や経験を実証することが必要条件であるが、報道機関の作業手順に明るいことは、次第に、この忠誠心や経験に匹敵する条件になっている。クリントン政権が発足したとき、出だしは困難な状況であった。その理由はコミュニケーション・チームが報道機関の作業手順に慣れていなかったからであった。ディー・ディー・マイヤーズ報道官とジョージ・ステファノプロス・コミュニケーションディレクターは、記者に説明する仕事を分け合った。非公式の場だけでなく公式の場においてもであった。そのシステムは上手く機能しなかった。というのは、大統領にとって公式なスポークスパーソンは一人しか存在しえないからである。だがクリントン大統領には、報道機関の作業手順に詳しい者が記者対応にもっとも適していることがわかった。彼のコミュニケーション活動が顕著に改善したのは、指名人事の第二波にデーヴィッド・ガーゲンとマイク・マカリーというワシントンでもっと記者対応に熟達している者を加えたときであった。

上手なコミュニケーション活動が大統領にもたらすもの

広報活動を上手に行うことの便益は、組織の機能が高まることから始まり、人員が効率的に獲得・配分されることにまで及ぶ。便益は組織だけでなく個人にも及びうるし、また、実際に起こることだけでなく、起こらないことも含まれる。

自分の言葉で国民にふれる機会

米国民、政府高官、世界の指導者の関心を集めることについて、他のいかなる政府高官よりも大統領の方が簡単にできる。しかし、大統領であっても注目を集めるために競争は避けられない。連邦議会議員、利益団体の指導者は、大統領やその考えを、国民にこう映ってほしいと自分たちが望むものにレッテルを貼ろうとする。大統領を批判する人々の中でもっとも洗練されている者は、大統領に関する報道記事の中に自分たちの考えを浸透させる方法を知っている。

ブッシュ大統領は議論すべき明確なテーマとその実施に向けた計画を準備して登場した。このため、彼に反対する人々は、大統領がどういう人物であり、その政策課題がどういうものであるかのレッテルを貼ることがなかなかできなかった。反対派が実際にそのような行動をとることができるまでに数か月を要した。そして、九月一一日事件以降、彼らの努力は消失した。

アイゼンハワー政権時代は、国民の関心を得て、それを維持する試みは今日よりもずっと容易にできた。利益団体は新聞紙上で大統領に挑戦するよりも、議会や行政府のインナー・グループに影響を及ぼそうとする傾向があった。団体は、表に出ないほうがより効果的に活動できると感じていた。今日、利益団体はコミュニケーション活動に膨大な資金を費やす。ジョージ・W・ブッシュ大統領が、社会保障改革のための提案の一部である個人退職勘定を擁護するために各地を訪問したとき、彼は、全米退職者協会や、大富豪のジョージ・ソロスが支援するMoveOn.orgにより製作されたテレビ・コマーシャルの集中砲火に直面した。

大統領に就任したときに、コミュニケーション活動が既に準備万端な状態にあれば、広報の機会をすぐに活用できる。大統領選のときの政策要綱（platform）は、政権運営をするときの政策課題と同じではない。大統領の就任時は国民の関心が集まるが、しっかりと訓練された広報体制ができていないうちは、自分がやりたいことを伝える機会としてその関心を利用できない。ジョージ・W・ブッシュの場合は準備ができており、任期が始まるとすぐに自分の政策課題を論じることができた。

政権が発足してから二か月間、ブッシュと彼のスタッフは、週に一つの課題に集中し、記者はその後に続いた。自分たちが話したいことに集中することにより、他の人々の関心を導いた。最初の週は教育が議題であり、その後に、軍の予算増加、政府プログラムの実行に資するための信仰にもとづく活動のネットワーク作り、そして減税が続いた。最初の週、ブッシュ大統領はホワイトハウスのイースト・ルームで、「一人の子供も取り残さない」政策について語った。他の課題でも同様だったが、ブッシュ大統領はワシントンだけでなく、ワシントンの外に訪問して演説を行った。演説の議題と場所をあらかじめ念入りに検討することにより、どの新大統領にも与えられる広報の機会を利用し、誤りを犯すリスクを制御した。

任期中、ジョージ・W・ブッシュ大統領は近年の他のどの大統領よりも、自分が討議したい政策課題に集中した。この規律のおかげで、他の政権ではホワイトハウスから政策の分裂が報じられることが多いが、そういう場合と比べ、ブッシュ政権が主題から離れることはあまりなかった。マイク・マカリーの観察では「ブッシュ政権の人々は米国民に伝えようとしている政策の内容に非常に集中しており、場所、基盤、背景のプロセスをめぐる議論は少なかった[6]」。

少ない誤り

ジョージ・W・ブッシュが大統領選を行っている最中であったが、選挙に続く政権移行のずっと前に、カール・ローヴはそれ以前の政権移行について、どんな誤りを避けるべきか、政権運営を効果的にするための基盤はどうつくるかについて知るため、研究を行った。ローヴは、ジョージ・W・ブッシュがコミュニケーションを、彼の政治と政権運営の重要な構成要素として扱っていたのを知っていた。「我々は七回の政権移行について分析した。基本的に（ジョン・F・）ケネディ以降についてだ」と彼は回想した。「我々は実際のところ最初の一八〇日間を見て、最初の一八〇日間に何が起きたかだけでなく、政権が好調に進むことを可能にしたものは何か、ということについて教訓を引き出そうとした。我々はホワイトハウスの組織構成も見て、分析した。しかし、我々の出発は実際にはテキサスのジョージ・W・ブッシュ事務所であり、続いて選挙戦であった。ここで、政策と政治と広報が密接に統合され、すなわちコミュニケーションとなったんだ[7]」。

ローヴの研究は、国民の関心が高い就任当初の失敗は高くつくというブッシュの見解を裏付けることとなった。クリントン大統領は最初の声明で軍における同性愛問題に焦点を当て過ぎたため、この問題に注目が集まり、彼らが強調したいプログラムに焦点を当てることが困難となった[8]。政権が詳細な広報計画を策定しているときには、政権の最高発言者(speaker-in-chief)が軌道から投げ出される可能性は少ない。

政治とコミュニケーションの問題についての事前警報

記者会見室や記者と高官の会話において問題が浮かび上がることも少なからずある。記者の質問という形で警報が流れることが時々ある。記者が質問するのは報道機関がその案件を重要な問題と考えているからである。ブッシュ大統領が一般教書演説でイラクがイエローケーキ状のウラン精鉱を求めたと主張したことについて質問が続いたときがまさにそうであった。この問題にホワイトハウスが十分に対応する前に、大統領の主張は正しいのかと一部の記者が報道官のガグル(gaggle)や記者説明で問題を提起していた。この間、ホワイトハウスはこの問題についてのよくない評判が強まるのを見ているだけであった。

クリントン大統領の評判がひどく悪かったのは、一九九六年の再選キャンペーン時、支援者とホワイトハウスで会合を重ねたことにあった。もしも、支援者と会っているのではないかということを記者が追及しているという情報をコミュニケーション・スタッフが追いかけていたら、スキャンダルの一つは起こっていなかったかもしれない。「もう少し、私が気にかけて、記者のために情報をしっかり得ようとしていれば、クリントンが支援者と行っていたすべての会合を、私は掘り下げて明らかにしたであろう。そもそもホワイトハウスで会う必要性がまったくないものも含まれていた」とマイク・マカリーは語った。もしもマカリーが大統領のカレンダーにある疑わしい出来事や、出席者が誰であるかについて、「多分、私が尋ねていれば、クリントンの大統領としての地位をもっとも弱体化させたスキャンダルだと私が思うこの危機は、起こらなかったかもしれない。……一九九六年の再選にもっとも悪影響があったのはまさにこの選挙資金問題であった[9]」。

記者は、ホワイトハウスに関する情報を別の貴重な形で共有している。ワシントン・ポストのベテラン特派員アン・デヴロイは、クリントン政権初期にスタッフが起こした過ちを回想した。彼女の考えは、ホワイトハウスの活動リズムを知っている記者に話してみることにより、避けられる問題があるというものである。デヴロイは、一九九三年のホワイトハウスの旅行事務室職員の解雇問題を例に挙げ、新しい政権スタッフにとってベテラン記者がいかに有益であったかもしれないことを詳しく説明した。「スタッフと記者の間に何らかの仕事上の関係ができていれば、記者は警告できたと思うわ。もしそれをするなら政権は最悪のピンチに陥るであろうことを」と彼女は述べた。長く仕えているホワイトハウス職員を解雇したことは「本当に愚かだった。彼らはこう言えたはずよ。我々は経費を節約するため、こういうことをする予定である。これらの人員を他の部署に移す予定である。そうしないで、彼らはのりこんで、すべての職員をいかさま師と呼ばわりしたの。人前でそうしただけでなく、政権の人間がワシントン・ポストその他の記者を呼んで、職員を犯罪人、盗人と決めつけたのよ[10]」。何も知らずに行動したために、クリントン大統領はこの問題から生じた出来事にその後数年間、対応しなければならなかった。この問題は簡単に避けることができたであろう。

補足的リソース

多数の省庁におけるコミュニケーション戦略家と調整することにより、ホワイトハウスは特定の広報キャンペーンのために利用可能なリソースを増やすことができる。各省の長官は政権の重要課題について大統領の代理という役割を効果的に果たすことができる。行政機関は独自のリソースを持ち、特定のキャンペーンに貢献できる。

ブッシュ大統領が農業法案に署名する準備ができたときに農務省が提供したのはファーム・ラジオ(訳者注：農

家向けラジオ番組）を利用した農民への朝六時半のラジオ生放送であった。ダン・バートレットは次のようにコメントした。「農務省は自分たちのリソースを使った。ホワイトハウス通信局に放送を送り、全米中のファーム・ラジオの局とのやりとりが行われた。我々は農務省のコミュニケーション設備を使って農業に関するコミュニケーション活動を行った」。放送が行われると、農務省はいくつの局がこの番組を放送したかを集計した。「ラジオ市場の聴取率を調べるサービスがあり、農務省を通じ、いくつの局が生放送し、いくつの局が録音を放送したか、などがわかる。我々の計算では、その日の朝、おそらく、五〇万の家庭、農家が放送を聞いた」。

大統領選中は最新の高価な通信技術を用いる傾向にあるが、ホワイトハウスではそうはいかない。大統領とそのスタッフが、演説を選挙時と同ペースで行いたい、国の特定のグループに届けたい、と考えるなら、その費用を賄う工夫を考えなければならない。ダン・バートレットは費用問題についてこう説明した。「予定を組むことによって、より大きなイベントのために費用を節約できる。そして、多くの人がテレビネットワークの生放送を観る。このため、我々は時の人であり多くの人が彼を観る。他のこととして、特に九月一一日事件以降、大統領は大統領の周囲がよく映えるようにしたが、これは費用がかかった」。二〇〇一年一〇月に国土安全保障についてアトランタで演説を行ったとき、その光景は国際社会向けであった。「会場には一万人がおり、アリーナ全体を明るくした。この照明だけで七万五千ドルである。選挙期間中はこんなことは考えないが、連邦議会が管理する予算でやっているときには考える」[11]。

大統領のコミュニケーション活動の限界

大統領が政策や政治の目標を検討し、明確化し、達成しようとするとき、ホワイトハウスのコミュニケーション活動は大統領に人員、費用、戦略を提供する。我々は、政権がコミュニケーション上の課題について考え、それにもとづき行動する際に費やす時間とエネルギーを見てきた。しかし、コミュニケーション活動が大統領のためにできることには限りがある。それは、大統領本人、スタッフ、政策、そして国民に関する限界である。大統領の中には一流のコミュニケーション活動を送り出し、演じる者がいる。広報活動を漂流させる大統領もいる。 コミュニケーション組織がどう編成されるかは大統領の判断である。スタッフの編成もそれに含まれる。コミュニケーション組織がどう活動するかも、大統領とそのスタッフが政策と目標を説明する能力と意思とに依存する。また、大統領が言うべきことを聞くときに、国民がどのくらい関心を寄せるかにもよる。

大統領の個人スタイル

政権が何を強調するかは、ある程度、大統領個人のスタイルを反映している。基本的には大統領個人のスタイルは長所である。結局のところ、個人のスタイルは選挙の勝利につながることが多い。しかし、政権がどう運営されるかに関して、大統領個人のスタイルには限界がある。ジョージ・W・ブッシュ大統領は、長期計画を重視するマネジメント・スタイルで知られる。目標と計画を企て、それに忠実である能力は個人としての長所であり、同様に政権にとっても長所となっている。同時に問題も生じている。ブッシュ大統領がひとたび計画をたてると、彼とそのチームは別の行程に変更することが難しく思われる。

ブッシュ大統領はハリケーン・カトリーナへの対応が遅かった。その一因は、彼がテキサス州クローフォードで以前から計画していた休暇を満喫していたからであった。彼のコミュニケーション・スタッフ、事務運営スタッフも同様に同じ時期に休暇をとっていた。二〇〇五年八月、ブッシュのクローフォードの大牧場の近くで、反戦活動の抗議者シンディ・シーハンがキャンプをしていた。彼女について尋ねられたとき、ブッシュは「主張すべきことを持つ人々に対して、私は思慮深く、敏感に接することが重要である」と答えた。シーハンの息子は米軍に従軍し、イラクで戦死しており、彼女は大統領からイラク戦争について聞きたかった。「しかし、私にとっては自分の生活を続け、生活をバランスよくすることも重要である。国民が大統領に求めることは、判断を的確、迅速に行い、健康であることだと私は思う。私が健康である一因は外での運動である。つまり、私は、自分の周囲で起きていることに注意を払っている一方、私生活にも留意しており、今後もそうするであろう」[12]。彼は入念に計画した予定に忠実であった。——二週間後にハリケーン・カトリーナが起きたときも同様であった。

ハリケーンが勢力を増したとき、予想される経路の住民に政府職員は警報を発した。八月二七日の土曜日、ブッシュはクローフォードの大牧場から、ルイジアナ州における非常事態を宣言し、連邦緊急事態管理庁（FEMA）が救出活動を行うことに署名した。八月二八日の日曜日、ハリケーンが襲う前日、彼は、イラク憲法に関する長い発言の中に緊急事態に関する文言を少し押し込んだ。月曜日、彼は、アリゾナとカリフォルニアで、メディケアの演説を行うことを予定していた。火曜日はサンディエゴでテロとの闘いについて演説を予定していた。予定されていたこの三つの演説の冒頭、ハリケーンに対応する発言を組み込んだ。しかし、広がりを見せている危機への言及はこのような付け足しの発言だけであり、彼の姿は奇妙なくらい実態を把握していないように思われた。

ハリケーン圏内の現場の状況は深刻であった。ハリケーンがニューオーリンズを襲った後すぐに、堤防が決壊し、追って激しい洪水がおきた。ミシシッピーとアラバマのメキシコ湾岸沿いの都市でも大きな被害が発生した。依然として大統領は予定に忠実であった。水曜日に飛行機でワシントンに戻るまでは、彼は被害を受けた地域を一瞥しただけであった。その光景も一七〇〇フィート上空の飛行機から見たのみであった。このときまでにニューオーリンズは浸水し、人々は家の屋根に取り残されていた。避難民を収容したルイジアナ・スーパードームやコンベンション・センターは不衛生で無秩序な状態にあった。沿岸警備隊を除いては連邦政府機関の存在はほとんどなかった。

大統領がワシントンを離れていたためFEMAを監督するマイケル・チャートフ国土安全保障長官が、このハリケーン被害への連邦政府の対応についての責任者であった。ワシントンで行われた記者会見で、彼は連邦政府の「対応に非常に満足」していると言明した。しかし、彼はまだ被害地域を訪問していなかった。このため、彼の発言は、ワシントンにいた政府高官ですら距離があり実態を把握していないという印象を与えた。これらのことがすべてテレビで視聴者に映し出された。視聴者の数は、大統領と同様に人々が夏季休暇中であったため、完全に自由であり、テレビを見るだけの者で膨れ上がっていた。ブッシュ大統領の個人スタイルの二つの追加要素のために、大統領とそのスタッフにとって、大統領は実態を把握しておらず遊離しているという人々の認識を変えることは困難であった。二つの要素とは、ニュースを見ないということと、自分のために働く高官について解雇どころか非難することさえ嫌うということであった。

ブッシュ大統領は、ときどき、自分のことを新聞も読まないしテレビも見ない人間であると描写することがあった。ただし、大統領夫人など近しい人物によれば、新聞やテレビの内容の一部を、彼女を始めとする他の人から教えてもらうのであった。ハリケーン被害の初日は、移動中であったため、ブッシュ大統領はテレビ放送の断片くらいしか見ていなかった。大統領がメキシコ湾岸地域を初めて訪問するときに、大統領にニュースを見せるためにコミュニケーション・アドバイザーのダン・バートレットがDVDを作ったとニューズウィークの記事が報じたため、実態を把握していない大統領という印象が定着した[13]。

ハリケーン・カトリーナに対する事前準備も事後対応もなっていなかったと、週の後半までに両党の幹部が連邦政府の職員と省庁を非難した。しかし、ブッシュは、彼のために働く者を公の場で非難することはチームの士気にとってよくないと考えていた。「多数の人間が被害を受けた者のために一生懸命に働いている。その取組について私は彼らに感謝したい」。この言葉に続けて彼は言った。「結果は受け入れられない[14]」。しかし、彼はどうして結果は受け入れられないのか、誰の責任なのか、具体的に示さなかった。連邦政府の取組に対して批判的な人は、FEMAを名指ししていた。同じ日の遅い時間に、ブッシュはマイケル・ブラウンFEMA長官の横に立ち、「ブラウニー、君はものすごく仕事をしている」と述べた[15]。この光景は、米国史上最も被害が大きかった自然災害の一つであるカトリーナの実情から乖離した大統領である証拠として、広く受けとめられた。

円滑なコミュニケーション活動をなすのは難しい。その理由は、長期の、政策中心の選挙キャンペーンと同様に、短期の、実践が求められる緊急事態について対応しなければならないからである。この二つは、大統領のライフスタイルや政権運営スタイルについて異なるものを求める。

確立している大統領の名声を改める際の障壁

大統領の職にはたいてい背景がある。大統領の就任には、リーダーシップや個人スタイルに関する名声が伴う。名声やイメージというものは確立してしまうと改めるのが難しい。大統領のコミュニケーション・チームは負のイメージを改めようとすることもあるが、多くの場合、それは容易でない。ジョージ・H・W・ブッシュ大統領は、一度ついたイメージを改めることが難しいという例を提供する。ブッシュは裕福な政治・金融の指導者の家系にある貴族として見られ、また、一般市民と接点のない人物として見られていた。これらの点を強調するニュースの物語に彼のスタッフは対抗することが難しかった。ある例が核心をついている。

一九九二年二月、再選キャンペーンが始まり全米を訪問していたとき、彼は全国食料品小売協会の会議で展示場を訪れた。アンドルー・ローゼンタールによるニューヨーク・タイムズ記事では、ブッシュが食料品店のバーコード・リーダーと遭遇したとき、次のようであった。「再選を目指してブッシュ大統領が各地を訪問しているが、中心となる問題を避けられないように見える。この職業政治家は、数十年もワシントンのエリートとして俗世間から離れた生活を送っており、選挙民に自分のことを中産階級の生活に触れあう人物として説明することは困難である。今日、例えば、一一年間住んでいるワシントンの最高級邸宅から出て、現代のスーパーマーケットに遭遇した」。ローゼンタールは付け加えた。「それから彼は一クォート（訳者注：約〇・九五ℓ）の牛乳、電球、キャンディ袋をつかみ、バーコード・リーダーのところに向かった。レジのスクリーンの品名と価格を見て、驚きの表情で顔がひきつった。『これは精算のため？』とブッシュ氏は尋ねた。彼は後に食料品小売商に述べた。『ここの展示場を一周したが、技術のすごさに驚いた』[16]」。

ホワイトハウスのスタッフは後で、大統領をあのように驚かせた機械は通常のバーコード・リーダーではなかったと擁護した[17]。しかしその時、大統領のスタッフは、大統領は主婦が毎日見ているのと同じものに遭遇していたという印象をぬぐうことはできなかった。その日の反応として、マーリン・フィッツウォーター報道官は「記者に対し、ブッシュはかつて、この（旧型の）技術が作動するのをみたことがあると述べた。少なくとも一度は。メーン州のケネバンクポート（訳者注：ブッシュ家の別荘がある保養地）で[18]」。フィッツウォーターは説明した。「私は、こう主張した。ブッシュはその新しいバーコード・リーダーをこれまでに見ることはできなかった。その理由は、NCR（訳者注：レジスターの製造会社）が言うには、それは試作品であり、販売したことはなかったからである。すると記者は、大統領はこれまでに清算のためのバーコード・リーダーを見たことはあるのか尋ねた。つまり、大統領が食料品店に行ったことがあるかという意味である。私は、彼はケネバンクポートで行ったことがあると思うが、多分その地域ではもっと古い技術を使っていたと回答した[19]」。

イメージが定着するまで時間はかからなかった。二日目、三日目の記事の題名はこのようであった。「ブッシュ大統領、精算についてよく知らない」、「リップ・ヴァン・ブッシュへのメッセージ。技術事項についての入門書[20]」（訳者注：二〇年間眠りつづけた後で目覚めた小説の主人公リップ・ヴァン・ウィンクルにちなみ風刺している）。

主張をしながら同時に聞いているという問題

行動に向けてコミュニケーション活動に力を注ぐときには副作用も生じる。その一つは、大統領の考えを売り込んでいるときには聞くことが困難になるという問題である。政策課題に特化した活動をするために大統領とそのスタッフは、彼らの目標が何であるかを意識し、それを明確にし、繰り返し、そしてそれに固執する必要がある。彼らは自分たちの課題を論じたいと思い、他者の政策課題、特に反対派の政策課題に反応することに時間をとられたくないと思う。このため、政策を主張する者は、他者が持つ別の考え方や自分たちの政策課題に取り入れる価値がある事柄について耳を貸すことができない。

レーガン政権とジョージ・W・ブッシュ政権はともに、コミュニケーション活動の運営が非常に行き届いていた。同様に、両政権ともコミュニケーション活動の方向を変えることは困難であった。ロバート・ボークの最高裁判事への指名を促進するためのレーガン政権のコミュニケーション活動は、簡単なプレス・リリースと地方報道機関に対するインタビューとでさばくことだけであった。この戦略の前提となっているのは、夏の間、高級全国紙は判事指名を報道することに関心を持たないであろう、ということであった。実際のところは、ニューヨーク・タイムズとワシントン・ポストはボークの指名を報道することに大変関心を持っていた。そのことが判明したときですら、レーガンのコミュニケーション・チームは元の計画に固執していた。両紙は、ボークの法律家としての活動実績は古くから論争の的であったと分析する記事を掲載したが、これに対する反論はなされなかった。反対派は、この問題と指名された者の人となりとを定義することに成功した。指名された者が国民や上院が受け入れるには難しい人物と思われてしまうのは明らかであった。

ジョージ・W・ブッシュ政権は、企業責任を、差し迫った課題の中に追加するまで数か月を要した。ブッシュ大統領は二〇〇四年の大統領選挙の演説で企業責任について繰り返し述べたけれども、二〇〇一年にこの問題が生じたとき、彼とそのスタッフがこの問題を顕著な問題と見るまでには時間がかかった。二〇〇一年一二月にエンロン社が破綻し、また、ワールド・コム(WorldCom)、グローバル・クロッシング(Global Crossing)、クエスト・コミュニケーションズ・インターナショナル(Qwest Communications International)の破綻で通信分野において企業の不正問題が提起された後、大統領がこの問題を強調するには数か月を要した。大統領がこの問題について多く発言したのは二〇〇二年七月九日が最初であった。翌月、テキサス州ウェーコで八月一三日に開かれた会議において、大統領は重要な経済問題の一つとして企業責任に焦点を当てた。

友人とコミュニケートする傾向

報道機関に情報を提供するとき、真に平等なスタッフは珍しい。多くのスタッフは、彼らが面識をもち、かつ、ワシントン・コミュニティや国民に広く影響を与えると彼らが思う記者、報道機関に主に注目する。

コミュニケーション・スタッフが情報を提供するのは、彼らが安心できる情報発信元である。このため、彼らは自分たちが知っている記者、組織との接触を重視し、そして、自分たちが知らない、あるいは信用していない記者、組織との接触は減らす。ホワイトハウスのスタッフは、報道機関に対して不信感を抱きながら業務をこなしている。ある上級スタッフ・メンバーは、記者に対して話をする際のスタッフの不安を説明した。インタビューの中から、そのインタビューを受けた者にとって公正さに欠けると思われる方法で特定の部分がつまみ食いされることがある。「その結果起こることは、また、こういうことはこの世界では長い歴史があることだが、自分独自の情報発信元を開発することになる。私は報道業界において誰が友人か、信頼できるか知っており、そういう者は良い情報を得ることができる。良い接触、良い評判を得ることができる」[21]。

実際には、ホワイトハウスは情報を広く配布すればするほど、また、迅速かつ正確に配布すればするほど、彼らが得る記事は良いものとなる。同様に逆のこともあてはまる。

ブッシュのホワイトハウスにおいて反対意見を取り入れることがどれだけ難しかったかということは、イラク戦争の前段階で、ブッシュ政権の仲間が政権とどう連絡をとったかという方法から見てとれる。ブッシュ政権を支援する二人の共和党員、ジョージ・W・ブッシュのためにフロリダ州の再集計(訳者注：二〇〇〇年の大統領選投票結果の再集計)を差配したジェームズ・A・ベーカー三世、ブッシュ政権で対外情報諮問委員会のメンバーであったブレント・スコウクロフト、この二人はニューヨーク・タイムズ、ウォール・ストリート・ジャーナルで解説を書き、イラクの状況に関する彼らの懸念を政権に伝えた。彼らは、通常の方法では大統領に届かないと思い、代わりに公開戦略を採ったのである。

誤りを認めない

ほとんどの政権は誤りを認めることを好まない。スタッフの良好な活動があると政権の誤りの数を減らせるが、ひとたび誤りが発生すると、その対応は難しい。記録を訂正しないで誤りを漂流させることは高くつく。その理由は、問題があると思われている事柄は対処されるまで人々の頭に残り続けるからである。しかし、ほとんどの政権はつらい経験を経てこの教訓を学ぶ。しかも何度も痛い目に遭ってから。

前に見たように、ロン・ネッセンは、ホワイトハウスで「一連の同じルールがいつも、毎年、どの政権においても、適用される。すなわち、真実を語る、うそをつかない、隠ぺいしない、悪い知らせは自分で知らせる、できるだけ早く知らせる、自分なりの説明を行う、こうしたことすべて」。しかし、同時に彼が気付いたことは、これらのルールに他者を同意させることの難しさであった。特に、もしも誤りが含まれている場合はそうである。「スタッフの他のメンバーがこれをやりたがらないことはよくある。彼らは理解しない。彼らは政治戦略家である。彼らは目標の組み合わせが幾分異なる。ホワイトハウス内部でこのことについて闘わないといけないこともある。大統領が気乗りしないときもある[22]」。

コミュニケーションと大統領

ホワイトハウスのコミュニケーション活動を研究することにより、大統領という職について重要な教訓が得られる。コミュニケーションは、大統領とそのスタッフにとって、主要な活動の一つである。このため、我々は大統領という官職とスタッフの活動について学ぶことができる。コミュニケーションの傾向は大統領の行動様式全般を指し示している。

ホワイトハウスのスタッフは大統領を反映している

どのような政権であれ、ホワイトハウスのスタッフ構造はスタッフが仕えている大統領を反映している。もちろん、スタッフが大統領の長所を表わすというなら、大統領の短所も表している。スタッフが大統領にないものを提供することはない。コミュニケーションが上手な大統領は、広報に時間とエネルギーを費やす。──スタッフも同様である。コミュニケーションが得意でない大統領は、自分の弱点であるコミュニケーションを補強するために要員を投入することはしない。逆に、強調したい分野に要員を集中する。

レーガン大統領はハリウッドで映像制作の現場にいた経歴を持ち、彼が届けたいと望む政府内外の特定の人々だけでなく米国民全体に、彼のメッセージと行動を伝えるための広報活動を行った。彼は、彼とナンシー・レーガンに近いマイケル・ディーヴァーに、テレビを通した、あるいは直接見たときの、レーガンのイメージに関係する案件や行事を担当させた。レーガンはホワイトハウスのスタッフ組織をつくりあげた。その構造は、ホワイトハウス全体にとっても、また、政権上層部の人々にとっても、コミュニケーションが重要なものであるとわからせるものであった。

ジェームズ・ベーカーは、どうしてスタッフは大統領を補完するのではなく、反映するのかを説明した。「私は、スタッフは常に大統領の長所及び短所を反映していくことになると思う。その理由はすべてのことが大統領から派生するからである。大統領から派正したものでないと力を持ちえない」。このようにスタッフは大統領の関心に応じて対応するよう努める。大統領が特定の組織問題や政策に取り組まない場合は、スタッフも同様である。

ベーカーは、スタッフが大統領を映すのはコミュニケーションの分野にとどまらないと述べた。「外交政策でも同様である。国内政策でもそうである。総じて当てはまると思う」。ジョージ・H・W・ブッシュ政権時代、「国務長官であったことは本当に素晴らしい時代であった。その理由は、大統領が外交政策を理解し、好んでいたからである。大統領は、外交政策に自分の時間、力量、注意を費やしてくれたし、外交政策が得意であった。その結果、我々も上手に外交を行うことができた。コミュニケーションでも選挙戦でも国内政策でも、何であろうと同様である[23]」。

一方、ジョージ・H・W・ブッシュ大統領はコミュニケーションが好きでなく、大統領が広報活動を行うことに関心を持たないことが反映されたシステムが作られた。彼は記者と会い、演説も行ったが、全体を調整してこれらのことに取り組むことはなかった。もっと重要なコミュニケーション・スタッフはマーリン・フィッツウォーター報道官であり、コミュニケーションディレクターではなかった。

ホワイトハウスのスタッフはリスクを回避することが多い

第一期ブッシュ政権において、コミュニケーション・スタッフは、大統領あるいは他の誰かがコミュニケーションを失敗することにより、ブッシュ大統領の支持率が危険にさらされることを避けた。とりわけ、彼らは、大統領あるいはその代理を脆弱な位置に置くことを回避しようとした。「私は、スタッフや政府職員は失敗することを恐れていると思う」とバートレットは述べた。「大統領が再選のために国民の前に登場するより先に失敗すると、再選を求めていないときに失敗するのと比べ、異なる結果がもたらされる」。恐ろしいのは、政府高官が意図していなかった方法で何かが使われるということである。「選挙という環境では、物事は文脈から切り離されたり、曲解されたり、意に反して使われたりする。自分たちのボスにとって政治的に悪影響を及ぼすような方法で使われる。そんな危険な状況に誰も近づきたくないのは明らかである[24]」。ブッシュ政権にとってそのような事態が生じたのは、二〇〇四年二月、大統領選のシーズンの初期であった。

大統領経済諮問委員会が準備した年次経済報告書は、経済がいかにうまく行っているかを強調する一週間の行事の最重要項目であった。けれども、予期せぬ影響を免れない。この報告書は、米企業から他国への仕事のアウトソーシングという敏感な問題に言及した。報告書を発表するときにグレゴリー・マンキュー委員長は記者に対し、「アウトソーシングは国際的取引を行う新しい方法に過ぎない」と述べた。彼は説明した。「過去と比べて多数のものが取引できる。これはよいことである」。マンキューは民主党による批判の当面の標的となった。中西部の共和党員からも批判された。例えば、イリノイ州選出のドナルド・マズーロ下院議員はマンキューの辞任を求めた。「大統領がこの男が言っていることを信じないのはわかっている。彼は去って、ハーバードの蔦で蔽われたオフィスに戻るべきだ[25]」。政権の他の人々はマンキューをかばったため、この問題はニュース上の論点であり続けた[26]。

共和党も民主党もコミュニケーションの同様な取組を行っている

アイゼンハワーからカーターまで、ホワイトハウスの運営方法は党派により異なっていた。アイゼンハワーからニクソン、レーガンまでの共和党は、同様の方法でホワイトハウスのコミュニケーション活動を組織していた。政府の活動全般を見る上級の側近に管理される洗練された組織を置いていた。ハガーティが日々の記者対応業務と同様に計画を担当していたアイゼンハワー政権を除き、ニクソン政権、レーガン政権におけるコミュニケーション活動の主要人物はコミュニケーションディレクターであり、体系的に計画を立てた。第二次世界大戦後の共和党政権の中でジョージ・H・W・ブッシュ大統領だけが、マーリン・フィッツウォーター報道官が担当する毎日の報道戦略を優先し、長期の計画策定を控えた。

同時期の民主党政権は、異なるパターンを採っていた。主な違いは、ケネディ大統領、ジョンソン大統領、カーター大統領の前半は、ホワイトハウスの業務を組織、管理する首席補佐官を置かなかったことである。代わりに彼らのスタッフ構造は緩やかなものであり、数名のさまざまな主要人物が上級ポストに就いていた。どの政権においてもコミュニケーションの分野で報道官が最も重要な官職であった。

クリントン大統領はレオン・パネッタ首席補佐官の下に強力で集権的なスタッフ構造を置くことを選択し、それまでの民主党のパターンと決別した。報道官は依然としてコミュニケーション関係の中心となる職であったが、首席補佐官が中心人物であり、それほどではないにせよ、コミュニケーションディレクターもいた。彼らは、計画を重視した。たとえ、事件や状況に対応できる能力も同様に重要であると感じていたにせよ。

民主党であっても共和党であっても今後の政権は、コミュニケーション活動に価値を置く首席補佐官のコントロールの下に、強力なスタッフ・システムを採用する可能性が非常に高い。先任者たちの経験からの教訓に学ぶとするならば、彼らのシステムは、計画、規律、対象とする聴衆の明確化、変化する環境への適合性を重視するものとなろう。

政治・政策上の困難をコミュニケーション問題として扱う大統領とそのスタッフ

ブッシュ大統領は、二〇〇四年の再選に勝利してから一年の間に以下の問題に対処したが、その際、強力な反対に遭った。ハリケーン・カトリーナ、社会保障に関する一括法案、移民制度改革についての計画、最高裁へのハリエット・マイヤーズの指名失敗、米国のいくつかの主要港でコンテナ・ターミナルを管理するドバイの会社に関して政権が支援するという取引。この上さらに、一年間を通してイラク戦争の扱いに対する批判が増大する事態に直面した。上下両院を共和党が支配していても、彼の政策に対して支援しようという動きは生じなかった。そうではなく、彼に対してコミュニケーション・チームを変更するようにとの要求が起きた。

政治と政策が困難な状況に陥っているというプレッシャーがあるとき、政権は、コミュニケーション活動に問題があると考えることが多い。大統領はコミュニケーション・スタッフを交代させるかもしれず、場合によっては首席補佐官を同様に交代させるかもしれない。イラン・コントラ事件の重圧により、レーガン大統領はハワード・ベーカー元上院議員を新しい首席補佐官にし、トム・グリスコムをコミュニケーションディレクターにした。ジョージ・W・ブッシュ大統領は、一年の半分が支持率三〇％台であったため、ジョシュア・ボルテンを首席補佐官、トニー・スノーを報道官にした。数か月が経過したとき、彼の支持率はほとんど変わっていなかった。

実際のところ、大統領が抱えているのは政治・政策上の問題であり、コミュニケーションの問題ではない。大統領のコミュニケーション活動が果たせることについての期待は、実際にできることよりもはるかに大きい。しかし、それでも、効果的なコミュニケーション活動が大統領のためにできることは少なくない。

大統領はコミュニケーションの機会に適応する

歴代の大統領とそのスタッフは、コミュニケーションという重要な分野での環境変化に対応して、大統領の統治システムを変更できることを実証している。ジョージ・B・コーテルユーは、マッキンリー大統領とルーズベルト大統領に次官補として務め、続いて秘書官として仕えたが、この頃、写真を始めとした技術の発展に気付いていた。彼は、大統領が新しいメディアによってよく取り扱われること、大統領が出かけるときにはカメラマンも同行すること、を確実なものにした。二〇世紀の大統領はラジオ、テレビ、インターネットに対応した。歴代大統領とそのスタッフは技術の変化を重荷でなく機会として捉えた。

アイゼンハワー大統領は、テレビという新しいメディアを、彼の広報計画の中心部分においた。彼とアドバイザーはテレビを国民に直接ふれる手段として捉えた。彼の時代以降、他の大統領も同じ目標を達成するために技術変化を取り入れている。その目標とは、記者や報道機関による編集や解釈を最小限にして、視聴者にふれることである。

アイゼンハワーの時代、月に二回の記者会見を通じ、定期的に国民に声を届けていた。それらは録画であるため時間にずれがあったが、放送はさまざまな質問に答える大統領の全体像を伝えた。全米テレビネットワークは記者会見の全部を生放送で伝えたので、ケネディ大統領はこのような機会の到来を、彼が国民に彼の考えや行動を説明する努力についての連載記事のように見なした。ニクソン大統領、レーガン大統領にとっては、イースト・ルームでの夜の記者会見が三大全米ネットワーク(ABC放送は一九五〇年代、一九六〇年代はニュースの主要メディアではなかった)で伝えられた。多数の視聴者が自分たちの日常の手を止めてテレビを見た。

今日、できるだけフィルターを通さずに国民と接触する手段としては、依然としてテレビが挙げられるが、今では大統領はケーブル放送によるニュースネットワーク、地方テレビ局、インターネットの組み合わせを選択できる。利用できる技術が何であれ、歴代大統領は、国民との時間を最大化する方法を考えている。

ニュースサイクルが速いので、大統領がニュースに先行して事案を自分の言葉で説明することは困難になっている。一方、クリントン大統領、ブッシュ大統領はそれに応じるべく努力した。どちらも自分が議論したい事項について話をするし、視聴者は彼らが意図することを理解した。国民はこの二人の大統領が言わなければならなかった内容を好きでなかったかもしれないが、その内容を何度も聞く機会を得た。

大統領が効果的にリーダーシップを発揮するには、重要な課題、行事について国民とコミュニケーションをよくする必要がある。一時期、大統領は自分のコミュニケーション計画を自分で扱えたが、もはやそういうことはできない。今日、大統領のコミュニケーション活動を効果的に行うためには、大統領は、自身の広報活動を調整できる組織を編成する必要がある。大統領は、彼の背後に組織を持つ必要がある。その組織は、国民へのメッセージを作り上げることと、また、そのメッセージを大統領が届けたいと思う国民にアピールするような方法でコントロールすることが可能な組織である。

国民にメッセージを届けるために、大統領は多様な形態の技術を活用できるようになっている。しかしそうであっても大統領には引き続き報道機関が必要である。報道機関は大統領自身や彼の政権についてのニュースを日々伝えており、大統領が国民につながる手段を代表する。報道にとっても、大統領において報道機関が重要であるのと同じ様に、大統領は重要である。大統領は、読者や視聴者がもつニュースの概念の中核に位置している。

お互いに相手を必要としていることこそが、大統領と記者との関係を現代の大統領制の重要な特徴としているのである。大統領は、彼自身と彼の取組を支持者に知らせ、彼らを激励し、元気を与える。大統領と記者との関係により、大統領は、彼にとって必要な支持者と強くつながることができるのである。

注

1 世論調査のデータは次で入手可能。pollingreport.com/social.htm
2 James A. Baker III, 著者インタビュー, Houston, Texas, May14, 2001.
3 Marlin Fitzwater, 著者インタビュー, Deale, Maryland, August 8, 1998.
4 Andrew Rosenthal, "President Announces Plan for More Latin Debt Relief," *New York Times*, June 27, 1990.
5 Martha Joynt Kumar and Terry Sullivan, eds., *White House World: Transitions, Organization, and Staff Operations* (College Station: Texas A&M University Press, 2003), 133.
6 Mike McCurry, 著者インタビュー, "The President, the Press, and Democratic Society," University of California, Washington Center, April 19, 2006.
7 Karl Rove, 著者インタビュー, May 2002. .
8 President William J. Clinton, "The President's News Conference," January 29, 1993, *Public Papers of the Presidents of the United States*. 次で入手可能。www.presidency.ucsb.edu/ws
9 Mike McCurry, 著者インタビュー, "The President, the Press, and Democratic Society," University of California, Washington Center, March 1, 2004.
10 Ann Devroy, 著者インタビュー, August 1995.
11 Dan Bartlett, 著者インタビュー, Washington, D.C., May 22 2002.
12 White House internal transcript of session with reporters biking with him, August 13, 2005. 公開文書ではない。
13 Evan Thomas et al., "How Bush Blew It," *Newsweek*, September 15, 2005, 26-40.
14 "Remarks on Departure for a Tour of Gulf Coast Areas Damaged by Hurricane Katrina," September 2, 2005, *Weekly*

Compilation of Presidential Documents. 次で入手可能。 www.gpo.gov/nara/nara003.html

15 "President Arrives in Alabama, Briefed on Hurricane Katrina," White House, September 2, 2005. 次で入手可能。 www.whitehouse.gov/news/releases/2005/09/20050902-2.html

16 Andrew Rosenthal, "Bush Encounters the Supermarket, Amazed," *New York Times,* February 4, 1992.

17 Fitzwater, *Call the Briefing, 328-32.* （マーリン・フィッツウォーター著(佐々木伸・菱木一美訳)『ホワイトハウス報道官 レーガン・ブッシュ政権とメディア』共同通信社、一九九七年。）

18 John E.Yang,"Bush Says Tax Plan Critics Are Divisive; President Goes to Grocers to Seek Support for Economic Incentives," *Washington Post,* February 4, 1992.

19 マーリン・フィッツウォーター (Marlin Fitzwater)から著者への電子メール。 October 27, 2005.

20 Jonathan Yardley, "President Bush, Checkout-Challenged," *Washington Post,* February 10,1992, and Joel Achenbach, "Message for Rip Van Bush; A Primer on the Technology Thing," *Washington Post,* February 6, 1992.

21 背景説明(background interview)。

22 Ron Nessen, 著者インタビュー , White House Interview Program, Washington, D.C., August 3, 1999.

23 James A. Baker III, 著者インタビュー , Houston, Texas, May14, 2001.

24 Dan Bartlett, 著者インタビュー , March 8, 2004. "The President, the Press, and Democratic Society," University of California, Washington Center.

25 Jonathan Weisman, "Bush, Adviser Assailed for Stance on 'Offshoring' Jobs," *Washington Post,* February 11, 2004.

26 その月の後半にジョン・スノー財務長官は仕事のアウトソーシングに関する批判を拒んだ。「私は米企業は競争力維持のために必要なことをやるべきだと思う。そして米企業は競争力があることが株主、消費者、従業員のために良いことである。私は米国のビジネス界出身だが、成功しない企業は多くの雇用を産まない」。"Capital Report, CNBC News Transcripts, February 24, 2004.

参考資料編

表1　コミュニケーション室を指揮する者（1969年～2006年）

大統領		地位・官職	在職期間	主な経験	他の経験
ニクソン	ハーバート・クライン	行政府コミュニケーションディレクター、1969年1月にニクソン大統領が創設したコミュニケーション室担当	1969年1月20日～1973年7月1日	ニクソン（副大統領及び大統領候補）の報道官	サンディエゴ・ユニオン編集者（1959年～1968年）
	ケン・W・クローソン	コミュニケーションディレクター、コミュニケーション室担当	1974年1月30日～11月	行政府コミュニケーションディレクター代理（1972年2月～1973年）	ワシントン・ポスト記者（1966年～1972年）
フォード	ジェラルド・L・ウォーレン	報道官代理（情報リエゾン担当）、後にディレクター、コミュニケーション室担当	1974年11月～1975年8月15日	報道官代理（1969年～1975年）	サンディエゴ・ユニオン（ローカル記事編集者、編集主幹補）（1963年～1968年）
	マルギータ・E・ホワイト	ディレクター、コミュニケーション室担当	1975年8月15日～1976年9月22日	副報道官（1975年1月～8月15日）	米国文化情報局長官補（広報担当）（1973年～1975年）

大統領		地位・官職	在職期間	主な経験	他の経験
フォード	デーヴィッド・ガーゲン	大統領特別顧問（コミュニケーション担当）、コミュニケーション室担当ディレクター。コミュニケーション室を改組して、報告レベルを報道官からリチャード・チェイニー首席補佐官に引き上げた。	1976年7月〜1977年1月20日（コミュニケーション室担当ディレクターとして）	大統領特別顧問（コミュニケーション担当）（1976年4月〜7月）、リチャード・チェイニー首席補佐官特別補佐官（1975年12月〜1976年4月）	ウィリアム・E・サイモン財務長官顧問（1974年11月　〜1975年12月）、大統領特別補佐官（スピーチライティング・調査担当）（1973年〜1974年11月）
カーター	空席		1977年1月〜1978年6月、1979年8月〜1981年1月		
	ジェラルド・ラフシューン	大統領補佐官（コミュニケーション担当）	1978年7月1日〜1979年8月14日	ジョージア州アトランタのラフシューン・コミュニケーション社代表	ジョージア州知事選においてカーター陣営のメディア対応
レーガン	フランク・A・ウーソマーソ	コミュニケーションディレクター。ただし、大統領副補佐官としてデーヴィッド・ガーゲン補佐官の下に位置した。	1981年3月27日〜9月15日	1976年、1980年、ロナルド・レーガン・カリフォルニア州知事の大統領選ディベートのためにテレビ番組制作	ニクソン大統領、フォード大統領の遊説先遣隊員（1973年〜1976年）、自動車ビジネス
	デーヴィッド・ガーゲン	コミュニケーションディレクター（大統領補佐官級）	1981年1月21日〜1984年1月15日	フォード大統領特別顧問、ニクソン大統領特別補佐官（1973年〜1974年）	上記参照のこと
	マイケル・A・マクマナスJr.（ディレクター代行）	コミュニケーション室担当。マイケル・ディーヴァー次席補佐官の下に位置した。	1985年2月6日〜1987年3月1日	1983年にヴァージニア州ウィリアムズで開催されたG7首脳会合の手配	会社法、ファイザー、弁護士業務（私法関係）

レーガン	パトリック・ブキャナン	大統領補佐官、ディレクター（コミュニケーション室担当）	1985年2月6日～1987年3月1日	リチャード・M・ニクソン前副大統領補佐官（1966年～1969年）、ニクソン大統領のスピーチライター、シニア・アドバイザー（1969年～1974年）	全米の新聞に配信されるコラム・解説の執筆（1975年～1985年）
	ジョン・コーラー	大統領補佐官、ディレクター（コミュニケーション室担当）	1987年3月1日～13日	米国文化広報局顧問、ドナルド・リーガンからハワード・ベーカーへの首席補佐官の交代準備	AP役員（元記者）
	トーマス・C・グリスコム	大統領補佐官（コミュニケーション・企画担当）	1987年4月2日～1988年7月	オグルビー＆メイザー広告代理店会長兼最高執行責任者（1987年）	共和党上院選挙対策委員会事務局長（1985年～1986年）、ハワード・ベーカー上院議員報道官（1978年～1984年）
	マリー・マセング	大統領補佐官、コミュニケーションディレクター	1988年7月～1989年1月20日	ディレクター（渉外室担当）（1986年5月～1987年7月）、運輸次官補（広報担当）（1983年11月～1985年4月）	スピーチライティング・スタッフ（1981年1月～1983年11月）、イリノイ州シカゴのビアトリス社副会長
G. H. W. ブッシュ	デーヴィッド・デマレスト	大統領補佐官（コミュニケーション担当）	1989年1月21日～1992年8月23日	1988年大統領選のジョージ・H・W・ブッシュ選対本部長	労働次官補（広報、政府間事項担当）（1987年～1988年）
	マーガレット・タトワイラー	コミュニケーションディレクター	1992年8月23日～1993年1月20日	国務次官補（広報担当）、スポークスパーソン（1989年～1992年）	財務次官補（広報担当）、ジェームズ・A・ベーカーIII首席補佐官の補佐官，大統領副補佐官（広報担当）（1981年～1989年）

大統領		地位・官職	在職期間	主な経験	他の経験
クリントン	ジョージ・ステファノプロス	大統領補佐官、コミュニケーションディレクター	1993年1月20日〜5月29日	1992年大統領選におけるクリントン・ゴア陣営の上級政治アドバイザー	リチャード・A・ゲッパート下院多数党院内総務スタッフ、1988年大統領選デュカキス選対本部
	マーク・D・ゲラン	大統領補佐官、コミュニケーション・戦略計画ディレクター	1993年6月7日〜1995年6月21日	次席補佐官、1992年政権移行委員会ウォーレン・クリストファー委員長代理	1992年大統領選におけるアル・ゴア選対本部長、民主党全国本部報道官、1988年大統領選デュカキス選対本部
	ドナルド・A・ベーア	大統領補佐官、ホワイトハウス・戦略計画・コミュニケーション・ディレクター	1995年8月14日〜1997年7月31日	首席スピーチライター(1994年4月〜1995年8月)	U.S.ニューズ&ワールド・レポート記者、編集者(1987年〜1994年)、ニューヨーク市で弁護士、雑誌ライター
	アン・ルイス	大統領補佐官、コミュニケーションディレクター	1997年7月31日〜1999年3月10日	1996年大統領選におけるクリントン・ゴア再選のための選対本部長代理兼コミュニケーション部長、米国家族計画連盟副会長(公共政策担当)(1994年〜1995年)	労働次官補(広報担当)、1993年5月17日
	ロレッタ・ウッチェリ	大統領補佐官、コミュニケーションディレクター	1999年3月10日〜2001年1月20日	環境保護庁副長官(コミュニケーション、教育、公共問題担当)(1993年3月2日〜1999年3月10日)	全米中絶権獲得運動連盟コミュニケーション部長(1992年〜1993年)

G. W. ブッシュ	カレン・ヒューズ	大統領法律顧問。ホワイトハウスのコミュニケーション室、メディア問題室、スピーチライティング室、報道官室を管理した。	2001年1月20日～2005年7月29日	2000年大統領選におけるブッシュ選対本部コミュニケーション部長、1994年、1998年テキサス州知事選におけるブッシュ選対本部	ジョージ・W・ブッシュ・テキサス州知事の下でコミュニケーション部長(1995年～1999年)、テキサス州共和党事務局長(1992年～1994年)、TVニュース・レポーター(1977年～1984年)
	ダン・バートレット	大統領補佐官(コミュニケーション担当)、ホワイトハウス・コミュニケーションディレクター	2001年10月2日～2005年1月5日	大統領副補佐官、カレン・ヒューズ法律顧問筆頭代理	テキサス州オースティンの知事室政策部長代理(1994年～1998年)、1998年知事選におけるブッシュ再選活動
	ニコル・ディヴニッシュ・ワラス	大統領補佐官(コミュニケーション担当)。コミュニケーション室を指揮	2005年1月5日～2006年6月30日	2004年大統領選におけるブッシュ・チェイニー再選のための選対本部コミュニケーション部長、その前は、ホワイトハウスで大統領特別補佐官、メディア問題室ディレクター	ジェブ・ブッシュ・フロリダ州知事報道官(1999年)、フロリダ州技術局コミュニケーション部長(2000年)
	ケヴィン・サリヴァン	大統領補佐官(コミュニケーション担当)。現在、コミュニケーション室を指揮	2006年7月24日～現在	教育次官補(コミュニケーション・アウトリーチ担当)、その前はNBCユニバーサル、NBCスポーツ	ダラス・マーベリックス(NBA)副会長(コミュニケーション担当)

表２　大統領報道官（1929年〜2006年）

大統領	大統領報道官	在職期間	主な経験	他の経験
フーバー	ジョージ・エイカーソン	1929年3月4日〜1931年2月5日	農務省広報担当官、1928年大統領選におけるフーバー選対本部報道スタッフ	ミネアポリス・トリビューン記者
	セオドア・G・ジョスリン	1931年3月16日〜1933年3月4日	ボストン・イブニング・トランスクリプト、ワシントン特派員	
ルーズベルト	スティーヴン・アーリー	1933年3月4日〜1945年3月24日	記者（AP、UP）、パラマウント・ニュースリール・カンパニー	1920年大統領選におけるルーズベルト副大統領候補の先遣隊員
	ジョナサン・ダニエルズ	1945年3月24日〜4月12日	ルーズベルト大統領補佐官、1943年〜1945年	民間防衛局長官補佐（1942年）、ローリー・ニュース・オブザーバー編集者（1933年〜1942年）
トルーマン	チャールズ・ロス	1945年5月15日〜1950年12月5日	セントルイス・ポスト・ディスパッチ社説面編集者	ハリー・トルーマンの少年時代の友人
	ジョセフ・H・ショート Jr.	1950年12月18日〜1952年9月18日	ボルチモア・サン、ワシントン特派員	
	ロジャー・タビー	1952年12月18日〜1953年1月20日	報道官代理	国務省報道担当官
アイゼンハワー	ジェームズ・ハガーティ	1953年1月20日〜1961年1月20日	デューイ知事報道官（1942年〜1959年）、1952年大統領選におけるアイゼンハワー選対本部報道官	ニューヨーク・タイムズ記者
ケネディ／ジョンソン	ピエール・サリンジャー	1961年1月20日〜1964年3月19日	1960年大統領選におけるケネディ上院議員選対本部報道官	記者（サンフランシスコ・クロニクル、コリアーズ）

ジョンソン	ジョージ・リーディ	1964年3月19日～1965年7月8日	ジョンソン副大統領側近（1961年～1964年）、リンドン・ジョンソン上院議員側近（1951年～1961年）	UP記者
	ビル・モイヤーズ	1965年7月8日～1967年1月1日	平和部隊（副長官、長官代行）	リンドン・ジョンソン上院議員スタッフ
	ジョージ・クリスチャン	1967年2月1日～1969年1月20日	国家安全保障会議事務局スタッフ	報道官（ジョン・コナリー・テキサス州知事、テキサス州政治家プライス・ダニエル）
ニクソン	ロナルド・ジーグラー	1969年1月20日～1974年8月9日	1968年大統領選においてニクソン陣営のハーバート・クラインの部下	H・R・ハルデマン首席補佐官（ニクソン大統領）のJ・ウォルター・トンプソン広告代理店時代の部下
フォード	ジェラルド・ターホースト	1974年8月9日～9月8日	デトロイト・フリー・プレス記者	
	ロン・ネッセン	1974年9月20日～1977年1月20日	NBC記者。ジェラルド・フォード（大統領、副大統領）担当	UPI、ホワイトハウス担当
カーター	ジョディ・パウエル	1977年1月20日～1981年1月20日	カーター・ジョージア州知事報道官（1971年～1975年）、1980年大統領選におけるカーター選対本部報道官	
レーガン	ジェームズ・ブレイディ	1981年1月20日～3月30日	ウィリアム・ロス上院議員（共和党、デラウエア州）補佐官	ニクソン政権、フォード政権勤務
	ラリー・スピークス	1981年3月30日～1987年2月1日	フォード政権においてターホースト報道官、ネッセン報道官の副報道官、ウォーターゲート事件のニクソンの弁護士ジェームズ・セント・クレアの報道スタッフ	ジェームズ・イーストランド上院議員（民主党、ミシシッピ州）報道官

大統領	大統領報道官	在職期間	主な経験	他の経験
レーガン／G. H. W. ブッシュ	マーリン・フィッツウォーター	1987年2月2日～1993年1月20日	副報道官（1983年～1985年）、ブッシュ副大統領報道官（1985年～1987年2月）	報道スタッフ（アパラチア地方委員会、運輸省、環境保護庁、財務省）
クリントン	ディー・ディー・マイヤーズ	1993年1月20日～1994年12月31日	2000年大統領選挙におけるクリントン選対本部報道官	カリフォルニア州における民主党の選挙活動
	マイク・マカリー	1995年1月5日～1998年10月1日	国務省スポークスパーソン	報道スタッフ（ハリソン・ウィリアムズ上院議員、ダニエル・P・モイニハン上院議員）。民主党全国委員会、ロバート・ケリー上院議員、ブルース・バビット・アリゾナ州知事の大統領選に従事
	ジョー・ロックハート	1998年10月2日～2000年9月9日	報道官代理（1997年～1998年）、1996年大統領選における民主党全国員会スポークスパーソン	テレビ・プロデューサー（NBC）
	ジェイク・ジーベルト	2000年10月1日～2001年1月20日	ロックハート報道官の副報道官、報道官代理、ジーン・スパーリングの経済スタッフ	
G. W. ブッシュ	アリ・フライシャー	2001年1月20日～2003年7月14日	2000年大統領選の報道スタッフ	報道官（ビル・アーチャー下院議員（共和党、カリフォルニア）（下院歳入委員会委員長）、ピート・ドミニチ上院議員（共和党、ニュー・メキシコ））
	スコット・マクレラン	2003年7月15日～2006年5月10日	アリ・フライシャー報道官の首席報道官代理	1980年大統領選

G. W. ブッシュ	トニー・スノー	2006年5月10日～現在	「Fox News Sunday」などのテレビ、ラジオ番組司会	首席ホワイトハウス・スピーチライター（ジョージ・H・W・ブッシュ大統領担当）、デトロイト・ニュース、コラム執筆者

参考：①1945年4月17日の記者会見で、トルーマン大統領は、J. レナード. ラインシュが報道・ラジオ関係について私を補佐してくれることになると発表したが、彼は報道官として指名されなかった。4月20日の記者会見で、トルーマンは、ラインシュはジョージア州のコックス知事の下での仕事に戻るであろうと発表した。②タビー（Tubby）のファイルには、給与が増加し報道官ポストと同等となったとの注釈があるが、そのような官職について記した文書はない。2006年9月、ハリー・S・トルーマン図書館の司書キャロル・マーチンとの電話のやりとりによる。③ジェームズ・ブレイディは、大統領暗殺事件で重傷を負った後、レーガン政権期間を通して報道官の官職にあった。

表３　報道官が記者に対応した時間割合（2005年の記者ブリーフィング（一部））

2005年	質疑応答時間において占める割合	確認できた記者数において占める割合
第1列	32.0%	29.7%
第1列及び第2列	61.7%	57.2%
第3列から第8列	38.3%	42.8%

出典：著者の記録による。数字は、それぞれの会見における割合を表にし、19回の会見分の平均をとったもの。

表４　大統領記者会見（1913年～2007年）

大統領	合計	在職月数	一月当たり記者会見数	一年当たり記者会見数
ウィルソン 1913年3月4日～1921年3月4日	159	96	1.7	19.9
ハーディング 1921年3月4日～1923年8月2日	記録なし	29		
クーリッジ 1923年8月3日～1929年3月4日	521	67	7.8	93.3
フーバー 1929年3月4日～1933年3月4日	268	48	5.6	67.0
ルーズベルト 1933年3月4日～1945年4月12日	1,020	145 1/2	7.0	84.1
トルーマン 1945年4月12日～1953年1月20日	324	94 1/2	3.4	41.1
アイゼンハワー 1953年1月20日～1961年1月20日	193	96	2.0	24.1
ケネディ 1961年1月20日～1963年11月22日	65	34	1.9	22.9
ジョンソン 1963年11月22日～1969年1月20日	135	62	2.2	26.1
ニクソン 1969年1月20日～1974年8月9日	39	66	0.6	7.1
フォード 1974年8月9日～1977年1月20日	40	30	1.3	16.0
カーター 1977年1月20日～1981年1月20日	59	48	1.2	14.8
レーガン 1981年1月20日～1989年1月20日	46	96	0.5	5.8
G. H. W. ブッシュ 1989年1月20日～1993年1月20日	143	48	3.0	35.8
クリントン 1993年1月20日～2001年1月20日	193	96	2.0	24.1
G. H. ブッシュ 2001年1月20日～2007年1月20日	151	72	2.1	25.2

出典：大統領記者会見に関する情報は、*The Public Papers of the Presidents of the United States*を基本とし、その他の資料で補っている。フーバー、トルーマン、アイゼンハワー、ケネディ、ジョンソン、ニクソン、フォード、カーター、レーガン、ジョージ・H・W・ブッシュ、クリントン大統領についての巻がある。ジョージ・W・ブッシュ大統領に関する情報は、米国国立公文書館が発行している*The Weekly Compilation of Presidential Documents*による。

表５　大統領記者会見（共同・単独別）(1913年〜2007年)

大統領	合計	単独会見	共同会見	共同会見が記者会見に占める割合	記者会見が開かれた月の割合	単独会見が開かれた月の割合
ウィルソン 1913年3月4日〜1917年3月4日	157	157	0	0	62.5	62.5
ウィルソン 1917年3月4日〜1921年3月4日	2	2	0	0	4.2	4.2
ハーディング 1921年3月4日〜1923年8月2日	記録なし					
クーリッジ 1923年8月3日〜1925年3月4日	130	130	0	0	100.0	100.0
クーリッジ 1925年3月4日〜1929年3月4日	391	391	0	0	100.0	100.0
フーバー 1929年3月4日〜1933年3月4日	268	267	1	0.4	95.8	95.8
ルーズベルト 1933年3月4日〜1937年1月20日	344	332	11	3.2	97.8	97.8
ルーズベルト 1937年1月20日〜1941年1月20日	389	377	10	2.6	100.0	100.0
ルーズベルト 1941年1月20日〜1945年1月20日	279	267	12	4.3	100.0	100.0
ルーズベルト 1945年1月20日〜1945年4月12日	8	8	0	0	100.0	100.0
トルーマン 1945年4月12日〜1949年1月20日	165	157	8	4.8	97.8	97.8
トルーマン 1949年1月20日〜1953年1月20日	159	154	5	3.1	97.9	97.9
アイゼンハワー 1953年1月20日〜1957年1月20日	99	98	1	1.0	83.3	83.3
アイゼンハワー 1957年1月20日〜1961年1月20日	94	94	0	0	87.5	87.5
ケネディ 1961年1月20日〜1963年11月22日	65	65	0	0	97.1	97.1
ジョンソン 1963年11月22日〜1965年1月20日	36	35	1	2.8	100.0	100.0
ジョンソン 1965年1月20日〜1969年1月20日	99	83	15	15.3	89.6	85.4
ニクソン 1969年1月20日〜1973年1月20日	30	30	0	0	56.3	56.3
ニクソン 1973年1月20日〜1974年8月9日	9	9	0	0	36.8	36.8
フォード 1974年8月9日〜1977年1月20日	40	39	1	2.5	72.4	72.4
カーター 1977年1月20日〜1981年1月20日	59	59	0	0	75.0	75.0
レーガン 1981年1月20日〜1985年1月20日	27	27	0	0	54.2	54.2

大統領	合計	単独会見	共同会見	共同会見が記者会見に占める割合	記者会見が開かれた月の割合	単独会見が開かれた月の割合
レーガン 1985年1月20日〜1989年1月20日	19	19	0	0	39.6	39.6
G. H. W. ブッシュ 1989年1月20日〜1993年1月20日	143	84	59	41.3	89.6	85.4
クリントン 1993年1月20日〜1997年1月20日	133	44	89	66.9	93.8	66.7
クリントン 1997年1月20日〜2001年1月20日	60	18	42	70.0	75.0	37.5
G. H. ブッシュ 2001年1月20日〜2005年1月20日	89	17	72	80.9	79.2	33.3
G. H. ブッシュ 2005年1月20日〜2007年1月20日	62	18	44	71.0	91.7	66.7

出典：ルーズベルト大統領(1933年8月、1938年7月、8月)とジョンソン大統領(1965年8月)の記者会見には議事録がないものを含むため、表中、単独会見と共同会見の和よりも合計が大きいものがある。

表6　短い質疑応答（1987年〜2007年）

大統領	合計	在職月数	一月当たり回数
G. H. W. ブッシュ 1989年1月20日〜1993年1月20日	331	48	6.9
クリントン 1993年1月20日〜2001年1月20日	1,042	96	10.9
G. H. ブッシュ 2001年1月20日〜2007年1月20日	430	72	6.0

出典："Exchanges with Reporters," Weekly Compilation of Presidential Documents.

表7　ブッシュ大統領の記者インタビュー（2001年1月20日〜2007年1月20日）

年	合計	活字媒体	テレビ	夏季休暇、外遊前などのグループ・インタビュー
2001年	49	21	18	10
2002年	34	11	19	4
2003年	45	7	26	12
2004年	69	34	31	4
2005年（1月20日まで）	12	5	6	1
第一期	209	78	100	31
2005年（1月20日〜12月30日）	33	9	18	6
2006年〜2007年1月20日	63	22	34	7
2001年〜2007年1月20日	305	109	154	44

出典：ホワイトハウス内部資料。

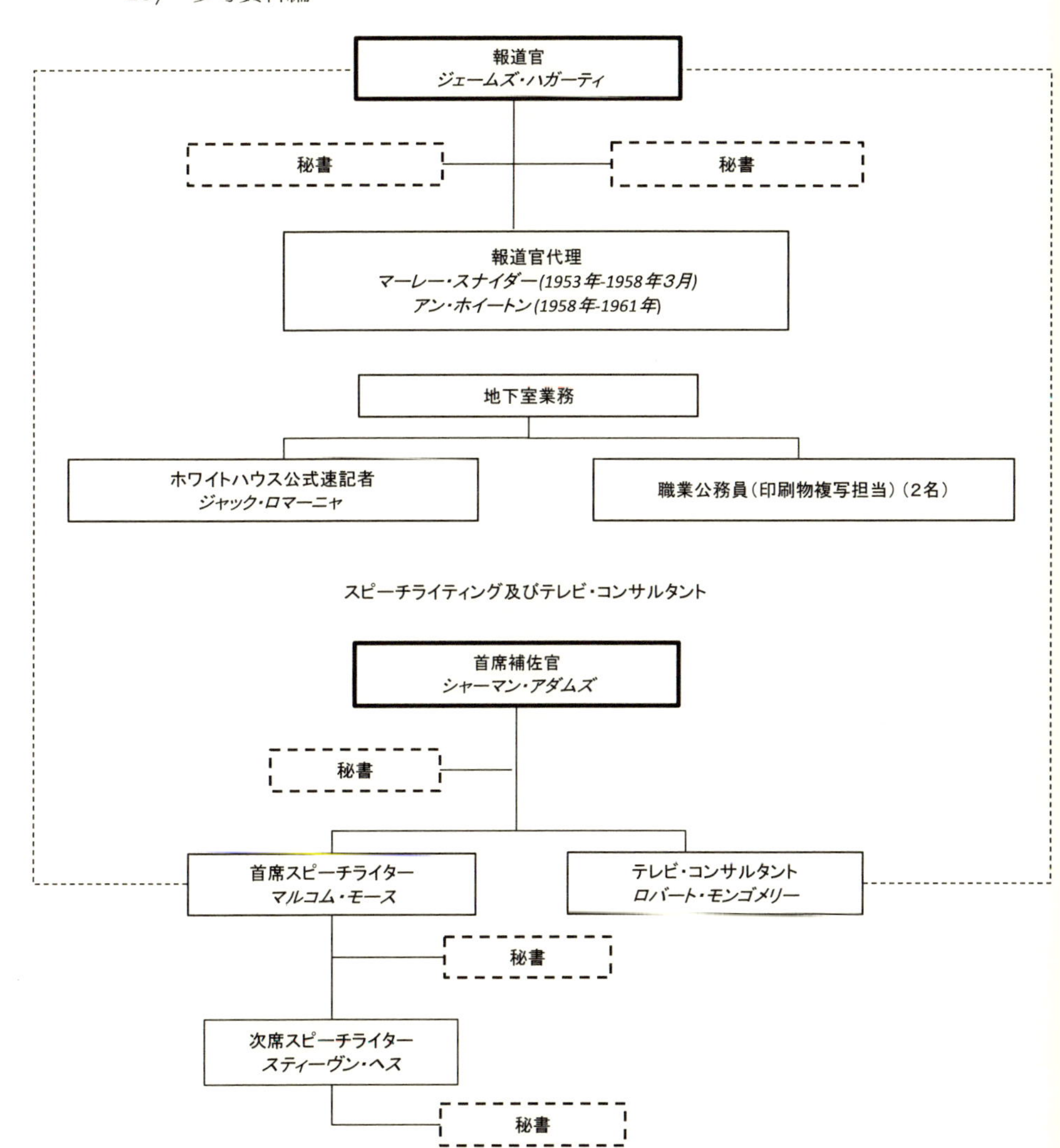

図1　ドワイト・D・アイゼンハワー大統領時代の報道官室（1958年）

出典：著者が、副スピーチライターのウィリアム・エドワード(2003年5月24日)、スピーチライターのスティーヴン・ヘス(2003年4月21日)、事務スタッフのウィリアム・ホプキンス(2003年4月17日)から取材。

注釈：スピーチライター1名とテレビ・コンサルタント1名がともにシャーマン・アダムズ首席補佐官とジェームズ・ハガーティ報道官とに仕えていた。

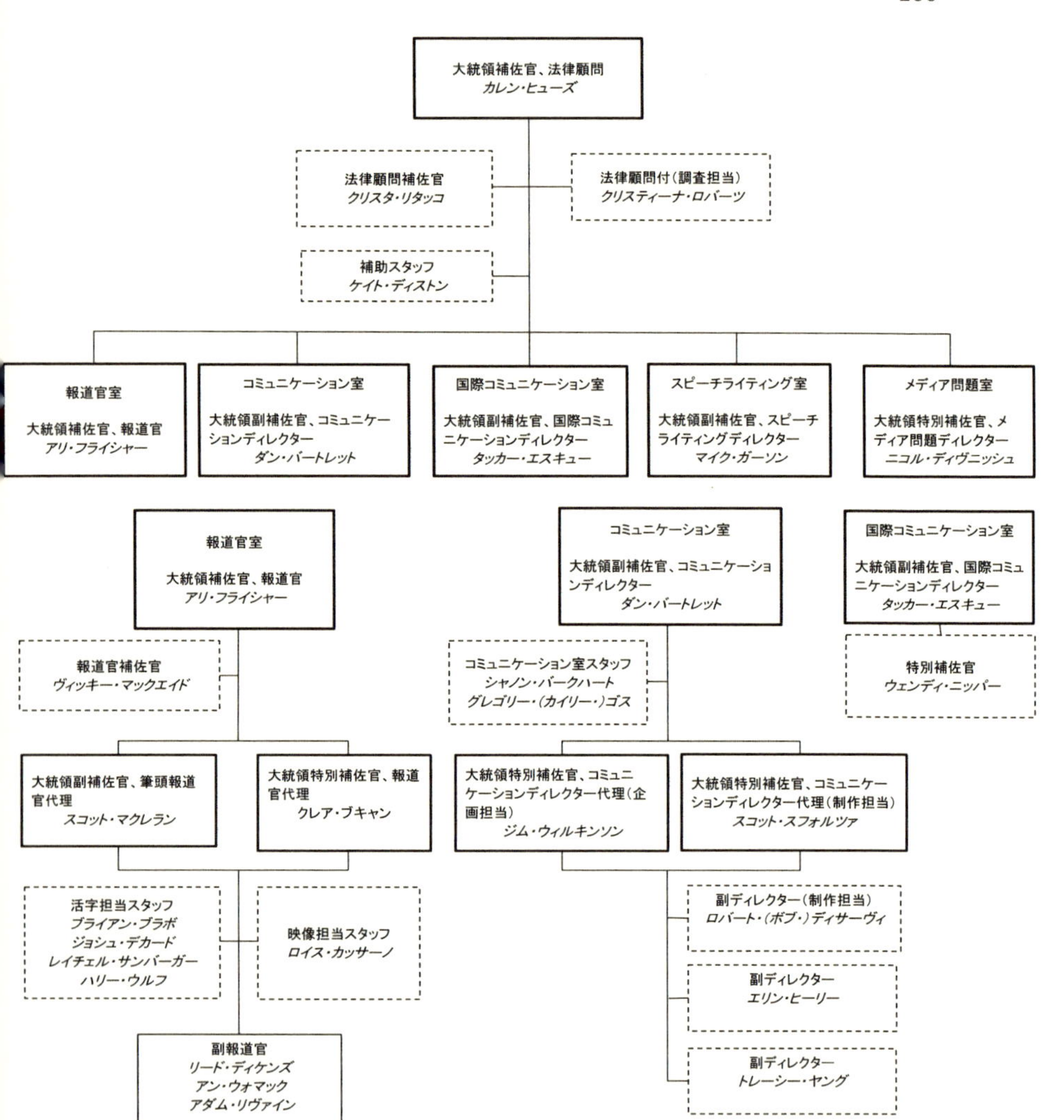

図2　ジョージ・W・ブッシュ大統領時代の顧問室（2002年7月）

出典：BNA。Daily Report for Executives、"White House Phone Book," number 140, July 22, 2002.

注釈：大統領や報道官が行った記者会見等についての速記録作業は現在、民間企業 Diversified Reporting Services が行っている。ジャック・ロマーニャが在任中に行っていた作業を5人の速記者チームが行っている。

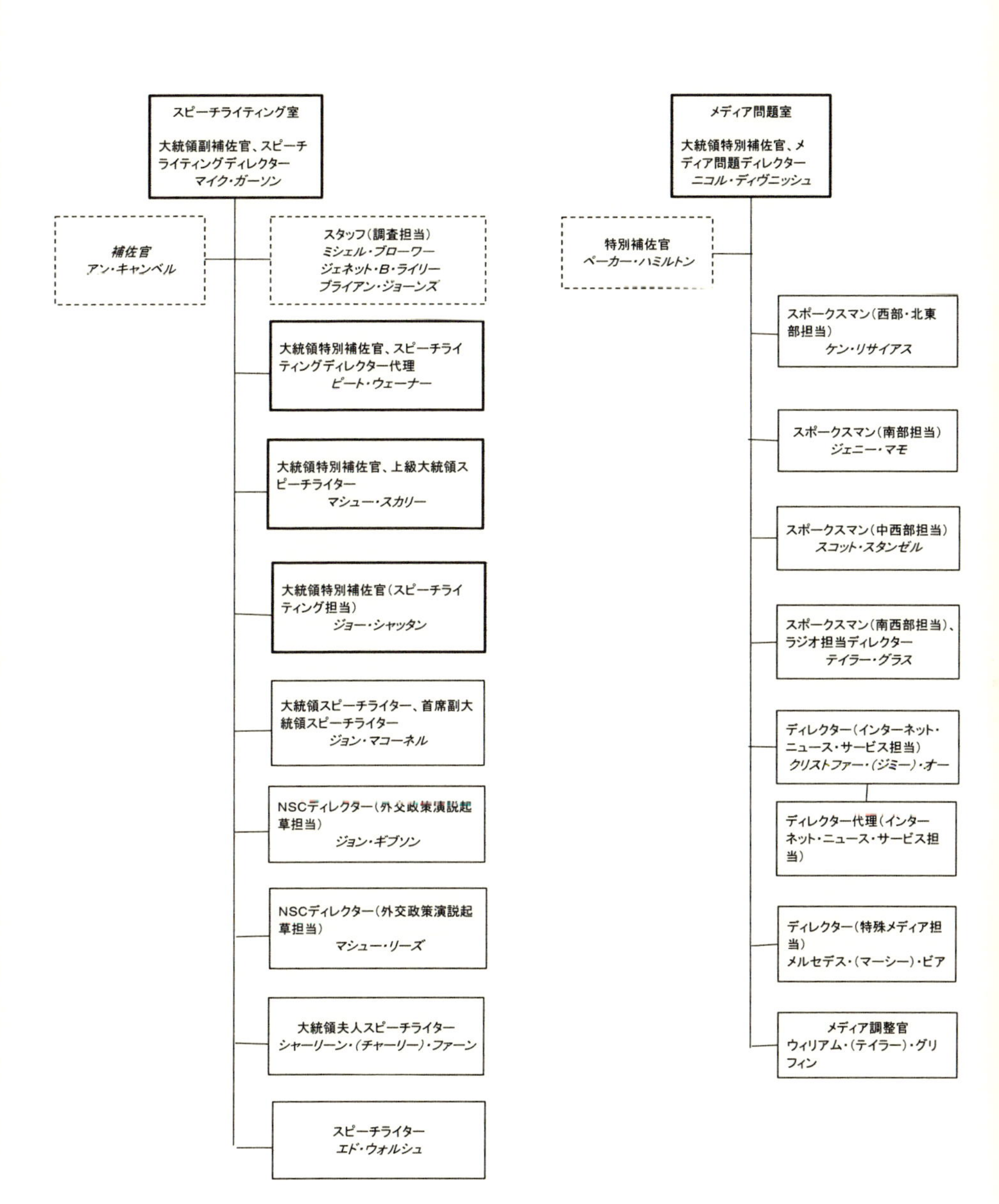

スピーチライティング室
大統領副補佐官、スピーチライティングディレクター
マイク・ガーソン
補佐官
アン・キャンベル
スタッフ（調査担当）
ミシェル・ブローワー
ジェネット・B・ライリー
ブライアン・ジョーンズ
大統領特別補佐官、スピーチライティングディレクター代理
ピート・ウェーナー
大統領特別補佐官、上級大統領スピーチライター
マシュー・スカリー
大統領特別補佐官（スピーチライティング担当）
ジョー・シャッタン
大統領スピーチライター、首席副大統領スピーチライター
ジョン・マコーネル
NSCディレクター（外交政策演説起草担当）
ジョン・ギブソン
NSCディレクター（外交政策演説起草担当）
マシュー・リーズ
大統領夫人スピーチライター
シャーリーン・（チャーリー）・ファーン
スピーチライター
エド・ウォルシュ
メディア問題室
大統領特別補佐官、メディア問題ディレクター
ニコル・ディヴニッシュ
特別補佐官
ベーカー・ハミルトン
スポークスマン（西部・北東部担当）
ケン・リサイアス
スポークスマン（南部担当）
ジェニー・マモ
スポークスマン（中西部担当）
スコット・スタンゼル
スポークスマン（南西部担当）、ラジオ担当ディレクター
テイラー・グラス
ディレクター（インターネット・ニュース・サービス担当）
クリストファー・（ジミー）・オー
ディレクター代理（インターネット・ニュース・サービス担当）
ディレクター（特殊メディア担当）
メルセデス・（マーシー）・ビア
メディア調整官
ウィリアム・（テイラー）・グリフィン

図2（続き）

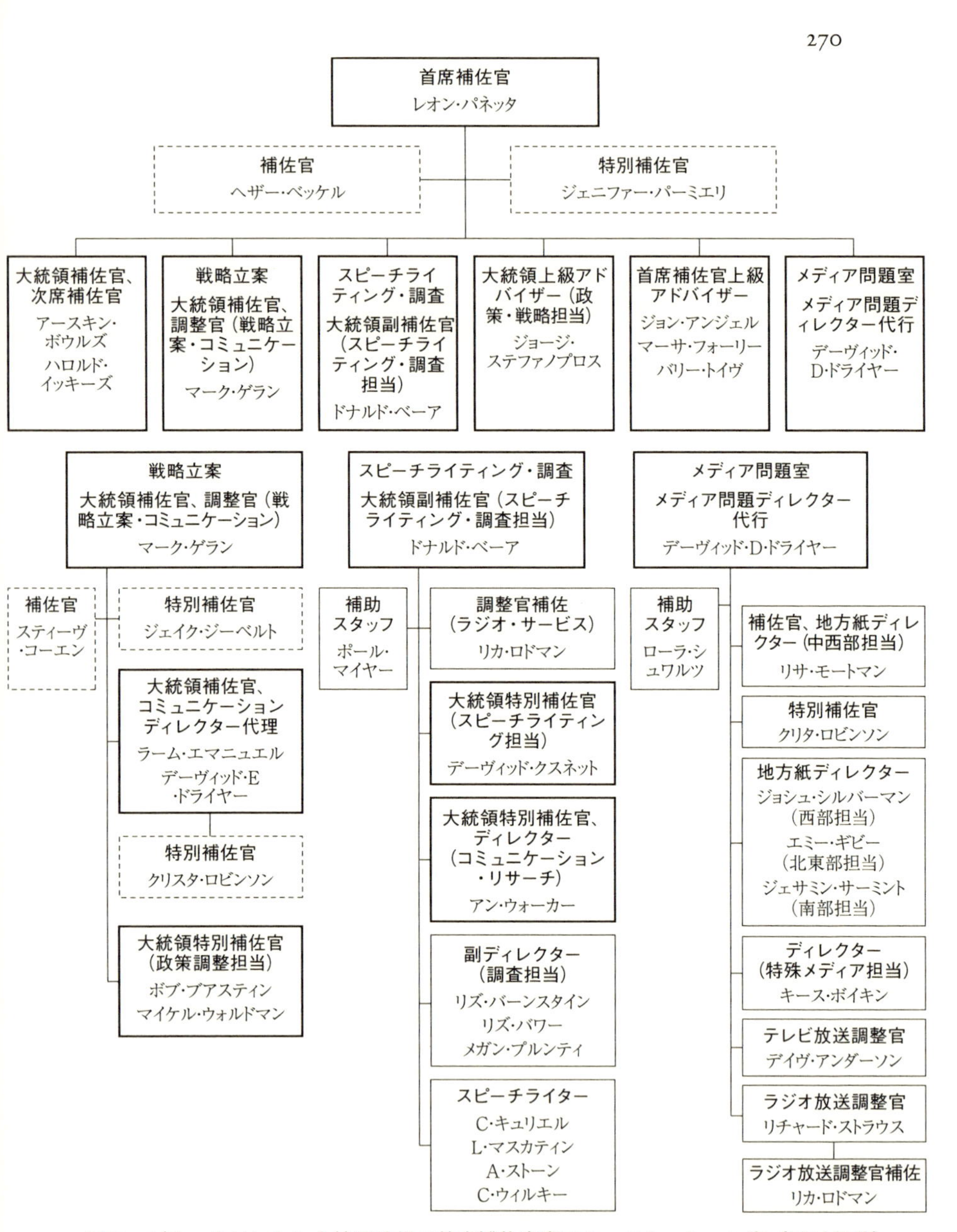

図3　ビル・クリントン大統領時代の首席補佐官室コミュニケーション室（1994年秋）

出典：ホワイトハウスに対するインタビュー・プログラム（whitehousetransitionproject.org）。The Capital Source, Fall 1994, National Journal Group Inc., Washington D.C. のデータによる。

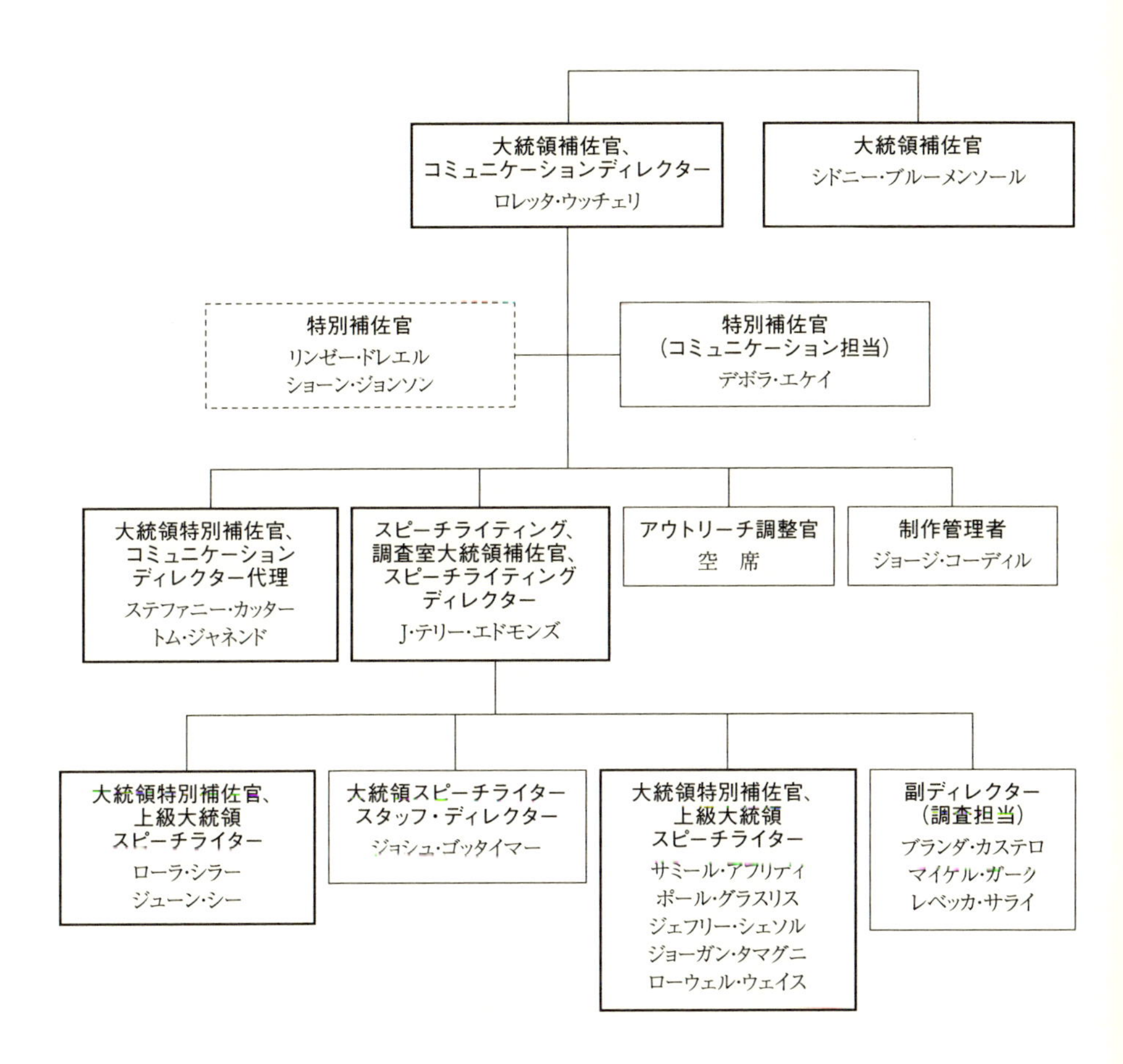

図4 ビル・クリントン大統領時代のコミュニケーション室(1999年秋)

出典:ホワイトハウスに対するインタビュー・プログラム(whitehousetransitionproject.org)。The Capital Source, Fall 1999, National Journal Group Inc., Washington D.C. のデータによる。

UPIラジオ ドン・フルソム	サンフランシスコ・クロニクル マーク・サンダロー	ニューハウス	メディア・ジェネラル	WTOPラジオ デーブ・マコーネル	ABCラジオ アン・コンプトン	ナショナル・ジャーナル アレクシス	セントルイス・ポスト・ディスパッチ	マーケット・ニュース・サービス ケヴィン・カスナー	シアトル・ポスト マイケル・ポールソン
アイリッシュ・エコー スーザン・ギャラティ	ABC2	コプリー ジョージ・コンドン	マクラッチー マリエル・ドビン	NBC2 デーヴィッド・ブルーム	ガネット チャック・ラーシュ	スタンダード・ニュース・ラジオ グレッグ・クラグストン	CNBC	CCH ポーラ・クルクシャンク	
CBSラジオ マーク・ノーラー	NPR マーラ・リアッソン	CNNラジオ ノティシアス・ジャコボ・ゴールドスタイン	CBS2 ビル・プランテ	APラジオ マーク・スミス	ワシントン・ポスト2 ペーター・ベーカー	アメリカン・アーバン・ラジオ エイプリル・ライアン	ビジネス・ウィーク リック・ダナム		
タイム ジャン・ブラネガン	ウォール・ストリート・ジャーナル ジャッキー・カルマス	NBC・ミューチュアル・ラジオ ピーター・メーア	ナイト・リッダー スティーヴ・トーマ	シカゴ・トリビューン ロジャー・サイモン	ハースト スチュアート・パウエル	ニューズデー ビル・ダグラス			
UPI ヘレン・トーマス	NBC1 クレア・シップマン	ロイター スティーヴ・ホランド	CNN1 ウルフ・ブリッツァー	USニューズ&ワールド・レポート ケン・ウォルシュ					

台

図5　大統領記者会見（於：ホワイトハウス　イースト・ルーム。1998年4月30日）の出席記者

ANSA アレハンドロ・ロドリゴ	**オーディオ・ビデオ・ニュース** コニー・ローン	**TV朝日** ヨキオ・カシヤミ	**トリビューン** リサ・リー	**コングレス・デーリー** キース・コフラー	**トーク・ラジオ・ニュース・サービス** エレン・ラトナー	**アーカンソー・デモクラット・ガゼット** テリー・レモンズ	**スクリップス・ハワード** アン・マクフェアトー	**クリスチャン・サイエンス・モニター** スキップ・サーマン	**ブルームバーグ・ラジオ** ティナ・ステージ
	アビエーション・ウィーク ポール・マン	**WTTG** ジャン・スミス	**BNA** マーク・フェルゼンソール	**ARD**	**ニューヨーク・ポスト** デボラ・オリン	**FOX2** ジュリー・カーツ	**シカゴ・サン・タイムズ**	**CNN2** アイリーン・オコナー	トルードド・フェルドマン
		サラ・マクレンドー	**Cox** ボブ・ディーンズ	**ダラス・モーニング・ニュース** ボブ・ヒルマン	**VOA** デボラ・テート	**ボストン・グローブ** ブライアン・マグローリー	**ボルティモア・サン** カール・キャノン	**ワシントン・タイムズ** ウォーレン・ストローベル	**ブルームバーグ・ニュース** ディナ・テンプル-ラストン
			ワシントン・ポスト3 メアリー・マグローリー	**ヒューストン・クロニクル** ナンシー・マティス	**AFP** グレッチェン・クック	**ニューズウィーク** カレン・ブレスラウ	**ロサンゼルズ・タイムズ** リズ・ショグレン	**USAトゥデー** ミミ・ホール	**ニューヨーク・デーリー・ニュース** キャシー・キーリー
				FOX1 ウェンデル・ゴラー	**ニューヨーク・タイムズ** ジェームズ・ベネット	**CBS1** スコット・ペリー	**ワシントン・ポスト1** ジョン・ハリス	**ABC1** サム・ドナルドソン	**AP** テリーハント

訳者あとがき

近年、官民を問わず、いろいろな組織でトップレベルによる情報発信や説明責任がますます重要な課題となっている。こうした中、ふとした偶然が積み重なり、米国大統領の言説活動は何によって支えられているのかを詳しく記述した原書の翻訳に取り組む機会を得た。これまでの勤務や米国留学の経験から、日米両国の政治・行政システムや政府の広報体制についてある程度の知識はあったものの、原書は米国の大統領研究者を対象として書かれた論文を基としており、また、固有名詞や専門用語も多いことから、一般の読者を対象として日本語で表現するには想定をはるかに超えた時間と手間を要した。また、翻訳初稿が完成した直後に訳者が負傷し、刊行をいったん断念したこともあり、刊行がさらに遅れることとなってしまった。この間、東信堂の下田勝司社長は粘り強く待ち続けてくれるだけでなく、参考になる助言とともに暖かい励ましの言葉をくださった。このことに対して大変感謝したい。また、翻訳に当たっては塩田敦士氏に御協力いただいた。

ところで、訳者が翻訳に取り組んでいる間に、二〇一二年、我が国では第二次安倍政権が発足した。二〇二〇年オリンピック・パラリンピック開催地をめぐりブエノスアイレスで開催された国際オリンピック委員会（IOC）総会では、総理自らが説得力のある力強いプレゼンテーションを行い、東京が開催地となることができた。

また、安倍総理は、我が国の総理として初めて米国上下両院合同会議で演説を行い、その内容は二一世紀の「日米同盟」深化、アジア地域の平和と安定にとって極めて重要なものと評価されている。このほか、facebook、LINEなどソーシャルメディアを本格的に活用して、国内外に対して我が国の立場や自分の考えについて総理自らが積極的な情報発信を行い、成果を挙げている。末端ではあったが第一次安倍政権後半に官邸の報道業務に関わっていた一人として、感慨深いものがある。

ただ、政治家はもとより、日々新たな状況に対処する各界リーダーの方々のコミュニケーション活動にゴールはない。その点、常に変転する事態に直面しつつ、有効なコミュニケーション対応を模索し続けるホワイトハウスの動態を活写・分析した本書が、今日の我が国にも何らかの示唆をもたらすところがあれば、訳者として誠に幸いである。

【マ行】

【ラ行】

【ナ行】

【ハ行】

【サ行】

【タ行】

【カ行】

【ワ】

人名索引

【ア行】

【マ行】

【ヤ行】

【ラ行】

【ナ行】

【ハ行】

【タ行】

【サ行】

事項索引

著者略歴

マーサ・J・クマー

タウソン大学教授（政治科学学部）。大統領とメディアの関係、政権移行を中心にホワイトハウスについて研究を行っている。また、大統領が交代した場合の政権移行円滑に行うための超党派の研究者グループによるWhite House Transition Projectのディレクターを務めている。これまでに、「White House World: Transitions, Organization, and Office Operations」、「Portraying the President: The White House and the News Media」(Michael Grossmanと共著）を出版しているほか、Presidential Studies Quarterlyなどに論文を多数執筆している。コネチカット・カレッジ卒。コロンビア大学で修士号、博士号取得。

訳者略歴

吉牟田　剛（よしむた　つよし）

総務省勤務。これまでに内閣総理大臣官房広報室、外務省出向（在米国日本国大使館一等書記官)、村上誠一郎行政改革担当大臣秘書官（事務)、内閣参事官（総理大臣官邸報道室長)、総務省政策評価広報課長などを経験。東京大学卒。ハーバード・ケネディスクール、大阪大学大学院で修士号、博士号取得。

ホワイトハウスの広報戦略 — 大統領のメッセージを国民に伝えるために

2016年2月15日　　初　版第1刷発行　　〔検印省略〕

定価はカバーに表示してあります。

訳　者©吉牟田剛／発行者 下田勝司　　印刷・製本／中央精版印刷

東京都文京区向丘1-20-6　　郵便振替 00110-6-37828

〒113-0023　TEL (03)3818-5521　FAX (03)3818-5514

発行所 株式会社 東信堂

Published by TOSHINDO PUBLISHING CO., LTD.

1-20-6, Mukougaoka, Bunkyo-ku, Tokyo, 113-0023, Japan

E-mail : tk203444@fsinet.or.jp http://www.toshindo-pub.com

ISBN978-4-7989-1329-2 C3031

東信堂

国際法新講〔上〕〔下〕	田畑茂二郎	〔上〕二九〇〇円 〔下〕二七〇〇円
ベーシック条約集〔二〇一五年版〕	編集代表 田中・薬師寺・坂元	二六〇〇円
ハンディ条約集	編集代表 松井芳郎	一六〇〇円
国際環境条約・資料集	編集 松井・富岡・田中・薬師寺・坂元・高村・西村	八六〇〇円
国際人権条約・宣言集〔第3版〕	編集 松井・薬師寺・坂元・小畑・徳川	三八〇〇円
国際機構条約・資料集〔第2版〕	編集代表 香西茂 安藤仁介	三二〇〇円
判例国際法〔第2版〕	編集代表 松井芳郎	三八〇〇円
国際環境法の基本原則	松井芳郎	三八〇〇円
国際民事訴訟法・国際私法論集	高桑昭	六五〇〇円
国際機構法の研究	中村道	八六〇〇円
国際海洋法の現代的形成	田中則夫	六八〇〇円
国際海峡	坂元茂樹編著	四六〇〇円
条約法の理論と実際	坂元茂樹	四二〇〇円
国際立法—国際法の法源論	村瀬信也	六八〇〇円
日中戦後賠償と国際法	浅田正彦	五二〇〇円
国際法〔第2版〕	浅田正彦編著	二九〇〇円
小田滋・回想の海洋法	小田滋	七六〇〇円
小田滋・回想の法学研究	小田滋	四八〇〇円
国際法と共に歩んだ六〇年—学者として裁判官として	小田滋	六八〇〇円
21世紀の国際法秩序—ポスト・ウェストファリアの展望	R・フォーク 川崎孝子訳	三八〇〇円
国際法から世界を見る—市民のための国際法入門〔第3版〕	松井芳郎	二八〇〇円
国際法／はじめて学ぶ人のための〔新訂版〕	大沼保昭	三六〇〇円
国際法学の地平—歴史、理論、実証	中川淳司・寺谷広司編著	一二〇〇〇円
核兵器のない世界へ—理想への現実的アプローチ	黒澤満	二三〇〇円
軍縮問題入門〔第4版〕	黒澤満編著	二五〇〇円
ワークアウト国際人権法—人権を理解するために	W・ベネデェック編 中坂・徳川編訳	三〇〇〇円
難民問題と『連帯』—EUのダブリン・システムと地域保護プログラム	中坂恵美子	二八〇〇円
難民問題のグローバル・ガバナンス	中山裕美	三二〇〇円

〒113-0023 東京都文京区向丘 1-20-6 TEL 03-3818-5521 FAX03-3818-5514 振替 00110-6-37828
Email tk203444@fsinet.or.jp URL:http://www.toshindo-pub.com/

※定価：表示価格（本体）＋税